Ein-kochen	Einfrie-ren	Trocknen	Milch-sauer Vergären	in Essig oder Öl Einlegen	für Chutneys	für Essig	für Marme-lade	für Gelee	für Mus	zum Kandie-ren	in Alkohol einlegen	für Likör	für Sirup

W0076342

bestens geeignet   neben der Idealverwendung ebenfalls möglich

Alles hausgemacht

Alles hausgemacht

AUTORINNEN

PETRA CASPAREK | ERIKA CASPAREK-TÜRKKAN

FOTOS

FOTOS MIT GESCHMACK: ULRIKE SCHMID, SABINE MADER

Liebe Leserinnen, liebe Leser,

Zeit meines Lebens sind bei mir Sommer und Herbst mit Einmachen verbunden. Zu Beginn meiner Erinnerungen sitzen Großmutter und Tanten auf dem Hof hinter unserem Gasthof im Rheinland um eine große Schüssel frisch gepflückter Erdbeeren, Wochen später um Körbe mit Kirschen, Mirabellen, Pflaumen, Pfirsichen, mit allem, was uns der Garten schenkt. Doch leider verschwindet das meiste in Gläsern, wie mir scheint auf Nimmerwiedersehen. Aber im Winter, wenn Kälte und Nebel den Tag bestimmen, stehen sie plötzlich auf dem Küchentisch, lachen mich die so vermissten Früchte aus großen Gläsern an. Im Kristallschälchen als Dessert oder auf Torten sind sie jetzt fast so beglückend wie in der Fülle des Sommers. Ein reicher Vorrat, auch aus zahllosen Marmeladengläsern, sorgt für die kleinen kulinarischen Höhepunkte im Alltag, bis der nächste Sommer da ist.

Selbst Eingemachtes, Eingelegtes oder mit Salz, Essig oder Öl Konserviertes gehört seitdem zu meinem Leben – nicht nur wegen der Erinnerung. Der Duft der Früchte beim Marmeladekochen, der Genuss am Frühstückstisch, das Gefühl, einen guten Vorrat zu besitzen, auf den man jederzeit zurückgreifen kann, schon das lohnt die Mühe, die Schätze der Saison im eigenen Garten, auf Obstplantagen oder auf dem Markt zu sammeln und zu verarbeiten. Und obwohl es heute eigentlich fast nichts gibt, was es nicht zu kaufen gibt, mit der Einmaligkeit und Individualität von Selbstgemachtem kann nichts konkurrieren.

Erika Casparek-Türkkan

Und so wuchs ich, die Tochter, in einem Haushalt auf, in dem das Marmeladekochen und Gurkeneinlegen zur Tagesordnung gehörten. Mit viel Lust und Kreativität wurden bei uns immer wieder neue Rezepturen ausprobiert, ein großer Freundeskreis genoss regelmäßig die Ergebnisse. Nicht nur, dass ich im Alter von 11 Jahren selber mit dem Experimentieren begann, an meine ersten Bonbon-Koch-Aktionen erinnere ich mich mit gemischten Gefühlen. Schnell guckte ich mir auch die verschiedenen Einkochtechniken ab und übte mich zuerst an den Klassikern, in meinem jugendlichen Überschwang aber auch an atemberaubenden neuen Kreationen. Inzwischen sind mir die Klassiker fast am liebsten, ich mag es unverfälscht und klar, was den Geschmack angeht. Früh entwickelte ich auch meine Vorliebe für Bio-Produkte. Anfang der 1980er-Jahre war das eine echte Herausforderung.

Wenn mich samstags auf dem Wochenmarkt am Münchner Maria-Hilf-Platz die Farben der frisch geernteten Früchte und der Gemüse der Saison anlachen, wenn der Duft üppiger Kräuterbündel in meiner Nase kitzelt, ist es auch heute noch um mich geschehen. Ich sehe, rieche, schmecke sie. Ich möchte sie nicht nur kurz in ihrer Saison genießen, sondern sie mitnehmen in die an Frischem ärmeren Jahreszeiten: als Konfitüre, als eingemachte Früchte oder in Alkohol eingelegte Früchte, als mit Essig und Salz oder in Öl konserviertes Gemüse. Das alles macht den Familientisch, aber auch die Tafel für meine Gäste reich und genussvoll. Es verleiht mir ein gutes Gefühl, diese haltbaren Küchenschätze im Vorrat zu wissen, mich auf sie verlassen zu können, wenn es einmal schnell gehen soll, oder wenn ich etwas Gutes verschenken will.

Petra Casparek

Bevorratung
Die neue Lust an Selbstgemachtem

Eine alte Kunst erlebt in unserer Zeit eine Renaissance, das Haltbarmachen von Lebensmitteln im Zyklus der Jahreszeiten. Dabei geht es nicht mehr ums Überleben wie früher. Wir haben alles, und von allem viel zu viel. Und doch fehlt Wichtiges: den einen der Geschmack von unvergesslich Gutem, den anderen die Entdeckung von unverfälscht

Natürlichem, das uns Selbstgemachtes schenkt. Gewiss, es braucht Zeit und Arbeit, aber die Ergebnisse sind es wert: ein köstlicher Vorrat nach alten Rezepten, an Delikatessen, die wir aus dem Urlaub im Süden kennen, an neuen Rezepten mit Raffinesse und Trend-Ideen für ein breites Experimentierfeld. Dazu vorab einige hilfreiche Tipps.

Gute Planung, praktische Helfer und gewusst wie

Mit Überlegung beginnen heißt, checken was der Markt an Saisonfrüchten und -gemüse bietet. Im Winter beschränkt sich das Angebot auf Zitrusfrüchte – Zeit für Bitterorangen- oder Zitronenmarmelade. Auch reife, gelbe Quitten und Granatäpfel aus den Mittelmeerländern kommen jetzt in Gläser oder – für Quittenpaste – zum Trocknen in den Ofen. Die ersten Erdbeeren von heimischen Plantagen lassen noch bis Juni auf sich warten, doch dann folgen Schlag auf Schlag die nächsten Einmach-Kandidaten, schauen Sie doch einfach auf unseren Saisonkalender, den Sie auf den vorderen und hinteren Umschlaginnenseiten finden.

Was einlegen oder einkochen? Dazu bieten die Rezepte der einzelnen Kapitel viele Anregungen zu Einkochen und Einlegen, zu Trocknen und Räuchern. Für Neueinsteiger ist Marmeladekochen ein befriedigender Anfang, weil es schnell geht und dabei kaum etwas schiefgehen kann. Die verschiedenen Methoden sind auf S. 18/19 beschrieben.

Nützliche Helfer finden sich in der eigenen Küche, Geräte oder Hilfsmittel, die eigentlich für anderes gedacht sind. Man benötigt einfach etwas Fantasie, welche Gerätschaften wie umfunktioniert werden können – etwa fürs Käsemachen auf S. 104/105. Oft muss nichts Neues angeschafft werden. Was wirklich gebraucht wird, steht auf S. 12/13.

Dem Vorrat Platz einräumen. Kühle, trockene Keller, luftige Dachböden oder große Vorratskammern – was auf dem Land oft noch zum Lebensraum gehört, hat in den Mietwohnungen der Großstadt Seltenheitswert. Das soll jedoch niemanden vom Einmachen abhalten. Auf der Suche nach Plätzen für den Vorrat kommt vielleicht die eigene Garage infrage oder doch der Keller? Oder ein Platz auf dem Kleiderschrank im kühlen Schlafzimmer, aber keinesfalls in der warmen Küche, wo der Schatz im Glas das Klima nicht mag und zu gären beginnt. Egal auf welchem Platz, von Zeit zu Zeit den Vorrat kontrollieren.

Obst und Gemüse haltbar machen

Die verschiedenen Möglichkeiten

Die Notwendigkeit, Nahrung über längere Zeit vor dem schnellen Verderb zu schützen, für einen sicheren Vorrat haltbar zu machen, hat die Menschen schon immer beschäftigt und erfinderisch gemacht. Herausgekommen sind dabei raffinierte Methoden, die nicht nur ihren Zweck erfüllen, sondern auch Genuss verschaffen.

Früchte und Gemüse kochend heiß einfüllen

Das ist die einfachste Methode, Essbares aus dem Garten, dem Wald und vom Feld für lange Zeit haltbar zu machen: Früchte oder Gemüse werden mehrere Minuten aufgekocht, heiß in Gläser eingefüllt und diese sofort verschlossen. Beim Abkühlen entsteht im Glas ein Unterdruck, der dafür sorgt, dass der Deckel luftdicht schließt.

Einkochen im Wasserbad

Das funktioniert nach dem gleichen Prinzip wie das Heißeinfüllen. Für große Gläser mit ganzen Früchten, Kompott, Gemüse oder auch Suppen und Fleischerzeugnissen ist das Einkochen im mit Wasser gefüllten Einkochtopf eine zuverlässige Methode. Geeignet sind Gläser mit Gummiringen und Klammer-Deckeln oder mit Twist-off-Deckeln.

Haltbar machen im Backofen

Dafür sind nur kleinere Gläser geeignet, es muss reichlich Abstand zu den Heizstäben oben im Ofen bleiben. Gläser in die Fettpfanne stellen, diese auf die unterste Schiene schieben und 1 cm hoch mit Wasser füllen. 175° Ober-/Unterhitze einstellen; die Einkochzeit beginnt, wenn die Flüssigkeit in den Gläsern zu perlen anfängt. Dann wird der Ofen ausgeschaltet und die Nachwärme genutzt. Nach dem Erkalten sollten die Deckel fest schließen.

Einkochen im Schnellkochtopf

Diese Methode ist für kleine Mengen geeignet, ggf. auch nur für ein Glas. Den Topf 1 cm hoch mit kaltem Wasser füllen, Glas auf den Siebeinsatz stellen. Die Sterilisierzeit gilt ab Steigen des Ventils. Herstellerangaben beachten. Topf danach **nicht** unter kaltem Wasser abdampfen.

Richtige Methode, bestes Ergebnis

Weitere Konservierungsmethoden

→ Einlegen mit Säure und Salz

Sowohl Obst als auch Gemüse kann in einen Sud aus Essig bzw. Zitrone(nsäure) und Salz, die konservierend wirken, abgeschmeckt mit Gewürzen, schmackhaft eingelegt werden. Sauersalziges, z. B. eingelegte Gurken oder eingelegte Weinblätter (Bild oben), und Süßsaures wie Birnen oder Pfirsiche besitzt seinen ganz eigenen Reiz.

→ In Öl konservieren

In den Mittelmeerländern mit ihrem Reichtum an Olivenöl wurde auch das Haltbarmachen darin entdeckt. In Öl werden vorzugsweise Gemüse und Kräuter eingelegt. Vorteil dieser Konservierungsmethode: Der gute Geschmack bleibt vollständig erhalten und teilt sich darüber hinaus auch dem Öl mit, etwa bei Kräuteröl oder italienischen Gemüse-Antipasti.

→ Durch Milchsäuregärung haltbar machen

Sauerkraut oder sauer eingelegte grüne Bohnen werden nicht nur durch Salz haltbar, sondern auch durch die Säure, die sich beim Einlegen bildet. Mikroorganismen wandeln einen Teil der im Gemüse enthaltenen Kohlenhydrate zu Milchsäure um. Das Salz sorgt unter anderem dafür, dass sich Schimmelpilze und Hefen, die zum Verderb führen nicht vermehren. Milchsauer eingelegtes Gemüse ist besonders bekömmlich (s. das Bild oben Mitte).

→ In Alkohol einlegen

Früchte, die in Alkohol eingelegt sind, bleiben nicht nur lange haltbar sondern schmecken ganz besonders köstlich (im Bild oben: eingelegte Aprikosen). Doch Vorsicht: Der Alkoholgehalt wird durch das Einlegen kaum geringer. Für Likör werden weiche Früchte wie Beeren, Gewürze und/oder Kräuter mit Zucker in Flaschen gefüllt und mit hochprozentigem Alkohol übergossen. Dann steht die Mischung lange auf einem warmen Platz, damit sich die Aromen entwickeln.

→ Trocknen und Dörren für dauerhaften Genuss

Die älteste Methode der Lebensmittelkonservierung kommt hauptsächlich bei Obst, Gemüse, Kräutern und Pilzen zum Einsatz. Durch das Entziehen von Wasser, also durch Trocknen, wird Verderbserregern im wahrsten Sinne des Wortes das Wasser abgegraben. Getrocknet wird im Freien, im Backofen oder in einem Dörrapparat.

→ Beizen für begrenzte Haltbarkeit

In nordischen Ländern wird eine Art des Beizens seit Jahrhunderten angewendet: Dort wird roher Fisch mit Salz länger haltbar gemacht. Inzwischen ist auch bei uns vor allem gebeizter Lachs überall erhältlich. Gebeizte Raritäten sind auch Forelle oder Saibling, mit Salz, Kräutern und Gewürzen eingerieben und mariniert. Sie sind jedoch nur kurze Zeit haltbar.

→ Räuchern für den kurz oder länger haltbaren Vorrat

Bei Fisch, Fleisch oder Wurst kann die Haltbarkeit durch Räuchern verlängert werden, es tötet Bakterien ab und hemmt die Schimmelbildung. Zudem verleiht es Geräuchertem einen aromatischen, würzigen Geschmack. Um die Haltbarkeit des Lebensmittels noch zu verlängern, wird es vor dem Räuchern oft noch mit (Pökel-)Salz behandelt. Unterschieden wird zwischen Heißräuchern und Kalträuchern. Räuchern im heißen Rauch gelingt schnell und mit wenig Aufwand; im kalten Rauch dagegen dauert es mehrere Stunden oder Tage und erfordert viel Erfahrung. Hobbyanglern oder Küchen-Experimentierfreudigen ist daher Heißräuchern zu empfehlen (Rezepte S. 99), das nicht mehr Rauch erzeugt als ein Grill. Dabei hilfreich ist ein kleiner tragbarer Räucherofen für die Verwendung im Freien und Räucherholz, meist aus Buchenspänen. Beachten Sie darüber hinaus die Hinweise des Räucherofen-Herstellers (Bezugsadressen S. 191).

In arktischer Kälte frisch erhalten

Wie Einfrieren funktioniert

Kaum vorstellbar, heute ohne Einfriermöglichkeit auszukommen. Da geht es nicht nur um die schnelle Pizza, die Pommes, die Eisportion. Im Tiefkühler kann Selbstgemachtes für den Vorrat eingefroren und genau dann wieder aus dem Kälteschlaf geweckt werden, wenn es gebraucht wird.

Für das Einfrieren muss zumindest ein Gefrierfach im Kühlschrank vorhanden sein. Besser ist eine Extra-Tiefkühlabteilung im Kombikühlgerät mit mehreren Schubfächern oder auch eine separate Tiefkühltruhe. Letztere lohnt sich allerdings nur für Familien, die regelmäßig größere Mengen einfrieren.

Was beim Einfrieren geschieht

Tiefkühltemperaturen beginnen bei minus 18° und reichen bei Haushaltsgeräten bis minus 30°. Bei diesen sehr tiefen Temperaturen wird das Wachstum von Mikroorganismen weitestgehend gehemmt, was die Lebensmittel über Monate vor dem Verderb bewahrt.

Was sich für den Kälteschlaf empfiehlt

Bezogen auf Selbstgemachtes ist es in vielen Fällen sehr praktisch, etwas davon einfrieren zu können: etwa um einen Teil reichlich geernteter Beeren oder grüner Bohnen einzufrieren und später zu verarbeiten; oder auch um Fond so portioniert, wie man ihn später braucht, in die Kälte zu schicken. Auf Vorrat gekochte Suppen oder Sugos sind tiefgefroren ebenfalls gut aufgehoben und auch Würzsaucen wie Ketchup oder Relish.

Sorgfältig vorbereiten

Früchte und Gemüse vor dem Einfrieren waschen, gut abtropfen lassen bzw. trocken tupfen und putzen. Die meisten weichen Früchte kann man gut roh einfrieren, etwa Beeren. Gemüse sowie hartes Obst wie Äpfel sollte man grundsätzlich zuerst blanchieren. Durch das Kurzbad im kochenden Wasser bleibt später die Konsistenz gut erhalten, das Gefriergut verfärbt sich nicht unansehnlich braun und behält seinen Geschmack.

Sinnvoll verpacken

→ **Gefrierbeutel** mit Druck- und Reißverschlüssen sind sinnvoll für sperrige, in keine Gefrierdose passende Fleischteile, für Kleinteiliges wie (robuste oder auf einem Tablett vorgefrorene) Beeren oder auch Bohnen und für Flaches wie Weinblätter. Auch halbflüssige Suppen und Saucen sind in Beuteln gut aufgehoben.

→ Lebensmittel oder Speisen **möglichst flach** einfüllen, so gefrieren sie schneller durch – gut für den Geschmack und für die Inhaltsstoffe.

→ Aus Gefrierbeuteln vor dem Verschließen so viel Luft wie möglich ausstreichen, denn mit eingeschlossene Luft entzieht dem Gefriergut Feuchtigkeit; das bedeutet, das Lebensmittel trocknet im Gefriergerät aus. Wer es perfekt haben möchte, arbeitet mit einem **Vakuumiergerät,** das nach dem Befüllen der Beutel die Luft praktisch vollständig heraussaugt und mit dem die Beutel dann zugeschweißt werden.

→ Empfindliches Gefriergut wie etwa Himbeeren ist in **Dosen** gut aufgehoben, Würzmischungen können gut in **Eiswürfelbehälter** abgefüllt eingefroren werden. Die »Würzwürfel« nach dem Erstarren einfach in Beutel umfüllen, so können sie portionsweise entnommen werden, und die Eiswürfelbehälter können wieder ihrem eigentlichen Zweck dienen oder die nächste Würzmischung aufnehmen.

→ Grundsätzlich gilt: Lieber in **kleinen Portionen,** als in zu großen Mengen einfrieren, so kann immer gerade so viel aufgetaut werden, wie für ein Rezept benötigt wird. Das Übrige schläft in der Kälte weiter.

Auftauen – sanft oder schnell?
Tiefgekühltes langsam im Kühlschrank auftauen zu lassen, ist die schonendste Art. Kleine Portionen in Dosen oder Beuteln kann man zum schnellen Auftauen auch in eine Schüssel mit kaltem Wasser legen.

Alles Tiefgefrorene, das anschließend erhitzt werden soll und im Beutel eingefroren ist – Gemüse, Suppe oder Sauce – in kochendes Wasser legen, so auftauen und damit erhitzen. Soll zu einer gerade garenden Suppe Tiefkühlgemüse zugegeben werden, dieses direkt in der Suppe auftauen (s. Bild).

Tiefgekühlte Lebensmittel – wie lange haltbar?

Eingefrorene Lebensmittel sollten nicht zu lange in der Kälte gehortet werden, da sich spätestens nach ca. 6 Monaten Struktur und Geschmack verändern können. Fetthaltige Lebensmittel sind besonders empfindlich: Fett wird, auch wenn es sich im Kälteschlaf befindet, bereits nach 3 Monaten ranzig, das sollten Sie insbesondere bei fettreichem Fleisch und Geflügel wie beispielsweise Gulaschfleisch, Kotelett, Schweinegehacktem oder Gans und Entenbrust beachten. Mageres Fleisch kann man längere Zeit einfrieren. Käse lässt sich 2–4 Monate einfrieren – Hartkäse sollte idealerweise vorher gerieben werden. Suppe und Sugo kann man etwa 3 Monate im Tiefkühlgerät lagern.

Gläserparade fürs Einmachen

Jede Art des Einmachens hat ihren Glas-Liebling

Außer in Fassungsvermögen und Ausformung unterscheiden sich Einmachgläser hauptsächlich durch ihre Deckel. Je nach Art der Deckel sind die Gläser für verschiedene Einmachmethoden zu gebrauchen.

Ursprünglich wurden zum Einmachen **Gläser mit glattem Rand** verwendet, die mit **Zellophanfolie** verschlossen wurden (siehe auch S. 18). Diese Methode eignet sich besonders für heiß eingefüllte Marmeladen, die recht bald verbraucht werden. Denn die Marmeladen trocknen mit der Zeit aus. Vorteil: Es lassen sich auch hübsche, hitzefeste Trinkgläser befüllen, die sich zum Verschenken besonders gut eignen.

Einmachgläser mit losem Glasdeckel, mit Gummiring und Klammern sind zum Einkochen von Obst und Gemüse, von ganzen Gerichten und Wurstspezialitäten ideal. Durch das beim Einkochen entstehende Vakuum sitzt der Deckel fest auf den Gläsern, auch nachdem die Klammern entfernt wurden. Die Gläser gibt es in den unterschiedlichsten Größen, sie lassen sich gut stapeln. Die Gummiringe vor dem Einkochen kontrollieren und austauschen, wenn sie spröde und rissig sind.

Gläser mit Bügelverschluss besitzen einen Glasdeckel mit Gummiring, der mit einem Metallbügel verschlossen wird. Sie funktionieren ähnlich wie die zuvor beschriebenen Einmachgläser und eignen sich gut für Einmachgut, das heiß eingefüllt wird. Ideal sind sie auch zum Einlegen in Salz oder Öl sowie zum Ansetzen von Essig oder Likör: Man kann sie zwischendurch öffnen und Zutaten zugeben oder auch portionsweise etwas entnehmen.

Gläser und Flaschen mit Twist-off-Deckeln zählen zur modernen Variante der Einmachgläser. Ganz unterschiedlich in der Größe können sie Marmelade und Gelee, Wurst und Pfeffercornichons, Ketchup und Kuchen und vieles mehr beherbergen. Sorgfältig gereinigte, geruchlose Gläser dieser Art können mehrmals befüllt werden, solange ihr Deckel unbeschädigt ist und die darin sitzende Gummischicht keinen Geruch angenommen hat.

Gläser mit zweiteiligem Schraubdeckel, bei denen ein flacher Deckel auf dem Glas sitzt und mit einem Schraubring darauf befestigt wird eignen sich bestens, um Obst und Gemüse, Fond und Ragout einzukochen.

Küchengeräte fürs Hausgemachte

Die meisten Geräte zum Einkochen und Einmachen sind in modernen Küchen sowieso schon vorhanden:

→ Ein **elektrischer Handmixer** mit **Passierstab**, ein **Blitzhacker** und ein **Stabmixer** zum Beispiel, oft auch deren Luxusversion: eine komplette **Küchenmaschine**, und ein elektrischer **Fleischwolf.** Zum genauen Abmessen sollte die **digitale Küchenwaage** zum Repertoire gehören, ebenso wie **Messbecher** mit feiner Skalierung. **Schaumlöffel**, verschieden große **Kellen, gute Messer,** lange **Kochlöffel** aus Kunststoff und ein **Sparschäler** runden das Gerätesortiment ab.

→ Darüber hinaus ist ein **großer Topf** mit mindestens 5 l Fassungsvermögen eine Anschaffung wert. In ihm werden Marmeladen und Konfitüren gekocht, Gläser zum Einkochen passen hinein oder auch alle Zutaten für einige Liter kräftigen Fond, der

später eingekocht oder eingefroren wird. Sehr empfiehlt sich zudem die Anschaffung eines **Extra-Schneidebretts** für Obst, das nicht nach Zwiebeln und Knoblauch riecht, sowie eines **Einfülltrichters** aus Kunststoff oder Metall zum Befüllen der Gläser. Nützlich auch in der alltäglichen Küchenarbeit: eine **Gemüsebürste,** die ausschließlich aufs Gemüseputzen abonniert ist.

→ Wer größere Mengen Obst und Gemüse einkochen möchte, kommt um die Anschaffung eines **Einkochtopfs bzw. Einkochautomaten** nicht herum. Empfehlenswert für solch raumfüllende Küchenmonster: Eine »Einkochtopfgemeinschaft gründen«, sodass der Topfriese je nach Bedarf von Haushalt zu Haushalt wandern kann.

So lässt sich prima arbeiten: Mit scharfen Messern kann man rasch und präzise schneiden, die Gemüsebürste schrubbt sauber, was nicht geschält werden muss, und ein Trichter verhindert, dass beim Einfüllen die Glasränder bekleckert werden.

Ganz wichtig: Bei den Gläsern auf peinliche Sauberkeit achten!

Damit das Einmachgut nicht schimmelt, gärt oder anders verdirbt, müssen die zu befüllenden Gläser penibel gesäubert werden. Nach einem Durchgang in der Spülmaschine kommen Gläser, Deckel und Gummiringe in Essigwasser (vollständig untergetaucht) und werden darin gut 5 Min. ausgekocht. Zum Abtropfen umgedreht auf ein heiß gebügeltes – und damit keimfreies – Geschirrtuch stellen, und die Gläser nun möglichst nicht mehr mit den Händen innen und am Rand anfassen. Statt die Gläser und Deckel abtropfen zu lassen, können sie auch im 180° heißen Backofen getrocknet werden.

Ein schlichter großer Edelstahltopf ist vielseitig einsetzbar: In ihm können große Mengen Konfitüre oder Mus gekocht werden, aber auch eine ordentliche Portion Fleisch- oder Gemüsefond, und nicht zuletzt kann man darin einige Gläser, deren Inhalt eingekocht werden soll, unterbringen.

Was kommt wann ins Glas?

Einkochen und Einmachen im Jahresverlauf

Frühling

Wenn draußen die Natur langsam aus ihrem Winterschlaf erwacht und sich die ersten Blüten und Blattspitzen zeigen, ist es in der Obst- und Gemüse-Vorratsküche noch ruhig. Allerdings: Rechtzeitig eingelegte **Soleier** *bereichern den Frühstückstisch* **zu Ostern** *mit raffinierter Würze.*

Erst ab **Mai** *kommt Bewegung in die Küche, wenn* **Rhabarber** *und* **Holunderblüten** *den Startschuss ins Einmachjahr geben. Die frisch gekochte Rhabarber-Erdbeer-Konfitüre sorgt für den ersten Frühlingsgenuss auf dem Frühstücksbrötchen, Gelee, Sirup und Sekt aus den zarten Holunderblüten lassen uns den Lenz gebührend feiern.*

Zu Johanni, im **Juni,** *kommen sogar unreife Früchte ins Glas, denn jetzt ist die beste Erntezeit für* **grüne, noch weiche Walnüsse,** *die lange gewässert und in Sirup gekocht zu schwarzen Nüssen heranreifen.*

Sommer

Langsam kommt das Einmachprogramm ins Rollen, **die meisten Beerenarten sowie Aprikosen** *kommen* **im Juni** *auf den Markt. Im* **Juli und August** *folgen* **Sauerkirschen** *und* **Johannisbeeren.** *Sie werden zu Konfitüren und Gelees sowie zu süßsauren Saucen verarbeitet oder zu Essig und Likör angesetzt. Der Rumtopf bekommt jetzt seine erste Ladung ab: Erdbeeren und Aprikosen, mit Zucker und Rum aufgesetzt, ziehen in Ruhe durch, bis die Kirschen dazukommen.*

Einlegegurken *und* **Perlzwiebeln** *läuten die Saison der Sauerkonserven ein. Mit* **Weißkohl** *und* **Bohnen** *werden Sauerkraut- und Schnippelbohnen angesetzt,* **Artischocken** *und andres zartes Gemüse lässt sich aufs Köstlichste in Öl und/oder Essig konservieren.*

Juni und Juli *sind die beste Zeit für ausreichende Pesto-Vorräte, denn* **Kräuter,** *vor allem auch* **Basilikum,** *gibt es jetzt in Hülle und Fülle. In ausgekochte Gläschen abgefüllt, immer mit einer Ölschicht obenauf, hält sich die grüne Spezialität mehrere Monate im Kühlschrank.*

Herbst

Im **September** laden **Mirabellen** und **Reineclauden, Holunderbeeren** und **Preiselbeeren** sowie die ersten heimischen **Äpfel** und **Birnen, Zwetschgen** und **Pflaumen, Feigen** und **Granatäpfel** mit ihren üppigen Farben und Aromen zum Einkochen ein. Konfitüren, Gelees, Mus, Chutneys und Kompott kommen jetzt in die Gläser; es wird getrocknet und gedörrt.

Auch beim Gemüse gibt es jetzt kaum etwas, was es nicht gibt. Pikantes wird in Essig und Öl eingelegt, Gerichte wie Kohlrouladen und gefüllte **Paprika** werden eingekocht, **Pilze** eingelegt oder getrocknet, **Tomaten** zu Ketchup und Chutney verarbeitet.

Wenn die Tage kürzer werden, ist es Zeit für die Zubereitung von **Wurst** und **Terrinen,** von **Schmalz** und **Rillettes.** Im Herbst eingekocht, sind diese Fleischspezialitäten ein deftiger Vorrat für den ganzen Winter. Denn die kalorienreichen Schätze schmecken nochmal so gut, wenn es draußen klirrend kalt ist zur Brotzeit, auf dem Büfett oder auf geröstetem Brot als delikate Vorspeise.

Winter

Langsam geht das Einmachjahr zu Ende. Süßes hat jetzt Hochsaison in Form von Plätzchen, Pralinen und anderen Naschereien. Zudem warten **Zitronen, Mandarinen** und **Orangen** sowie **Quitten** darauf, verarbeitet zu werden. Klassische Zitrusmarmeladen, kandierte Orangenschalen, mit Zitronenschale veredeltes Öl oder Salzzitronen, Quittengelee und Quittenbrot sind jetzt angesagt – und hoffentlich die ein oder andere gesellige Runde, in der sich all die köstlichen Vorräte genießen lassen.

Eine tabellarische Übersicht über die Saisonzeiten für Obst und Gemüse sowie die Eignung für die verschiedenen Arten der Haltbarmachung finden Sie auf den vorderen und hinteren Umschlaginnenseiten.

Früchte konservieren

Vorräte für den Winter wurden von den Hausfrauen schon immer angelegt, doch in unserer Zeit des Überflusses gewinnt die »Aktion Eichhörnchen« neuen Sinn und neuen Wert. Selbst gemachte Marmelade und eingelegte Früchte schmecken köstlicher als alles Gekaufte. Ob für den Single- oder den Familienhaushalt, es lohnt sich und es macht Freude, Gläser mit Orangenmarmelade, mit Johannisbeerkonfitüre, Apfelgelee oder Quittenmus zu füllen. Es ist ganz einfach; nach den Rezepten auf den folgenden Seiten gelingen die süßen Delikatessen auch Köchinnen und Köchen mit wenig Einmacherfahrung.

Marmelade, Konfitüre, Mus und Gelee

Früchte aus dem Glas fürs ganze Jahr

Früchte vorbereiten

Vor dem Kochen die Früchte waschen, falls nötig schälen, Kerngehäuse oder Steine entfernen. Wer stückige Marmeladen und Konfitüren mag, schneidet die Früchte entsprechend groß. Liebhaber von Musigem zerkleinern das Obst nach dem Vermischen mit Gelierzucker mit dem Pürierstab. Besonders samtig wird das Ergebnis, wenn man die Früchte vor dem Vermischen mit Zucker durch die Flotte Lotte passiert. Bei dieser Methode werden auch Kernchen, z. B. von Himbeeren, mit ausgesondert.
Unabhängig von der Art der Zerkleinerung sollten die Früchte mit Zucker vermischt mindestens 2 und bis zu 12 Stunden ruhen, damit sie Saft ziehen können und sich ihr Aroma voll entfalten kann.

Früchte kochen, Gläser vorbereiten

Für die Frucht-Zucker-Mischung einen so großen Topf wählen, dass er höchstens zur Hälfte gefüllt ist. Denn das Kochgut kann gewaltig schäumen und heftig spritzen. Die Marmelade oder Konfitüre je nach Rezept, in der Regel 4–5 Minuten, sprudelnd kochen, dabei nur gelegentlich umrühren. Sollte der Schaum zu stark hochkochen, den Topf kurz von der Herdplatte ziehen, den Inhalt setzen lassen, dann weiterkochen lassen. Die verlorene Kochzeit in etwa dazuaddieren. Marmeladengläser (mit Twist-off-Deckeln oder ohne Deckel) vor dem Einfüllen sorgfältig reinigen und auskochen, damit alle schädlichen Keime oder Pilzsporen abgetötet werden (s. S. 13). Wichtig: Gläser und Deckel danach nicht abtrocknen, sondern umgedreht auf einem sauberen Küchentuch abtropfen lassen.

Heiß einfüllen und verschließen

Das (leere) Glas auf ein feuchtwarmes Tuch stellen und einen Trichter mit weiter Öffnung aufsetzen, damit der Glasrand sauber bleibt. Die kochend heiße Marmelade, Konfitüre, das Gelee oder Mus bis 1 cm unter den Rand einfüllen. Deckel gut festdrehen. Bei stückigem Inhalt das Glas zunächst für 15 Min. auf den Deckel stellen – das verhindert, dass beim Erkalten die Stücke nach unten sinken. Oder das Glas mit Zellophan verschließen: Einmach-Zellophan so quadratisch zuschneiden, dass es 4–5 cm übersteht. Das Glas füllen wie beschrieben. Etwas hochprozentigen Alkohol auf die Oberfläche träufeln. Das Zellophanquadrat feucht abwischen und mit der feuchten Seite nach oben auf das Glas legen, einen Gummiring darüber spannen. Zellophan zieht sich beim Trocknen zusammen und verschließt das Glas luftdicht.

Zuckerarten und Geliermittel

Seit es **Gelierzucker** gibt, ist das Marmeladekochen kinderleicht. Er besteht aus einer Mischung von Zucker und Geliermittel, Pektinen auf pflanzlicher Basis und Zitronensäure. Bei Gelierzucker 1:1 wird die gleiche Menge Zucker und Früchte verwendet, bei Gelierzucker 1:2 kommen auf 500 g Gelierzucker 1 kg Früchte, und bei Gelierzucker 1:3 nimmt man auf 500 g Gelierzucker 1,5 kg Früchte. Den letzten beiden Gelierzuckerarten ist jedoch das Konservierungsmittel Sorbinsäure zugesetzt, um die Haltbarkeit zu garantieren. Für Diabetiker ist der geringere Zuckergehalt des 1:2- und 1:3-Gelierzuckers von besonderem Vorteil.

Als alternative Süßungsmittel können auch **Rohrzucker** (färbt bräunlich), **Agavendicksaft** (hat kaum Eigengeschmack) oder **Honig** (mit mehr Eigengeschmack) verwendet werden. Unverzichtbar auch dabei, Geliermittel aus Pektin in Pulver- oder flüssiger Form. Je nach eigenem Pektingehalt der Früchte zum besseren Gelieren Zitronensäure (im Lebensmittelhandel) oder Zitronensaft mitverwenden.

Was unterscheidet eigentlich Marmelade von Konfitüre oder Fruchtaufstrich

Laut deutschem Lebensmittelrecht darf sich im Handel nur **Marmelade** nennen lassen, was aus Zitrusfrüchten hergestellt wurde. Alle anderen süß-musig einge-machten Früchte sind **Konfitüren,** sofern sie zu einem genau definierten Anteil aus Zucker und Früchten bestehen und ohne Konservierungsstoffe hergestellt wurden. Fruchtmuse mit weniger Zucker oder Hausgemachtes, das nicht in einem Lebens-mittellabor auf das richtige Verhältnis von Früchten und Zucker untersucht wurde, werden im offiziellen Verkauf **Fruchtaufstrich** genannt.

→ **Ohne Geliermittel auf französische Art einkochen** Soll Marmelade, Kon-fitüre oder Gelee ohne Geliermittel fest werden, muss die Zuckermenge erhöht wer-den, zum Beispiel 1,2 oder 1,5 kg Zucker auf 1 kg Früchte. Das hängt vom Pektin-gehalt der Früchte und von der Kochzeit ab. (Je länger die Früchte kochen, desto mehr Flüssigkeit verdampft und desto dicker wird das Ergebnis.) Ob es zufrieden-stellend ist, entscheidet die Gelierprobe (s. rechts). Sonst weiterkochen und erneut eine Gelierprobe machen. Oder das etwas flüssigere Ergebnis zum Verfeinern von Joghurt oder Quark verwenden. Auf diese Art zubereitete Marmeladen, Konfitüren und Gelees schmecken nicht nur süßer, sondern auch noch aromatischer. Damit sie lange haltbar sind, nach dem Einfüllen in Gläsern einkochen (s. S. 66).

Früchte auswählen Gerade reife, nicht zu vollreife, aromatische Früchte sind es wert, im Glas zu landen. Beim Einkaufen saisonge-recht Früchte auswählen (s. Saisonkalender vorne) und diese so frisch wie möglich verar-beiten. Oder die Früchte direkt selber ernten und anschließend zu köstlich duftender Mar-melade oder Konfitüre einkochen.

→ **Aufbewahrung** In mit Deckeln verschlossenen Gläsern sind Marme-lade, Konfitüre oder Gelee jahrelang haltbar. Sind die Gläser jedoch mit Zellophan verschlossen, kann sich leichter Schimmel bilden, auf jeden Fall trocknet der Inhalt mit der Zeit etwas ein. Er sollte innerhalb eines Jah-res verbraucht werden. Alle Gläser ab und zu überprüfen.

Ob mit oder ohne Deckel, mit der Zeit verändern sich Farbe und Aroma des Inhalts. Leuchtend rote Beerenkon-fitüre oder Orangenmarmelade tendie-ren dann mehr zu bräunlich, und die Frische des Geschmacks lässt nach. Der ideale Aufbewahrungsort für den Vorrat ist ein kühler, trockener, dunk-ler Keller oder die Speisekammer, oder der kühlste Platz in der Wohnung.

Gelierprobe Nach Ablauf der Kochzeit eini-ge Tropfen der Marmelade oder Konfitüre auf einen eiskalten Teller (aus dem Tiefküh-ler!) träufeln. Erstarrt das Kochgut schnell und bilden sich kleine Falten, wenn man es mit dem Finger zusammenschiebt, so ist es fertig zum Abschäumen und Einfüllen.

So gelingt's

→ Vor dem Abfüllen Schaum, der sich auf Marmelade oder Konfitüre abgesetzt hat, abschöpfen. Darin befinden sich eventuell Verunreinigungen, die leicht zum Ver-derb führen können. Erst danach Vanillemark, getrocknete Kräuter und Blüten etc. unterrühren, weil auch sie sich im Schaum ablagern (und entfernt werden) würden.

→ Wenn Marmelade, Konfitüre oder Gelee nicht fest werden, etwas Gelierpulver mit 2–3 EL Zucker vermischen, mit einem großen Schneebesen unterrühren, sodass kei-ne Klümpchen entstehen, erneut aufkochen und eine weitere Gelierprobe machen.

→ Wenn sich Schimmel gebildet hat, den gesamten Glasinhalt entsorgen, denn die schädlichen Schimmelsporen haben sich, wenn auch unsichtbar, darin verbreitet.

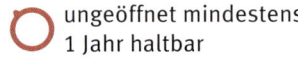

Bitterorangenmarmelade englische Art

fürs Sonntagsfrühstück –
sehr aromatisch

1 1/2 Std. + ca. 30 Min. Kochen
+ 24 Std. Durchziehen + Zeit zum Abkühlen

⭕ ungeöffnet mindestens
1 Jahr haltbar

FÜR 6–7 GLÄSER À 210 ML INHALT

1 kg Bio-Bitterorangen (Pomeranzen)
1 Bio-Zitrone
ca. 1250 g Gelierzucker 1 : 1

1. Orangen und Zitronen waschen und abtrocknen. Orangen mit dem Sparschäler wie Äpfel schälen – es macht nichts, wenn von der weißen Schale etwas dran bleibt. Die Orangenschalen in 1–2 mm schmale Streifchen schneiden und in eine Schüssel geben.

2. Orangen und die Zitrone auspressen (ergibt ca. 500 ml). Dabei unbedingt Kerne, Häutchen und Fasern aus dem Innern auffangen. Diese in ein Mullsäckchen füllen und zubinden. Saft, Mullsäckchen und 750 ml Wasser zu den Schalen in der Schüssel geben und zugedeckt 24 Std. stehen lassen. Das Mullsäckchen am Schüsselrand ausdrücken, damit der Inhalt Pektine abgibt, dann wegwerfen.

3. Die Schalen mit der Flüssigkeit in einen großen Topf geben, aufkochen und alles 20–30 Min. sanft kochen lassen, bis die Schalen weich sind. Abkühlen lassen. Dann abmessen oder abwiegen, zurück in den Topf geben und die gleiche Menge Gelierzucker unterrühren, bis er sich aufgelöst hat.

4. Die Marmelade aufkochen und unter mehrmaligem Rühren 4–5 Min. kochen. (Vorsicht, sie schäumt und geht schnell hoch. Dann den Topf kurz beiseitestellen, bis der Schaum gesunken ist und weiterkochen.) Die fertige Marmelade (Gelierprobe s. S. 19) kochend heiß in die vorbereiteten Gläser füllen (s. S. 18) und sofort verschließen, ca. 5 Min. auf die Deckel stellen, damit sich die Orangenstreifen im Glas verteilen. Umgedreht kalt werden lassen.

Gut zu wissen Bitterorangen oder Pomeranzen, wie sie auch genannt werden, sind mit Zitronen und Orangen verwandt. Sie werden hauptsächlich in Südspanien und Sizilien angebaut. Ihr Fruchtfleisch mit sehr saurem Saft und vielen Kernen ist frisch ungenießbar. Das Aroma ihrer Schalen kommt jedoch in Marmelade voll zur Geltung. Auf Biomärkten nach den Früchten fragen.

Bitterorangenmarmelade ganz auf die Schnelle

So geht es auch: Die mit dem Sparschäler abgeschälten Orangenschalen in einen Topf geben und mit Wasser bedeckt 15–20 Min. kochen, bis sie weich sind. Aus dem Wasser nehmen, grob hacken und zurück in das Kochwasser geben. Das Ganze mit dem Pürierstab nicht zu fein pürieren. Alles in einen Messbecher gießen, um die Menge zu bestimmen, dann zurück in den Topf geben. Die gleiche Menge Gelierzucker 1:1 abmessen, untermischen und rühren, bis er sich aufgelöst hat. Die Mischung 3–4 Min. sprudelnd kochen lassen, sofort in Gläser füllen und verschließen. Die Gläser 30 Min. auf die Deckel stellen, dann wieder umdrehen und vollständig erkalten lassen.

Dufte Sache

Bleiben zwei oder drei Bitterorangen übrig, diese in Scheiben schneiden, auslegen und trocknen. Sie verbreiten im Raum lange einen angenehm frisch-aromatischen Duft.

Einfache Bitterorangenmarmelade

fruchtig-herb – gelingt leicht
1 1/2 Std. + ca. 30 Min. Kochen
+ Zeit zum Abkühlen

FÜR 6–7 GLÄSER
À 210 ML INHALT

○ ungeöffnet mindestens
1 Jahr haltbar

1 kg Bio-Bitterorangen
(Pomeranzen)
2 Orangen
ca. 1250 g Gelier-
zucker 1 : 1

1. Die Bitterorangen waschen und mit dem Sparschäler wie Äpfel schälen. Die Schalen in 1–2 mm breite Streifchen schneiden und in 500 ml Wasser 20–30 Min. kochen. Dann erkalten lassen.

2. Die Bitterorangen und die Orangen halbieren, auspressen und den Saft zu den Schalen gießen. Alles abmessen und in einen großen Topf geben. Die gleiche Menge Gelierzucker zufügen und rühren, bis er sich aufgelöst hat.

3. Die Marmelade aufkochen und unter Rühren 3–4 Min. sprudelnd kochen. Die fertige Marmelade (Gelierprobe s. S. 19) in die vorbereiteten Gläser füllen (s. S. 18) und verschließen. Zuerst ca. 5 Min. auf den Deckeln stehend, dann richtig herum abkühlen lassen.

Saison Ende Januar bis Ende Februar

Mandarinenmarmelade

fruchtig-süß
1 Std. + 20 Min. Kochen
+ Zeit zum Abkühlen

FÜR 11 GLÄSER
À 210 ML INHALT

○ ungeöffnet mindestens
1 Jahr haltbar

2 kg Bio-Mandarinen
1,5 kg Gelier-
zucker 1 : 1

1. Mandarinen heiß waschen, abtrocknen, quer halbieren und den Saft auspressen. 1 l Mandarinensaft in einen großen Topf geben. Gelierzucker hineingeben und unterrühren. Alles zugedeckt beiseitestellen.

2. 600 g Mandarinenschalen in einen Topf geben, mit Wasser bedecken und aufkochen. Zugedeckt bei mittlerer Hitze 20 Min. kochen lassen, dann in ein Sieb abgießen, abtropfen und abkühlen lassen.

3. Schalen vierteln und das weiße Innere vorsichtig flach herausschneiden. 400 g Schalen in feine Streifen schneiden und zum Saft in den Topf geben, alles aufkochen. Die Konfitüre bei mittlerer Hitze unter gelegentlichem Rühren 4–5 Min. sprudelnd kochen. Die fertige Marmelade (Gelierprobe s. S. 19) in die vorbereiteten Gläser füllen (s. S. 18). Die Gläser verschließen. Erst 5 Min. auf den Deckeln stehend, dann richtig herum abkühlen lassen.

Orangen-Zitronen-Konfitüre

fruchtig-säuerlich – sehr edel
1 1/2 Std. + 12 Std. Durchziehen

**FÜR 7 GLÄSER
À 210 ML INHALT**

1 kg Bio-Orangen
500 g Bio-Zitronen
700 g rosa Grapefruits
1 kg Gelierzucker 1 : 1
1 Vanilleschote
2 TL getrocknete
Lavendelblüten

⭕ ungeöffnet mindestens
1 Jahr haltbar

1. Die Orangen, die Zitronen und die Grapefruits so schälen, dass die äußere weiße Haut mit entfernt wird. Den austretenden Saft dabei auffangen. Die Filets aus den Spalten schneiden und 900 g abwiegen.

2. Das Fruchtfleisch in einen großen Topf geben und den Gelierzucker unterrühren. Zugedeckt über Nacht durchziehen lassen.

3. Die Vanilleschote längs aufschneiden, das Mark herausschaben und zur Frucht-Zucker-Mischung geben. Alles aufkochen, auf mittlere Hitze herunterschalten und 4–5 Min. sprudelnd kochen. Vorsicht, es schäumt ziemlich!

4. In die fertige Konfitüre (Gelierprobe s. S. 19) die Lavendelblüten einrühren und nochmals aufkochen. In die vorbereiteten Gläser füllen (s. S. 18) und mit den Deckeln verschließen. Die Gläser erst 5 Min. auf den Deckeln stehend, dann richtig herum abkühlen lassen.

Orangen-Schoko-Marmelade

raffiniert – wie eine Süßigkeit
1 Std. + 30 Min. Kochen
+ 12 Std. Gefrieren + Zeit zum Abkühlen

**FÜR 6 GLÄSER
À 210 ML INHALT**

100 g Zartbitter-
Schokolade
100 g kandierter
Ingwer
1,5 kg Bio-Orangen
1 kg Gelierzucker 1 : 1

⭕ ungeöffnet mindestens
1 Jahr haltbar

1. Schokolade in 1/2 cm große Stücke hacken und über Nacht ins Tiefkühlfach legen. Ingwer in 1 cm große Stücke schneiden. Orangen waschen, halbieren und auspressen. 750 g Saft in einen großen Topf geben, mit dem Gelierzucker vermischen. Orangenschalen in einem Topf mit Wasser bedeckt aufkochen. 30 Min. zugedeckt bei mittlerer Hitze kochen, in ein Sieb abgießen und abkühlen lassen.

2. Schalen halbieren, das weiße Innere flach herausschneiden. Die Schalen in dünne Streifen schneiden. 250 g davon mit den Ingwerstücken zum Saft geben und aufkochen. Bei mittlerer Hitze 4–5 Min. sprudelnd kochen. Die fertige Marmelade (Gelierprobe s. S. 19) in die vorbereiteten Gläser füllen (s. S. 18). Die gefrorene Schokolade sieben. Die groben Sücke teelöffelweise daraufgeben und vorsichtig und rasch unterheben. Gläser verschließen und die Marmelade abkühlen lassen.

Türkische Zitronenmarmelade

Rarität – herzhaft-pikant
1 1/2 Std. + 55 Min. Kochen
+ 12 Std. Ruhen + Zeit zum Abkühlen

FÜR 10 GLÄSER
À 210 ML INHALT

○ ungeöffnet mindestens
1 Jahr haltbar

2 kg dickschalige
Bio-Zitronen
1,5 kg Gelier-
zucker 1 : 1
Saft von 2 Zitronen

1. Zitronen waschen, abtrocknen. Mit dem Zestenreißer rundum Streifen abziehen und wegwerfen. Die Zitronen in einem großen Topf mit Wasser bedeckt aufkochen. Zugedeckt 35–40 Min. weich kochen.

2. Die Zitronen herausheben und auf einem Teller erkalten lassen. Austretenden Saft und 250 ml Kochwasser aufbewahren. Zitronen halbieren. Fruchtfleisch und Fasern auskratzen und wegwerfen. Schalen längs achteln und quer in 1/2 cm schmale Streifen schneiden. Mit zurückbehaltenem Saft, Kochwasser und dem Zucker mischen und zugedeckt über Nacht ruhen lassen.

3. Dann aufkochen und 5 Min. sprudelnd kochen, gelegentlich umrühren. Den Zitronensaft unterrühren. Die fertige Marmelade (Gelierprobe s. S. 19) in vorbereitete Gläser füllen (s. S. 18) und verschließen. 30 Min. auf den Deckeln stehend, dann richtig herum abkühlen lassen.

Lemon-Curd

fein zum Nachmittagstee
1 Std. 15 Min.

FÜR 6 GLÄSER
À 210 ML INHALT

○ gekühlt
1 Monat haltbar

7 Bio-Zitronen
250 g frische Butter
600 g feiner Zucker
6 sehr frische Bio-Eier
(Größe L)

1. Die Zitronen waschen und abtrocknen. Die Schale sehr fein abreiben, den Saft auspressen und 300 ml abmessen. Den Saft durch ein feines Sieb in einen Topf gießen.

2. Butter würfeln und in den Topf geben. Alles erhitzen, bis die Butter geschmolzen ist. Dann den Zucker einrieseln und unter Rühren auflösen lassen. Den Topf vom Herd nehmen. Leicht abkühlen lassen.

3. Die Eier verquirlen und durch ein feines Plastiksieb in die Zitronen-Butter-Mischung gießen. Abgeriebene Zitronenschale dazugeben. Die Masse in einer Metallschüssel über einem ca. 90° heißen Wasserbad 30–40 Min. rühren, bis sie schön cremig und dick ist. Vorsicht, das Wasserbad darf nur sieden, sonst flockt das Ei aus.

4. Das Lemon-Curd vom Wasserbad nehmen und in die vorbereiteten Gläser füllen (s. S. 18). Verschließen, abkühlen lassen und im Kühlschrank aufbewahren.

Rhabarber-Erdbeer-Konfitüre

beliebt wie keine andere – einfach
1 Std. + mind. 3 Std. Ruhen

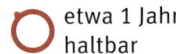 etwa 1 Jahr
haltbar

FÜR 6 GLÄSER
À 210 ML INHALT

je 500 g Rhabarber
und Erdbeeren
1 kg Gelierzucker 1 : 1
Saft von 1 Zitrone

1. Den Rhabarber waschen, abziehen und in 2–3 cm lange Stücke schneiden. Die Erdbeeren waschen, entkelchen, je nach Größe halbieren oder vierteln. Beides in einen großen Topf geben. Den Zucker unterrühren und 3–4 Std. stehen lassen, so ziehen die Früchte Saft und der Zucker löst sich auf. Gelegentlich durchrühren.

2. Zitronensaft unter die Rhabarber-Erdbeer-Mischung rühren. Alles zum Kochen bringen, dabei immer wieder durchrühren. Wenn es überschäumt, den Topf kurz beiseitestellen, bis sich der Schaum setzt.

3. Die Konfitüre 4 Min. kochen lassen und den Schaum abschöpfen. Die fertige Konfitüre (Gelierprobe s. S. 19) in die vorbereiteten Gläser füllen (s. S. 18) und verschließen. 20 Min. auf den Deckeln stehend, anschießend richtig herum abkühlen lassen. (im Bild hinten Mitte)

Kalt gerührte Himbeerkonfitüre

besonders fruchtig – braucht Geduld
45 Min. + mind. 2 Tage Ruhen

gekühlt mindestens
2 Monate haltbar

FÜR 4–5 GLÄSER
À 210 ML INHALT

750 g frische oder
tiefgekühlte
Himbeeren
4 EL Zitronensaft
ca. 500–600 g Gelier-
zucker 1 : 1

1. Die frischen Himbeeren verlesen und falls nötig waschen. Dazu die Beeren in ein Sieb schütten, in eine Schüssel mit kaltem Wasser setzen und abtropfen lassen. Himbeeren durch ein Sieb in eine Schüssel passieren, sodass die meisten Körnchen zurückbleiben.

2. Die durchgedrückte Himbeermasse abwiegen, wieder in eine Schüssel geben und den Zitronensaft unterrühren. Die gleiche Menge Gelierzucker unter ständigem Rühren nach und nach in die Himbeermasse einrieseln lassen. 20–30 Min. weiter rühren, bis sich der Zucker vollständig aufgelöst hat und die Konfitüre dicklich wird.

3. Die Himbeeren in die vorbereiteten Gläser füllen (s. S. 18). Mit einem frischen Tuch abgedeckt an einem luftigen Platz 2–3 Tage stehen lassen. Mit gut gereinigten Deckeln verschließen und die Konfitüre im Kühlschrank aufbewahren. (im Bild vorne)

Französische Aprikosenkonfitüre

fruchtig-süß, nicht so fest
1 Std. + 12 Std. Durchziehen
+ 30 Min. Kochen

ungeöffnet mindestens
1 Jahr haltbar

FÜR 12 GLÄSER
À 210 ML INHALT

1 kg aromatische
französische
Aprikosen
1 kg Zuckeraprikosen
(aus dem türkischen
Lebensmittelladen)
1600 g Zucker
3 Zitronen

1. Die französischen und die Zuckeraprikosen waschen, halbieren und entsteinen. Die Aprikosenhälften nochmals kreuzweise halbieren. Abwechselnd mit dem Zucker in einen großen Topf schichten und zugedeckt über Nacht Saft ziehen lassen.

2. Die Zitronen auspressen und den Saft zu den Aprikosen gießen, unterrühren und alles aufkochen. Die Konfitüre sprudelnd 25–30 Min. kochen.

3. Die fertige Aprikosenkonfitüre (Gelierprobe s. S. 19) abschäumen, kochend heiß in die vorbereiteten Gläser füllen (s. S. 18). Mit Deckeln verschließen und die Konfitüre 5 Min. auf den Deckeln stehend, anschießend richtig herum abkühlen lassen. (im Bild hinten rechts)

Sauerkirschkonfitüre mit Mandelstiften und Agavendicksaft

mit weniger Zucker, nicht so fest
1 Std. + 3 Std. Durchziehen

ungeöffnet mindestens
1 Jahr haltbar

FÜR 6 GLÄSER
À 210 ML INHALT

100 g Mandelstifte
1,1 kg Sauerkirschen
600 g Agavendicksaft
1 1/2 Päckchen
Gelierpulver für
Konfitüren (aus dem
Bioladen)

1. Die Mandeln in einer trockenen Pfanne hellbraun rösten, beiseitestellen. Kirschen waschen, entstielen und entsteinen. Mit dem Agavendicksaft in einen Topf geben und zugedeckt 3 Std. ziehen lassen.

2. Mit einem Schneebesen nach und nach 1 Päckchen Gelierpulver unterrühren. Die Konfitüre aufkochen und bei gut mittlerer Hitze sprudelnd 5 Min. kochen lassen.

3. Die Gelierprobe (s. S. 19) machen. Ist die Konfitüre zu flüssig, vom Herd ziehen, übriges Gelierpulver einrühren und nochmals 4 Min. kochen. Abschäumen, Mandeln unterrühren und 1 Min. mitkochen.

4. Die Konfitüre in die vorbereiteten Gläser füllen (s. S. 18), verschließen. 5 Min. auf den Deckeln stehend, dann richtig herum abkühlen lassen. (im Bild hinten links)

Dreifarbige Johannisbeerkonfitüre

besonders hübsch – raffiniert
1 Std. + 12 Std. Durchziehen

**FÜR 20 GLÄSER
À 210 ML INHALT**

je 1,1 kg rote, weiße
und schwarze
Johannisbeeren
3 kg Gelierzucker 1 : 1

◯ ungeöffnet mindestens
1 Jahr haltbar

1. Die Johannisbeeren separat waschen und abtropfen lassen. Die Beeren von den Rispen streifen. Von jeder Sorte 1 kg Johannisbeeren mit je 1 kg Gelierzucker in verschiedene Töpfe geben. Vermischen und zugedeckt über Nacht Saft ziehen lassen.

2. Die schwarzen Johannisbeeren aufkochen, sprudelnd 4–5 Min. kochen. Die fertige Konfitüre (Gelierprobe s. S. 19) zu einem Drittel in die vorbereiteten Gläser füllen (s. S. 18) und fest werden lassen.

3. Die weißen Johannisbeeren in 4–5 Min. zur Konfitüre kochen, vorsichtig auf die schwarze Johannisbeerschicht verteilen, sodass die Gläser jetzt zu zwei Drittel gefüllt sind, fest werden lassen.

4. Zum Schluss die roten Johannisbeeren in 4–5 Min. zur Konfitüre kochen, auf die weiße Schicht füllen. Die Gläser sofort verschließen und abkühlen lassen.

Zwetschgenkonfitüre

würzig – aromatisch
1 Std. + 12 Std. Durchziehen

**FÜR 7 GLÄSER
À 210 ML INHALT**

1,2 kg aromatische
Zwetschgen
1 kg Gelierzucker 1 : 1
2 Zimtstangen
1 Msp. gemahlene
Nelken
1/2 TL gemahlener
Ingwer
50 ml Zwetschgen-
wasser (oder Slivovitz;
nach Belieben)

◯ ungeöffnet mindestens
1 Jahr haltbar

1. Die Zwetschgen waschen, halbieren und entsteinen. Von den Zwetschgenhälften 1 kg abwiegen. Die Hälften in kleine Stücke schneiden und in einen Topf geben. Den Gelierzucker dazugeben und unterrühren.

2. Die Zimtstangen in je 4 Stücke brechen. Die Gewürze zu dem Konfitürenansatz geben, unterrühren und zugedeckt über Nacht ziehen lassen.

3. Den Konfitürenansatz aufkochen und bei mittlerer Hitze sprudelnd 4–5 Min. kochen lassen. Die Gelierprobe (s. S. 19) machen, die Konfitüre abschäumen und das Zwetschgenwasser unterrühren.

4. Noch 1 Min. kochen, dann die Konfitüre in die vorbereiteten Gläser füllen (s. S. 18). Dabei die Gewürze gleichmäßig verteilen. Mit den Deckeln verschließen und zuerst 5 Min. auf den Deckeln stehend, dann richtig herum abkühlen lassen.

Feigen-Orangen-Konfitüre

sehr apart – edel
1 Std. + 12 Std. Durchziehen

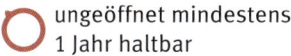 ungeöffnet mindestens
1 Jahr haltbar

FÜR 11 GLÄSER
À 210 ML INHALT

900 g aromatische,
makellose grüne
Feigen
1,5 kg Gelier-
zucker 1 : 1
400 ml frisch
gepresster
Orangensaft

1. Die Feigen waschen, trocken tupfen, die Stielansätze knapp abschneiden und die Früchte in kleine Stücke schneiden. Feigenstücke und Gelierzucker in einem großen Topf geben und verrühren. Zugedeckt über Nacht Saft ziehen lassen.

2. Den Orangensaft unter den Konfitürenansatz rühren, alles aufkochen und sprudelnd 4–5 Min. kochen.

3. Die fertige Konfitüre (Gelierprobe s. S. 19) abschäumen und in die vorbereiteten Gläser füllen (s. S. 18). Mit den Deckeln verschließen und zuerst 5 Min. auf den Deckeln stehend, dann richtig herum abkühlen lassen.

Gut zu wissen Anstelle von grünen Feigen können auch blaue Feigen verwendet werden. Dafür Exemplare mit besonders dicker Haut schälen.

Saison September bis Oktober

Ingwerkonfitüre

delikat – leicht scharf
45 Min. + 12 Std. Durchziehen
+ 45 Min. Kochen

ungeöffnet mindestens
1 Jahr haltbar

FÜR 7 GLÄSER
À 210 ML INHALT

500 g frische
Ingwerwurzeln
1 l naturtrüber
Apfelsaft
1,5 kg Gelier-
zucker 1 : 1
4 cl Cognac

1. Ingwerwurzeln waschen und schälen. Zugedeckt in den Kühlschrank stellen. Ingwerschalen mit dem Apfelsaft aufkochen und 30 Min. zugedeckt bei mittlerer Hitze auskochen. Vom Herd nehmen und über Nacht ziehen lassen, dann die Schalen abgießen und den Sud auffangen.

2. Ingwerwurzeln in Stücke schneiden und im Blitzhacker fein zerkleinern. In den Saftsud geben, alles aufkochen und 15 Min. zugedeckt bei mittlerer Hitze köcheln.

3. Die Ingwermischung auf 1 kg abwiegen, falls nötig, mit Wasser auffüllen. Den Gelierzucker unter Rühren einrieseln lassen und die Konfitüre unter gelegentlichem Rühren 4–5 Min. einkochen. Cognac unterrühren, kurz mitkochen. Die fertige Konfitüre (Gelierprobe s. S. 19) in die vorbereiteten Gläser füllen (s. S. 18). Verschließen, erst 5 Min. auf den Deckeln stehend, dann richtig herum abkühlen lassen.

Weihnachtspunschgelee

würzig – raffiniert
40 Min. + 30 Min. Kochen + Zeit zum Abkühlen

○ ungeöffnet mindestens
1 Jahr haltbar

1. Ingwer schälen, in dünne Scheiben schneiden. Vanillestange längs aufschneiden, das Mark herausschaben und die Stange in 4 Stücke schneiden. Die Mandeln grob hacken. Zitrone und Orange waschen und abtrocknen. Die Schale dünn abschneiden und den Saft auspressen.

2. Die vorbereiteten Zutaten mit den Gewürzen und den Rosinen in einen Topf geben. Tee und Rotwein zugießen. Alles einmal aufkochen und zugedeckt bei schwacher Hitze 30 Min. köcheln. Zum Schluss den Rum unterrühren, kurz aufkochen, dann abkühlen und durchziehen lassen.

3. Den Punsch durch ein Sieb gießen, 1 l abmessen. Punsch und Gelierzucker in einen großen Topf geben, alles aufkochen. Bei mittlerer Hitze 4–5 Min. sprudelnd kochen. Das fertige Gelee (Gelierprobe s. S. 19) in die vorbereiteten Gläser füllen (s. S. 18), verschließen und erst 5 Min. auf den Deckeln stehend, dann richtig herum abkühlen lassen. (im Bild oben links)

Dazu schmeckt's Das Gelee schmeckt besonders gut auf Brioche oder Rosinenbrot zum Nachmittagstee. Sehr fein ist es auch zum Füllen von Schokoladentorte oder Weihnachtsplätzchen.

Holunderblütengelee

duftet und schmeckt nach Frühling –
gelingt leicht
35 Min. + mind. 25 Std. Ruhen

FÜR 6 GLÄSER
À 210 ML INHALT

ungeöffnet mindestens
1 Jahr haltbar

24 große Holunder-
blütendolden, frei
von Ungeziefer
750 ml naturtrüber
oder klarer Bio-
Apfelsaft
2 Zitronen
500 g Gelierzucker
2 : 1 (oder 1 kg Gelier-
zucker 1 : 1)
Außerdem:
Mulltuch

1. Die kleinen Blütenstände von den Stän-
geln abschneiden, nach Bedarf waschen
und gut abtropfen lassen. Die Blüten in
einer Schüssel mit Apfelsaft übergießen.
Abgedeckt an einem kühlen Platz 24 Std.
stehen lassen.

2. Die Zitronen auspressen. Ein Sieb mit
einem Mulltuch auslegen und über einen
Topf stellen. Den Blütenansatz hineingie-
ßen und gut abtropfen lassen, leicht ausdrücken. Zitronensaft und Gelierzucker
unterrühren. 1–2 Std. stehen lassen, gelegentlich durchrühren.

3. Den Saft aufkochen und 4 Min. sprudelnd kochen lassen. Das fertige Gelee
(Gelierprobe s. S. 19) heiß in die vorbereiteten Gläser füllen (s. S. 18) und verschließen. Das Holunderblütengelee nach
dem Erkalten 1–2 Tage stehen lassen, bis
es fest geworden ist. (im Bild rechts)

Himbeergelee mit Zitronenmelisse

zum Frühstück oder zu Joghurt –
einfach & schnell
20 Min. + 1 Std. Ruhen

FÜR 4 GLÄSER
À 210 ML INHALT

ungeöffnet mindestens
1 Jahr haltbar

750 g frische
Himbeeren (oder
ungezuckerte
TK-Himbeeren)
3 EL Zitronensaft
ca. 400 g Gelier-
zucker 1 : 1
12 Blättchen frische
Zitronenmelisse

1. Die frischen Himbeeren falls nötig säubern, indem man sie in ein Sieb schüttet,
kurz in eine Schüssel mit kaltem Wasser
stellt und dann gründlich abtropfen lässt.
Tiefkühlhimbeeren auftauen lassen.

2. Die Himbeeren in einer Schüssel zerdrücken, in ein Sieb geben und den Saft abtropfen lassen. Den Zitronensaft zugeben. Den
Saft abmessen und mit der gleichen Menge
Gelierzucker in einem Topf verrühren, 1 Std.
stehen lassen, gelegentlich durchrühren.

3. Himbeersaft unter Rühren 3–4 Min.
sprudelnd kochen. Die Melisseblättchen in
Stückchen zupfen. Den Topf beiseite stellen
und die Melisse unterrühren. Das fertige
Himbeergelee (Gelierprobe s. S. 19) in die
vorbereiteten Gläser füllen (s. S. 18), verschließen und ca. 20 Min. auf den Deckeln
stehend, dann richtig herum abkühlen lassen. (im Bild unten)

Apfelgelee mit Duftpelargonie

köstlich zu Croissants oder Brötchen
– braucht etwas Zeit
1 Std. + 30 Min. Kochen
+ 13 Std. Abtropfen/Ruhen

FÜR 8 GLÄSER
À 210 ML INHALT

ungeöffnet mindestens
1 Jahr haltbar

2 kg säuerliche Äpfel,
z. B. Cox Orange,
Jonagold, Elstar oder
Gravensteiner
Saft von 2 Zitronen
1 Beutel Gelier-
pulver (20 g)
1,5 kg Gelier-
zucker 1 : 1
8–10 Blätter
Duftpelargonie
mit Zitronen-
oder Rosenduft
Außerdem:
Mulltuch

1. Äpfel waschen, putzen, vierteln, Stiele
und Blütenansätze herausschneiden. Mit
Kerngehäuse würfeln. Äpfel mit Zitronensaft und 1,5 l Wasser in einem Topf 30 Min.
kochen. Ein Sieb mit einem Mulltuch auslegen, auf einen Topf setzen. Früchte hineingeben, über Nacht abtropfen lassen.

2. Am nächsten Tag das Mulltuch mit den
Äpfeln an den Seiten zusammenfassen und
die Äpfel nur leicht auspressen, damit das
Apfelgelee möglichst klar bleibt. Den Saft
in einen Topf gießen.

3. Gelierpulver und Zucker mischen und
unter den Apfelsaft rühren. Ca. 1 Std. stehen lassen und gelegentlich durchrühren,
damit sich der Zucker auflöst. Die Büten-
blättchen abspülen und trocken tupfen.

4. Saft aufkochen, 4 Min. sprudelnd kochen lassen. Das fertige Gelee (Gelierprobe
s. S. 19) in die vorbereiteten Gläser füllen
(s. S. 18). In jede Glasmitte 1 Pelargonien-
blatt stecken. Gläser verschließen. Das
Gelee braucht ein paar Tage, um richtig
fest zu werden. (im Bild links)

Granatapfelgelee

für verwöhnte Genießer – macht
etwas Mühe
1 Std. + 1 Std. Ruhen

FÜR 4 GLÄSER
À 210 ML INHALT

ungeöffnet
etwa 1 Jahr haltbar

1 kg möglichst kleine
Granatäpfel
Saft von 1 Zitrone
750 g Gelier-
zucker 1 : 1
Außerdem:
Mulltuch

1. Granatäpfel halbieren und wie Orangen
auspressen, das geht am besten mit einer
elektrischen Presse. (Vorsicht, der intensiv
rote Saft und die Kerne spritzen und verursachen Flecken.) Ein Sieb mit einem Mulltuch auslegen, über eine Schüssel setzen.
Den Saft durchseihen. Die Zitrone auspressen und den Saft zum Granatapfelsaft geben. Alles abmessen (ergibt ca. 500 ml).

2. Den Saft mit Wasser auf 625 ml auffüllen und in einen Topf gießen. Gelierzucker
unterrühren und 1 Std. stehen lassen, gelegentlich durchrühren. Den Saft aufkochen,
unter Rühren 4–5 Min. sprudelnd kochen
lassen. Das Gelee (Gelierprobe s. S. 19)
in die vorbereiteten Gläser füllen (s. S. 18)
und verschließen. (im Bild oben rechts)

Quittengelee

 ungeöffnet
etwa 1 Jahr haltbar

**FÜR 4–5 GLÄSER
À 210 ML INHALT**

1 kg große reife,
duftende Quitten aus
der Türkei oder
Griechenland
1 Zitrone
500 g Gelier-
zucker 1 : 1

Außerdem:
Mulltuch

1. Die Quitten waschen, vierteln und die Blüten- und Stielansätze entfernen. Die Viertel zu Achtel schneiden, halbieren und in einen Topf geben. 1,75 l Wasser zugießen und die Früchte zugedeckt bei schwacher Hitze in ca. 45 Min. weich kochen.

2. Ein großes Sieb mit einem sauberen Mulltuch auslegen und auf einen Topf setzen. Die Quitten mit Saft hineingeben und über Nacht abtropfen lassen. Nicht pressen, damit später das Gelee klar bleibt.

3. Die Zitrone auspressen und den Saft zum Quittensaft gießen. Den gesamten Saft abmessen (ergibt 500–600 ml) und die gleiche Menge Gelierzucker in Gramm unterrühren, bis er sich aufgelöst hat.

4. Den Saft 3–4 Min. sprudelnd kochen. Das fertige Gelee (Gelierprobe s. S. 19) heiß in die vorbereiteten Gläser füllen (s. S. 18) und mit den Deckeln verschließen. (im Bild links)

Veredeln Gleich nach dem Kochen kleine Schnipsel Blattgold unter das Gelee rühren.

Tipp Aus den übrig gebliebenen Quittenstücken können Sie Quittenmus und/oder Quittenkonfekt nach den untenstehenden Rezepten zubereiten.

Quittenmus mit Orangenblütenwasser

köstlich zu Pfannkuchen
45 Min.

**FÜR 6–7 GLÄSER
À 220 ML INHALT**

ca. 700 g gekochte
Quittenstücke
1 Zitrone
250 ml Orangensaft
350 g Gelier-
zucker 1 : 1
300 g Haushaltszucker
4 EL Orangenblüten-
wasser (aus der
Apotheke)

ungeöffnet
etwa 1 Jahr haltbar

1. Aus den gekochten Quittenstücken die Kerngehäuse mit einem Teelöffel entfernen. Die Zitrone auspressen.

2. Die Quittenstücke mit Orangen- und Zitronensaft sowie mit Gelierzucker und Haushaltszucker in einem Topf verrühren, bis sich der Zucker aufgelöst hat.

3. Die Quittenmasse ca. 10 Min. unter Rühren kochen. Das Orangenblütenwasser unterrühren. Das Mus in die vorbereiteten Gläser füllen (s. S. 18) und verschließen. (im Bild hinten)

Tipp Statt mit Orangenblütenwasser das Mus mit Vanille zubereiten. Dafür 1/2 Vanillestange auskratzen, mit dem Mark unter das Püree mischen und mitkochen. Die Vanilleschote entfernen und das Mus in Gläser füllen.

Quittenkonfekt (Quittenbrot)

auch für den süßen Teller
30 Min. Kochen + 3 Std. Trocknen
+ 1 Tag Ruhen

**FÜR CA.
1 KG KONFEKT**

ca. 700 g gekochte
Quittenstücke
1 Zitrone
250 ml Orangensaft
350 g Gelier-
zucker 1 : 1
300 g Haushaltszucker
4 EL Orangenblüten-
wasser (aus der
Apotheke; alternativ
1/2 Vanillestange)

Außerdem:
Backpapier

etwa 6 Monate
haltbar

1. Aus den gekochten Quittenstücken die Kerngehäuse mit einem Teelöffel entfernen. Die Zitrone auspressen. Die Quitten mit dem Orangen- und Zitronensaft sowie dem Gelier- und Haushaltszucker bei mittlerer Hitze unter Rühren so lange offen dick einkochen, bis auf dem Topfboden, wenn man mit dem Kochlöffel darüberfährt, eine offene Straße bleibt.

2. Zwei Backbleche mit Backpapier auslegen und das Quittenmus 1–1 1/2 cm dick gleichmäßig aufstreichen. Die Bleche übereinander in den Backofen schieben. Das Mus bei 100° (falls möglich mit Umluft bei 80°) ca. 3 Std. trocknen, gelegentlich die Ofentür kurz öffnen, damit die Feuchtigkeit entweichen kann.

3. Das Konfekt auf den Blechen abkühlen und mit Tüchern bedeckt einen Tag ruhen lassen, dann in 4 x 2 cm große Rechtecke schneiden. (im Bild vorne)

Tipp Das Quittenkonfekt entweder in Zucker, Kokosraspeln oder in gehackten Mandeln wenden. Besonders attraktiv: Auf jedes Stück einen Blattgoldschnipsel legen. Das Konfekt in eine Dose schichten. Zwischen die einzelnen Lagen Pergamentpapier legen.

Mus aus Trockenpflaumen

Aromafülle – gelingt leicht
12 Std. Einweichen + 35 Min.

FÜR 3 GLÄSER À 210 ML

⭕ etwa 1 Jahr haltbar

500 g Trocken-
pflaumen
100 ml Rotwein
4 EL Zitronensaft
1 TL Zimtpulver
1 Msp. gemahlener
Piment
Zucker (nach
Belieben)

1. Die Trockenpflaumen in einer Schüssel mit kaltem Wasser bedeckt über Nacht einweichen, dann abtropfen lassen. Das Wasser dabei auffangen.

2. Die Pflaumen im Fleischwolf oder Mixer zerkleinern, mit dem Einweichwasser, Rotwein, Zitronensaft, Zimt und Piment in einen Topf geben. Die von Natur sehr süßen Pflaumen nach Belieben nachsüßen.

3. Das Mus 5 Min. unter Rühren kochen (Spritzgefahr!), in vorbereitete Gläser füllen und sofort verschließen.

Tipp Das Mus schmeckt nicht nur zum Frühstück, sondern auch als Füllung von Gebäck wie Teigtaschen oder Rohrnudeln.

Zwetschgenmus mit Gewürzen

**selbst gemacht am besten –
schön würzig**
40 Min. + mind. 3 Std. Einkochen

FÜR 8 GLÄSER À 210 ML INHALT

⭕ ungeöffnet etwa 1 Jahr haltbar

3 kg vollreife
Zwetschgen
400 g Zucker
2 TL Zimtpulver
1/4 TL gemahlene
Nelken
1/2 TL gemahlene
Muskatblüte
8 EL brauner Rum

1. Den Backofen auf 150° vorheizen. Die Zwetschgen waschen, vierteln und dabei entsteinen. Zwetschgen mit Zucker und Gewürzen vermischen und in die gründlich gereinigte hohe Fettpfanne geben.

2. Die Zwetschgen ca. 2 Std. im Ofen (Mitte, Umluft 140°) einkochen lassen, dabei die Backofentür mit einem dazwischen geklemmten Holzkochlöffel einen Spalt offen halten. In Abständen von 1/2 Std. kontrollieren, bis der Saft vollkommen verdampft ist. Das Mus dabei vorsichtig zur Mitte aufhäufen, damit es am Rand nicht ansetzt.

3. Sobald der Saft eingekocht ist und sich das Mus bräunliche verfärbt hat, das Blech herausnehmen. Das Zwetschgenmus sofort in die Gläser füllen und glatt streichen. Auf jedes Glas 1 EL Rum gießen, anzünden und die Gläser sofort verschließen.

Bratapfelmus

außergewöhnlich – preiswert
1 Std. + mind. 3 Std. Einkochen

FÜR 8 GLÄSER
À 210 ML INHALT

ungeöffnet etwa 1 Jahr
haltbar

3 kg säuerliche Äpfel
(z. B. Boskoop oder
Gravensteiner)
150 g Rosinen
200 g Mandelstifte
500 g Zucker
200 ml Weißwein
1 TL Zimtpulver
1 TL gemahlener Anis
8 EL Calvados

1. Backofen auf 150° vorheizen. Äpfel waschen, vierteln, entkernen und schälen. In Stücke schneiden und mit Rosinen und Mandeln auf einer Fettpfanne verteilen.

2. Zucker mit 100 ml Wasser in einem Topf hellbraun karamellisieren. Mit Wein ablöschen. Alles über die Äpfel gießen, die Gewürze darüberstreuen und vermengen.

3. Die Apfelmischung ca. 2 Std. im Ofen (Mitte) eindicken lassen, dabei die Backofentür mit einem dazwischengeklemmten Holzkochlöffel einen Spalt offen halten. In Abständen von 15 Min. kontrollieren, bis der Saft vollkommen verdampft ist. Das Mus dabei zur Mitte aufhäufen, damit es am Rand nicht ansetzt.

4. Sobald der Saft eingekocht ist, das Blech herausnehmen. Das Mus sofort in Gläser füllen und glatt streichen. Auf jedes Glas 1 EL Calvados gießen, anzünden und die Gläser sofort verschließen.

Birnenmus mit Vanille und Zimt

köstlich auf Bauernbrot
40 Min. + mind. 3 Std. Eindicken

FÜR 3 GLÄSER
À 210 ML INHALT

ungeöffnet etwa 1 Jahr
haltbar

2 Bio-Zitronen
3 kg reife,
weiche Birnen
1 Vanillestange
2 Zimtstangen
100 g brauner Zucker
75 ml Birnengeist
(oder Rum)

1. Zitronen waschen, abtrocknen und die Schale fein abreiben. Den Saft auspressen. Die Birnen putzen, schälen, vierteln und Stiele und Kerngehäuse herausschneiden. Die Viertel in Stücke schneiden, mit dem Zitronensaft vermischen. Die Birnenstücke mit dem Pürierstab zerkleinern.

2. Backofen auf 160° vorheizen. Vanillestange längs aufschneiden und das Mark auskratzen. Schote vierteln, mit dem Mark und den in Stücke gebrochenen Zimtstangen unter das Birnenmus mischen. Alles in einen großen Bräter gießen. Im Ofen bei zeitweise leicht geöffneter Backofentür (Umluft 140°, Kochlöffelstiel in die Tür klemmen) in 3–4 Std. zu einem dicken Mus eindampfen. Ab und zu durchrühren, das Mus vom Topfrand nach unten schieben.

3. Das Mus heiß in vorbereitete Gläser füllen, etwas Rum auf die Oberflächen träufeln und die Gläser verschließen. Nach dem Öffnen eines Glases das Mus durchrühren.

Quittenkompott mit Gewürzen

für Überraschungsdesserts – einfach
45 Min. + ca. 30 Min. Kochen

**FÜR 4 GLÄSER
À 500 ML INHALT**

2 kg große, reife Quit-
ten (aus Griechenland
oder der Türkei)
1 Zitrone
400 g Zucker
8 Gewürznelken
4 kleine Zimtstangen

○ ungeöffnet etwa 1 Jahr
haltbar

1. Die Quitten waschen, schälen und vierteln. Stiel- und Blütenansätze sowie die
Kerngehäuse herausschneiden. In dem
sehr festen Quittenfleisch geht das am
besten mit einem Kugelausstecher. Die
Zitrone auspressen.

2. Die Früchte in einen Topf geben, mit
Zitronensaft übergießen, Zucker und
Gewürze daraufgeben. Soviel Wasser auf-
gießen, dass es ca. 2 Fingerbreit über den
Quitten steht. Alles gut durchrühren, bis
sich der Zucker aufgelöst hat.

3. Die Quitten 20–30 Min. bei mittlerer
Hitze weich kochen. Die Quittenstücke
sofort in die gut gereinigten Gläser füllen.
Den Saft noch einmal aufkochen und über
die Quitten gießen, sodass sie bedeckt ist.
Auf jedes Glas einen Teil der Gewürze füllen, dann sofort verschließen.

Saison November bis März

Kirschkompott mit Maraschino

ganz einfach – raffiniert
50 Min. + 30 Min. Einkochen

**FÜR 5 GLÄSER
À 500 ML INHALT**

2 kg Süßkirschen
1 Bio-Zitrone
5 Gewürznelken
500 g Zucker
200 ml Maraschino

○ ungeöffnet etwa 1 Jahr
haltbar

1. Die Kirschen waschen, die Stiele entfernen und die Früchte auf Geschirrtüchern
trocknen. Die Kirschen mit dem Kirschent-
steiner entsteinen und fest in die sorgfältig
vorbereiteten Gläser schichten. Die Zitrone
heiß abwaschen, abtrocknen und die Schale in 1 cm breiten Streifen dünn abschneiden, ohne das Weiße mit abzuschneiden.

2. In jedes Glas 1 Gewürznelke und 1 Stück
Zitronenschale stecken, den Zucker und
den Maraschino auf den Früchten verteilen. Die Gläser mit den Deckeln verschließen. Die Gläser in einen großen, mit kaltem Wasser gefüllten Topf stellen und langsam erhitzen. Von dem Zeitpunkt, an dem
das Wasser 90° erreicht hat, die Kirschen
30 Min. bei dieser Temperatur einkochen.

Dazu passt's Die auf diese Weise einge-
kochten Kirschen schwimmen nicht im
Saft und eignen sich damit besonders gut
als Kuchenbelag. Aber auch pur schmecken
sie ganz köstlich.

Mirabellenkompott

sehr aromatisch – Klassiker
50 Min. + 30 Min. Einkochen

FÜR 5 GLÄSER
À 500 ML INHALT

○ ungeöffnet etwa 1 Jahr
haltbar

2,5 kg Mirabellen
2 Zimtstangen
400 g Zucker

1. Die Mirabellen waschen, entstielen und entsteinen. Die Zimtstangen in 5 Stücke brechen.

2. Den Zucker mit 1 l Wasser in einen Topf geben und aufkochen. Die Mirabellen dazugeben und einmal mit aufkochen, vom Herd nehmen. Die Zimtstangenstücke untermischen.

3. Die Mirabellen mit dem Sud und dem Gewürz bis 2 cm unter den Rand in die sorgfältig gereinigten Gläser füllen und sofort verschließen. Zum Haltbarmachen 30 Min. bei 90° im Backofen oder im Topf einkochen (s. S. 66).

Dazu passt's Die Mirabellen passen bestens zu Grießpudding oder Milchreis, als Füllung für Kuchen und Torten oder einfach so als Dessert. Dafür den Saft mit Speisestärke etwas eindicken.

Saison August bis September

Äpfel mit Vanille

Klassiker – preiswert
50 Min. + 30 Min. Einkochen

FÜR 5 GLÄSER
À 500 ML INHALT

○ ungeöffnet etwa 1 Jahr
haltbar

2 kg kleine
aromatische Äpfel
(z. B Gravensteiner,
Boskoop, Cox Orange)
2 Zitronen
2 Vanilleschoten
500 g Zucker

1. Die Äpfel schälen, vierteln und die Kerngehäuse herausschneiden. Die Zitronen auspressen. Die Hälfte davon über die Äpfel träufeln und untermengen. Die Vanilleschoten aufschlitzen.

2. In einem großen Topf 1 l Wasser mit dem Zucker, dem restlichen Zitronensaft und den aufgeschlitzten Vanilleschoten aufkochen. Die Äpfel zugeben und im kochenden Sirup 3 Min. garen.

3. Die Apfelstücke aus dem Sirup heben, abtropfen lassen und in die sorgfältig gereinigten Gläser füllen. Den Sirup durch ein feines Sieb gießen. Die Vanillestangen in je 5 Stücke schneiden und zu den Äpfeln geben. Den Sirup bis 2 cm unter den Rand auf die Äpfel gießen und die Gläser verschließen.

4. Die Äpfel zum Haltbarmachen 30 Min. bei 90° im Backofen oder im Topf einkochen (s. S. 66).

Schwarze Nüsse

eine rare Delikatesse
1 Std. + 9 Tage Wässern + ca. 40 Min. Kochen + 6 Monate Reifen

FÜR 5 GLÄSER À 200 ML INHALT
500 g grüne, unreife Walnüsse
(s. Tipp und Bild 1)
600 g Zucker
2 Gewürznelken
1 Zimtstange

Außerdem:
Gummihandschuhe
1 lange dicke Stopfnadel

ungeöffnet mind.
3 Jahre haltbar

1. Die Nüsse in eine große Schüssel geben, mit reichlich kaltem Wasser bedecken. (Gummihandschuhe anziehen, damit die Finger keine hartnäckigen schwarzen Flecken von der austretenden Gerbsäure bekommen.) Unter Wasser die Nüsse mit der Nadel mehrmals durchstechen (Bild 2) und in eine zweite Schüssel mit Wasser geben.

2. Die Nüsse 9 Tage an einem kühlen, dunklen Ort wässern, dabei das Wasser zweimal täglich wechseln. Dann in ein Sieb geben und mit 3 l kochendem Wasser übergießen, um die Nüsse von der restlichen Gerbsäure zu befreien.

3. Den Zucker mit 350 ml Wasser in eine Stielkasserolle geben und alles aufkochen. Die Gewürze dazugeben und das Zuckerwasser kochen, bis sich der Zucker aufgelöst hat. Dann die Nüsse hineingeben und 30–40 Min. kochen, bis sie weich sind.

4. Die Nüsse in die sorgfältig gereinigten Gläser füllen, die Gewürze zugeben (Zimtstange vorher in Stücke brechen). Den Sirup nochmals aufkochen und heiß auf die Walnüsse gießen, bis diese bedeckt sind (Bild 3). Die Gläser mit Schraubdeckeln verschließen und auf den Deckeln stehend abkühlen lassen. Die schwarzen Nüsse an einem dunklen, kühlen Ort aufbewahren und mindestens 6 Monate reifen lassen.

Dazu passt's Die schwarzen Nüsse passen sehr gut zu Käse, z. B. in dünne Scheiben aufgeschnitten zu einer Käseplatte reichen. Man kann sie aber auch gut in Scheiben geschnitten über Blattsalate oder Feldsalat geben oder zu Wild oder zu Desserts servieren.

Tipp Die unreifen Walnüsse (Bild 1) werden um den Johannistag (24. Juni) herum geerntet, wenn ihre Schale hellgrün und noch weich ist. Vorsicht beim Bearbeiten, der austretende Saft färbt die Hände hartnäckig dunkelbraun!

Info Schwarze Nüsse brauchen eine Weile, bis sie ihr volles Aroma entwickelt haben. Sie müssen mindestens 1/2 Jahr im Sirup durchziehen, bevor sie serviert werden können. Kenner meinen sogar, dass die Nüsse erst nach 2 Jahren Reifezeit am besten schmecken.

Saison Ende Juni bis Anfang Juli

Zwetschgen mit Essig

köstlich zu Braten – ganz einfach
50 Min. + 1 Monat. Durchziehen

FÜR 5 GLÄSER
À 400 ML INHALT

ungeöffnet etwa
3 Monate haltbar

1,5 kg vollreife
Zwetschgen (oder
Pflaumen)
1 Bio-Orange
50 g frische
Ingwerwurzel
600 g brauner Zucker
400 ml Rotweinessig
(6 % Säure)
2 Zimtstangen
5 kleine Sternanis
6 Gewürznelken

1. Zwetschgen waschen, abtrocknen und jede einmal längs einschneiden. Die Früchte in eine tiefe Schüssel geben. Die Orange heiß abwaschen, abtrocknen und die Schale sehr dünn abschneiden. Orangenschale zu den Zwetschgen geben.

2. Ingwer schälen und in 1/2 cm dünne Scheiben schneiden. Zucker, Essig, 350 ml Wasser und die Gewürze in einen Topf geben und einmal aufkochen. Den Sud über die Zwetschgen gießen, mit einem Teller und Gewichten beschweren und über Nacht durchziehen lassen.

3. Am nächsten Tag die Zwetschgen abgießen, den Sud dabei auffangen. Die Zwetschgen und die Gewürze in die Gläser verteilen. Den Sud aufkochen und bis 2 cm unter den Rand über die Zwetschgen gießen. Die Gläser sofort verschließen. Die Zwetschgen vor dem Servieren 1 Monat durchziehen lassen. (im Bild hinten rechts)

Süßsaure Pfirsiche

herzhaft – braucht etwas Zeit
1 Std. + mind. 2 Tage Ruhen
+ Zeit zum Abkühlen

FÜR 4 GLÄSER
À 500 ML INHALT

3–4 Monate
haltbar

1 Zitrone
2 kg reife, aber nicht
zu weiche Pfirsiche
(oder Nektarinen)
500 g Zucker
400 ml Weißweinessig
1 Stück frische
Ingwerwurzel
(ca. 10 g)
1 Zimtstange in
4 Stücke gebrochen
8 Gewürznelken

1. Die Zitrone auspressen und mit 2 l kaltem Wasser in eine Schüssel gießen. Pfirsiche mit kochend heißem Wasser überbrühen, häuten und halbieren. Die Steine entfernen, beiseitelegen. Pfirsiche in das Zitronenwasser legen.

2. Zucker und Essig in einem Topf mit breitem Boden aufkochen. Die Pfirsichhälften hineinlegen und nur kurz durch und durch heiß werden lassen. Herausnehmen, kurz abtropfen lassen und mit den Rundungen nach oben in Gläser legen.

3. Den Ingwer schälen und in Stücke schneiden. Gewürze und Ingwer in den Essigsud geben. Pfirsichsteine knacken, die Häutchen von den Kernen streifen. Die Kerne zum Sud geben. Essigsud bei starker Hitze aufkochen und sofort über die Pfirsiche gießen. Die Gläser verschließen. (im Bild vorne links)

Süßsaure Birnen mit Rotweinessig

feinwürzig – gelingt leicht
1 Std. + Zeit zum Ruhen bzw. Abkühlen

FÜR 4 GLÄSER
À 500 ML INHALT

3–4 Monate
haltbar

2 kg reife,
aber feste Birnen
750 ml Rotwein
1 kg Zucker
500 ml Rotweinessig
1 Zimtstange, in
4 Stücke gebrochen
4 Streifen dünn
abgeschälte Bio-
Zitronenschale

1. Birnen schälen, halbieren, Stiele entfernen und die Kerngehäuse mit einem Kugelausstecher ausstechen. Rotwein aufkochen. Birnen hineinlegen. Alles nochmals aufkochen. Birnen im Wein erkalten lassen.

2. Zucker und Essig in einem breiten Topf unter Rühren aufkochen und abschäumen. Birnen abtropfen lassen und in die Essigmischung legen. Zimt und Zitronenschale zufügen. Birnen kochen, bis sie sich mit einem Stäbchen durchstechen lassen.

3. Die Birnen mit einem Löffel aus dem Sud heben, mit den Rundungen nach oben in die Gläser legen.

4. Dann die Essig-Zucker-Lösung aufkochen und kochend heiß über die Birnen gießen. Die Gläser sofort verschließen und kühl aufbewahren. (im Bild vorne rechts)

Kürbis süßsauer

einfach – Heimisches exotisch
50 Min. + 12 Std. Durchziehen

FÜR 5 GLÄSER
À 500 ML INHALT

ungeöffnet etwa
3 Monate haltbar

2 kg Muskatkürbis
200 g getrocknete,
ungeschwefelte
Aprikosen
1 Bio-Zitrone
600 ml Apfelessig
(6 % Säure)
750 g Zucker
2 TL Salz
1 EL schwarze
Pfefferkörner
1 EL Koriandersamen
5 Stücke getrockneter
Ingwer (à ca. 2 cm)
5 kleine frische rote
Chilischoten

1. Kürbis schälen, Fasern und Kerne entfernen. Kürbisfleisch 2 cm groß würfeln. Aprikosen in kochendem Wasser kurz stehen lassen, abgießen und halbieren. Zitrone heiß waschen, die Schale ohne das Weiße in 1 cm breiten Streifen abschneiden.

2. Kürbis, Aprikosen und Zitronenschalen in eine hohe Schüssel geben. Apfelessig mit 250 ml Wasser, Zucker und Salz aufkochen und auf den Kürbis gießen. Alles mit einem Teller beschweren und mit einem Tuch zugedeckt über Nacht ziehen lassen.

3. Dann den Kürbis abgießen, den Sud in einem Topf auffangen und mit den Gewürzen nochmals aufkochen.

4. Die Kürbismischung bis 3 cm unter den Rand in die sorgfältig gereinigten Gläser füllen. Den kochenden Sud bis 2 cm unter den Rand auf den Kürbis gießen, sodass dieser damit bedeckt ist. Gläser sofort verschließen, kühl und dunkel aufbewahren. (im Bild hinten links)

Getrocknete Früchte, Gemüse und Kräuter

Aromatisches lange haltbar gemacht

Einfach auffädeln

Früchte, Gemüse, Pilze oder Kräuter durch Trocknen haltbar zu machen, ist die älteste und sparsamste Konservierungsmethode. Sie werden auf Baumwollfäden gezogen, luftig aufgehängt oder auf mit luftdurchlässigem Stoff bespannte Gestelle gelegt. Dann in der Sonne getrocknet, z. B. Tomaten, oder im Schatten, wie Kräuter, um das Aroma zu schonen. Wichtig: alles an einem möglichst staubfreien Platz trocknen, wo außerdem weder Regen noch Tau schaden. Auch ein luftiger Innenraum ist zum Trocknen geeignet.

Vom Backofenrost oder -blech

In der Backofenwärme lassen sich bei 110° bis 130° besonders weiche und saftige Früchte gut trocknen, etwa Kirschen, Pfirsiche oder Tomaten. Allerdings erfordert es Zeit – je größer die Früchte, desto mehr: bei Kirschen etwa 8 Stunden, bei Pfirsichhälften bis zu 36 Stunden (s. Kasten unten). Früchte auf einen Rost legen, auf das mit Backpapier belegte Blech setzen und in den vorgeheizten Ofen schieben. Während der Trockenzeit einmal wenden. Backofentür einen Spalt offen lassen, damit die Feuchtigkeit entweichen kann.

Auf Etagen im Dörrapparat

Wer regelmäßig größere Mengen an Früchten trocknen möchte, für den lohnt sich die Anschaffung eines Dörrapparats, der weit weniger Energie verbraucht als der Backofen. Ein Dörrapparat hat mehrere Einsätze, passend für verschiedene Arten und Größen von Früchten und Gemüse. Er gewährleistet gleichmäßiges und schnelleres Trocknen auf mehreren Etagen, wobei der Geschmack nicht leidet. Und: Er ist leicht zu bedienen und man muss den Dörrvorgang nicht beaufsichtigen. Denn ein Thermostat regelt die Temperatur.

Nur die Besten sind mit dabei

Untadelig müssen sie sein, ohne faule Stellen und Dellen, und auch nicht überreif, sollen sich Früchte zum Trocknen eignen. Wer selber von Obstbäumen ernten kann, besitzt eine große Auswahl. Bei gekauften Früchten heißt es gut auswählen und vor allem in der besten und günstigsten Saison kaufen, was dem Aroma und den Kosten zugute kommt. Die meisten vorbereiteten Früchte können ohne weitere Zutaten getrocknet werden. Einige Obstsorten müssen allerdings vorher kurz in ein **saures Bad** eingelegt werden, um zu verhindern, dass sie beim Trocknen Farbe verlieren, wie zum Beispiel Pfirsiche.

Vorbereitung und Trockenzeiten

Äpfel in 5 cm dicke Ringe schneiden, ins saure Bad tauchen, 6–8 Std. trocknen. **Aprikosen** halbieren und entsteinen, ins saure Bad tauchen, 36–48 Std. trocknen. **Beeren** ganz lassen, kurz blanchieren, 12–18 Std. trocknen. **Birnen** schälen, halbieren, entkernen, eventuell jede Hälfte nochmals vierteln, die Birnenstücke ins saure Bad tauchen, 36–48 Std. trocknen. **Kirschen** eventuell entsteinen, kurz blanchieren, 18–24 Std. trocknen. **Pfirsiche** häuten, halbieren, entsteinen, ins saure Bad tauchen, 36–48 Std. trocknen. **Pflaumen** ganz lassen oder halbieren und entsteinen, ringsum bzw. auf der Hautseite einstechen, 36–48 Std. trocknen.

Im Sommer vorbereiten – im Winter genießen

Ob für Müsli, für Kompott, für Kuchen oder nur zum Naschen, getrocknete Früchte bereichern den täglichen Speiseplan. Pilze und Gemüse inspirieren zu Saucen und Suppen, vorausgesetzt, es wurde für ausreichend Vorrat gesorgt. Dafür **Äpfel und Birnen** schälen. Bei Äpfeln die Kerngehäuse mit dem Apfelausstecher entfernen und die Früchte in dünne Scheiben schneiden. Birnen vierteln, Kerngehäuse herausschneiden, die Viertel in Schnitze schneiden. Kleine Birnensorten ungeschält im Ganzen für weihnachtliches Kletzenbrot trocknen. **Pflaumen und Aprikosen** entsteinen und im Ganzen trocknen oder halbiert, dann kann auch die Trockenzeit halbiert werden. **Pfirsiche** häuten, halbieren und entsteinen. **Kirschen** und **Mirabellen** eventuell entsteinen und im Ganzen trocknen. **Pilze,** falls nötig, mit einem Pinsel säubern und trocknen. Für Pilzpulver im Mixer fein zerkleinern. **Suppengemüse** putzen und in schmale Streifen schneiden, locker auf ein Blech

legen und trocknen, zwischendurch immer wieder wenden. **Tomaten** halbieren und mit den Öffnungen nach oben auf einen Rost legen, leicht mit Salz oder auch Kräutern bestreuen und trocknen.

→ **Überbackene getrocknete Tomaten** Pro Person 2 getrocknete Tomaten 2–3 Stunden in Wasser einlegen, abtropfen lassen und auf ein mit Backpapier belegtes Blech legen. Den Backofen auf 180° vorheizen. In jede Tomate 1 1/2 TL geriebenen Pecorino füllen, mit je 2 Blättern Basilikum belegen und mit Olivenöl beträufeln. Die Tomaten 15 Min. in der Ofenmitte überbacken und mit Ciabattabrotscheibchen zum Aperitif reichen.

Äpfel im sauren Bad Damit sie sich nicht verfärben, Äpfel vor dem Trocknen kurz in gesäuertes Wasser legen. Dafür 6 EL Zitronensaft in 1 l warmes Wasser einrühren, die Früchte 2–3 Min. hineinlegen, dann abtropfen lassen. Das Bad bekommt auch Birnen, Pfirsichen und Aprikosen gut.

Buntes Suppengemüse In feine Streifen geschnitten kommt die farbenfrohe Mischung aus Möhren, Sellerieknolle und Selleriegrün, Petersilienwurzel und Petersilienkraut sowie Lauch zum Trocknen auf ein Blech.

Tipps für Aufbewahrung und Verwendung

→ Die getrockneten Früchte, Pilze und Gemüse erst verpacken, wenn sie völlig erkaltet sind. Man kann sie in Stoffbeutel oder in Papiertüten füllen, damit die restliche Feuchtigkeit entweichen kann.

→ Zur Aufbewahrung vollständig trockener Produkte eignen sich auch gut schließende Dosen oder Gläser, diese dunkel aufbewahren. Von Zeit zu Zeit kontrollieren. Bildet sich Schimmel, am besten sofort wegwerfen.

→ Die Haltbarkeit ganz getrockneter Früchte, Pilze oder Gemüse beträgt 2 Jahre oder noch länger, dann könnte sich aber ihr Aroma verringert haben. Halb Getrocknetes, das noch weich und biegsam ist, hält sich 2–3 Monate.

→ Bevor getrocknete Früchte und Pilze verwendet werden können, diese so lange in lauwarmes Wasser legen, bis sie weich geworden sind. Das Einweichwasser dann nicht weggießen, sondern zum Kochen oder Backen mitverwenden.

Gemüse und Kräuter konservieren

Herzhafte Delikatessen im Vorrat bringen Abwechslung in die Alltagsküche. Für ein improvisiertes schnelles Essen sind sie jederzeit verfügbar: buntes Antipasti-Gemüse, eingelegte Paprikaschoten, Artischocken, Pfeffercornichons sowie pikante Pasten auf mediterrane Art. Ebenfalls mit von der Partie sind die vitaminreichen milchsauer eingelegten Gemüse: Klassiker wie Sauerkraut, Neuentdeckungen wie Kimchi. Im Glas eingekochte ganze Mahlzeiten, Kohlrouladen oder Paprikagulasch und aromatische Sugos für Pasta sorgen schließlich dafür, dass auch Lieblingsgerichte für Kinder und Erwachsene schnell auf den Tisch kommen.

Sauer, salzig oder in Öl

Haltbares Gemüse mit besonderen Geschmacksnoten

Sauer einlegen

Zum sauren Einlegen von Gemüse gibt es zwei Methoden: roh einsalzen und entwässern oder zuerst garen und dann mit Essigsud übergießen und verschließen. Roh eingesalzen oder in Salzwasser gelegt wird stark wasserhaltiges Gemüse wie Gurken oder Chinakohl, aber auch Zwiebeln oder Paprika. So zieht es 12–24 Stunden, dann wird es abgespült und im Glas mit aromatisiertem Essigsud aufgefüllt. Je nachdem, wie knackig das Gemüse sein soll, wird dieser Sud heiß oder kalt angegossen.

Mit Salz konservieren

Für Salzzitronen oder Salzgurken, Soleier oder Oliven wird meist ein Sud aus Wasser, reichlich Salz und ein wenig Essig bzw. Zitronensaft oder Zitronensäure verwendet. Extra-Würze verleihen Kräuter wie Dill oder Estragon und Gewürze wie Pfeffer oder Senfkörner, Schärfe geben Meerrettich, Ingwer oder Chili. Zum Konservieren Salz in nicht zu feiner Körnung verwenden. Zum Einlegen den Salzsud aufkochen und erkaltet über die Zutaten im Glas gießen und damit bedecken.

In Öl haltbar machen

Paprika, Auberginen, Artischocken oder Pilzen verleiht das Einlegen in Olivenöl mit Kräutern und Gewürzen ein besonderes Aroma, aber auch Frischkäse, wie etwa den Joghurtkugeln auf S. 112. Weil Öl jedoch nicht konserviert, sondern nur luftdicht einschließt und so schützt, muss Gemüse vorher jedoch gekocht und in Essig mariniert oder eingesalzen werden. Das Öl dann kalt bzw. bei Gemüse auf 85° erhitzt über die Zutaten im Glas gießen. Öl von guter Qualität verwenden.

Eingekochte Saucen und Gerichte

Gerichte aus dem Einmachglas sind schnell aufgetischt, müssen weder aufgetaut noch fertiggestellt werden: Beilagen wie Bohnen in Tomatensauce, eine Peperonata, ganze Mahlzeiten mit Fleisch wie Kohlrouladen oder Gulasch oder Suppe. Für ein Pasta-Essen mit auf Vorrat gekochter Sauce Bolognese fehlen dann nur noch die Nudeln, die schnell gekocht sind. Die Zubereitung solcher praktischen Vorräte liegt vielleicht schon Wochen zurück, als – bewusst vorplanend – die doppelte Menge eines Gerichts zubereitet wurde. Das Einkochen von einem oder zwei Gläsern erfolgt dann quasi nebenbei. Es funktioniert nach den gleichen Regeln wie beim Einkochen von Obst (s. S. 18/19). Für Single-Portionen empfiehlt sich das Einkochen im Backofen oder im Schnellkochtopf.

Gemüse milchsauer einlegen

Sauerkraut ist das hierzulande bekannteste milchsauer eingelegte Gemüse. Der im Kohl enthaltene Zucker setzt sich in Milchsäure um, wenn es mit Salz in einem Topf fest eingestampft wird. So entwickelt das Gemüse seinen charakteristischen säuerlichen Geschmack und typischen Geruch – und wird außerdem lange haltbar. Je nach Region werden bei dieser traditionellen Konservierungsart Gewürze wie Pfeffer, Wacholderbeeren, Kümmel oder Dill oder auch Weinblätter und Apfelschnitze zugeben, die zusätzlich Aroma verleihen.

→ Doch auch andere Gemüse als Kohl können milchsauer eingelegt werden: Im Rheinland machen Schnippelbohnen, eingelegte grüne Bohnen, dem Sauerkraut Konkurrenz. Gemischtes Gemüse wie Weißkraut, Möhren, Paprika, Bohnen oder auch Rote Bete werden in den Ländern am östlichen Mittelmeer auf andere Art milchsauer eingelegt: Das Gemüse wird in Stücke geschnitten, festes Gemüse wie Möhren wird blanchiert und alles locker in ein Glas gelegt. Darauf kommt ein Sud aus Wasser, Salz und einer geringen Menge Zitronensäure oder Zitronensaft. Die Zugabe von Kichererbsen beschleunigt die milchsaure Gärung. Nach Ablauf von 2–3 Wochen ist der Prozess abgeschlossen und das Gemüse hat einen säuerlich-salzigen Geschmack.

So wird Weißkohl eingelegt

1. Vom Kohl 2–3 äußere große Blätter abnehmen. Den Kohlkopf je nach Größe, damit man ihn handhaben kann, halbieren oder vierteln. Auf dem Kraut- oder Gurkenhobel in dünne Streifchen hobeln. Den Tontopf oder das Glas mit einem großen Kohlblatt auslegen. Eine 5–8 cm dicke Schicht gehobelten Kohl daraufüllen.

2. Mit einem hölzernen Stampfer den Kohl feststampfen. Nun abwechselnd etwas Salz-Gewürz-Mischung aufstreuen, Kohl daraufüllen und stampfen, bis sich Saft zeigt.

3. Ist der gesamte Kohl eingeschichtet, das Ganze mit einem Kohlblatt abdecken, mit einer Platte und einem 1-kg-Gewicht beschweren, ein Tuch darüberlegen und den Kohl gären lassen. (Das ausführliche Rezept finden Sie auf S. 56/57).

Gut zu wissen

→ Milchsauer Eingelegtes pflegen Milchsauer eingelegtes Gemüse arbeitet im Topf weiter. Das erkennt man nicht nur daran, dass es mit der Zeit immer saurer wird, sondern auch an der weißlichen Schicht an der Oberfläche. Diese sollte von Zeit zu Zeit, am besten wöchentlich gesäubert werden. Dazu werden das beschwerende Gewicht, die Platte und ein eventuell abdeckendes Tuch abgenommen und gründlich mit Wasser abgespült. Von der Oberfläche des Inhalts wird die weißliche Schicht abgehoben und entfernt. Dann wird das Gemüse wieder abgedeckt und beschwert. Man kann noch etwas frisches kaltes Wasser zugießen, so bleibt der Topfinhalt saftiger.

→ Wie lange hält sich milchsauer eingelegtes Gemüse? Bis es nach dem Winter wieder die ersten Radieschen gibt, lautete darauf eine gängige Antwort. So sagt man zum einen deshalb, weil bis dann Sauerkraut oder Schnippelbohnen aufgebraucht sind, zum anderen weil sich nach dem Winter jeder auf frisches Gemüse freut. Und tatsächlich hält sich der eingelegte Gemüsevorrat mindestens bis ins kommende Frühjahr.

Senfgurken

für die Brotzeit
1 Std. + 12 Std. Durchziehen

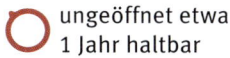 ungeöffnet
etwa 1 Jahr haltbar

FÜR 5 GLÄSER
À 500 ML INHALT

3 kg gelbliche, feste
Gärtnergurken
(»Stopselgurken«)
2 EL Salz
4 cm frischer
Meerrettich
16 Schalotten
750 ml milder
Weißweinessig
(7 % Säure)
300 g Zucker
3 EL gelbe Senfkörner
5 kleine
Lorbeerblätter

1. Die Senfgurken schälen, die Enden abschneiden und die Gurken längs halbieren. Mit einem Esslöffel oder einem Kugelausstecher die Kerne herausschaben und das Gurkenfleisch quer in 3 cm breite Stücke schneiden. Die Gurkenstücke in eine Schüssel geben, 1 EL Salz darüberstreuen und untermischen. Die Gurken zugedeckt über Nacht Saft ziehen lassen.

2. Am nächsten Tag die Gurkenstücke abtropfen lassen. Meerrettich und Schalotten schälen und in Scheiben schneiden. Den Essig mit 750 ml Wasser, 1 EL Salz, dem Zucker, den Senfkörnern, den Lorbeerblättern und den Schalottenscheiben aufkochen, bis sich der Zucker aufgelöst hat. Den Sud durch ein Sieb gießen, die Gewürze, den Meerrettich und die Schalotten aufbewahren.

3. Die Hälfte des Essigsuds erneut aufkochen. Die Gurkenstücke darin portionsweise einmal aufkochen lassen. Dann herausnehmen und abtropfen lassen.

4. Die Gurkenstücke abwechselnd mit Meerrettich, Schalotten und den Gewürzen in die sorgfältig gereinigten Gläser schichten. Den gesamten Sud nochmals aufkochen und über die Gurken gießen, sodass sie vollkommen damit bedeckt sind. Die Gläser sofort verschließen und die Gurken mindestens 3 Wochen an einem kühlen Ort durchziehen lassen. (im Bild rechts)

VARIANTE

Für einen bunten Gurkensalat im Glas 500 g Gärtnergurken wie im Rezept beschrieben schälen, schneiden und über Nacht Saft ziehen lassen. 4 rote oder orangefarbene Paprikaschoten waschen, halbieren, Stielansätze und Kerne entfernen und in 3 cm große Stücke schneiden. 20 Babymaiskolben waschen, trocken tupfen und der Länge nach halbieren. Das Gemüse portionsweise im Essigsud wie im Rezept zuvor beschrieben vorgaren, mit je 1 EL schwarzen Pfefferkörnern und gelben Senfkörnern sowie einigen Zweigen glatter Petersilie in die Gläser schichten und mit dem kochend heißen Essigsud begießen. Die Gläser verschließen.

Tipp Wer auf Nummer sicher gehen möchte, kann die Senfgurken nach dem Einfüllen einkochen (s. S. 66). Die großen Gläser am besten in den Einkochtopf stellen, bis 2 cm unter den Rand Wasser einfüllen und erhitzen. Ab dem Zeitpunkt, ab dem das Kochwasser die Temperatur von 90° erreicht hat, 30 Min. lang einkochen. Dann aus dem Topf nehmen, abkühlen lassen und die Gurken dunkel und kühl lagern.

Perlzwiebeln

Klassiker – pikant
50 Min. + 30 Min. Einkochen

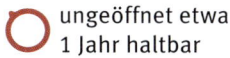 ungeöffnet etwa
1 Jahr haltbar

FÜR 5 GLÄSER
À 300 ML INHALT

1,2 kg Perlzwiebeln
Salz
500 ml Weißweinessig
(7 % Säure)
150 g Zucker
1/4 TL gemahlene
Kurkuma
5 kleine getrocknete
Chilischoten
2 TL schwarze
Pfefferkörner
2 TL Koriandersamen

1. Die Zwiebelchen schälen, die Wurzeln abschneiden. Reichlich leicht gesalzenes Wasser aufkochen und die Perlzwiebeln darin 3 Min. blanchieren, in Eiswasser abkühlen und anschließend abtropfen lassen.

2. Den Essig mit 500 ml Wasser, dem Zucker, der Kurkuma und 2 TL Salz aufkochen. Die Zwiebelchen mit den restlichen Gewürzen in die Gläser schichten. Den kochend heißen Essigsud darübergießen und die Gläser sofort fest verschließen.

3. Die Gläser im Wasserbad im Backofen oder im Topf 30 Min. bei 90° einkochen (s. S. 66). Danach abkühlen lassen und die Perlzwiebeln an einem dunklen, kühlen Ort aufbewahren. Vor dem Öffnen mindestens 3 Wochen durchziehen lassen. (im Bild links)

Saison Juli bis August

VARIANTE

Wer die Perlzwiebeln lieber milder mag, gibt statt den Chilischoten in jedes Glas 2 Stücke rote Paprikaschote. Dann statt mit Kurkuma und Koriander mit 1 TL gelben Senfkörnern und einigen Dillzweigen würzen.

Piccalilly (pikantes Senfgemüse)

pikant – exotisch
40 Min. + 12 Std. Durchziehen +
15 Min. Kochen + mind. 2 Tage Ruhen

 ungeöffnet 3–4 Monate haltbar

FÜR 4 GLÄSER À 400 ML INHALT

2 kg gemischtes Gemüse (z. B. Buschbohnen, Staudensellerie, kleine Bundmöhren, Romanesco-Röschen, rote und gelbe Paprikaschoten, Perlzwiebeln, Cornichons)
120 g Meersalz
4 gestr. EL helles Senfpulver
1 gestr. EL Kurkuma
1/2 EL gemahlener Ingwer
1/2 EL gemahlener Koriander
225 g Zucker
500 ml Weißweinessig
2 EL Speisestärke

1. Gemüse waschen, putzen und in kleine Happen schneiden. Perlzwiebeln abziehen, Cornichons abbürsten. Alles in einer Schüssel mit Salz vermischen und zugedeckt über Nacht durchziehen lassen.

2. Das Gemüse in einem Sieb mit kaltem Wasser abspülen und abtropfen lassen. In einen großen Topf geben. In einer Schüssel Gewürze und Zucker mit Essig und 375 ml Wasser vermischen und über das Gemüse gießen.

3. Das Gemüse unter gelegentlichem Rühren aufkochen und 15 Min. garen. Mit dem Sieblöffel aus dem Sud heben, kurz abtropfen lassen und locker in sorgfältig gereinigte Gläser füllen.

4. Den Sud aufkochen. Die Stärke mit 2 EL Wasser verrühren und unter den Sud rühren, 1 Min. wallend kochen lassen und über das Gemüse gießen. Die Gläser sofort verschließen und 20 Min. kopfüber auf die Deckel stellen, dann umdrehen und erkalten lassen. Piccalilly kühl stellen und 2–3 Tage durchziehen lassen, dann kann es schon probiert werden.

Tipp Piccalilly schmeckt zu allen Gerichten aus der indischen oder indonesischen Küche, aber auch einfach zu Hacksteaks, zu gebratenem Fisch oder zu kaltem Braten.

Indischer Gemüsemix, europäisch kombiniert

Ursprünglich stammt das Rezept für Piccalilly wahrscheinlich aus Indien und gelangte durch die ehemaligen britischen Kolonialherren nach Europa. Hier wurde das würzige Senfgemüse zunächst in England bekannt, wo es gerne zu Gegrilltem oder Frittiertem wie Chickenwings angeboten wird. Eine Variante ist Piccalilly aus grünen Tomaten, das allerdings mehr an ein Relish erinnert.

Pikant zu allerlei Snacks

In den Niederlanden erlangte Piccalilly besondere Beliebtheit. An vielen Imbissbuden in Amsterdam oder in den Ferienorten an der Küste lässt man sich davon gerne eine Portion zu Pommes frites geben. Oder genießt die herzhafte Zutat zu einer Krokette oder zum Cheeseburger.

Rote Bete mit Knoblauch

herzhafte Beilage – geht einfach
45 Min. + 40 Min. Kochen + mind. 2 Tage
Durchziehen + Zeit zum Abkühlen

FÜR 2 GLÄSER
À 500 ML INHALT

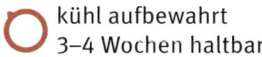 kühl aufbewahrt
3–4 Wochen haltbar

1,5 kg junge,
möglichst kleine Rote
Beten mit Blättern
1 TL Meersalz
1 EL Koriandersamen
2 Kardamomkapseln
2 Lorbeerblätter
4 kleine
Knoblauchzehen
500 ml Rotweinessig
1 EL Zucker

1. Von den Rote-Bete-Knollen die Blatt-
stiele bis auf 1 cm abschneiden. Die Knollen unter fließendem kaltem Wasser kräftig
abbürsten. In einem Topf mit Wasser bedecken, Salz, Gewürze und Lorbeer zugeben. Rote Beten aufkochen und zugedeckt
bei mittlerer Hitze 40 Min. kochen. 15 Min.
vor Ende der Kochzeit Stiele und Blätter
mitkochen. Alles aus dem Sud heben, kalt
abschrecken und die Knollen pellen. Stiele,
Blätter und Kochsud erkalten lassen.

2. Einen Teil Stiele und Blätter auf die
Böden der Gläser legen. Die Rote-Bete-
Knollen, je nach Größe ganz oder halbiert,
daraufschichten. Den Knoblauch schälen,
halbieren und dazwischenstecken. Essig
und Zucker unter den Sud rühren und in
die Gläser füllen; Gewürze und Lorbeer zugeben. Mit Stielen und Blättern abdecken.
Die Gläser verschließen und kühl gestellt
2–3 Tage durchziehen lassen.

Babymais mit Romanesco in Essig

knackig, dekorativ und lecker
30 Min. + 24 Std. Ruhen
+ mind. 2 Wochen Durchziehen

FÜR 2 GLÄSER
À 350 ML INHALT

3–4 Wochen
haltbar

250 g frischer
Babymais, je etwa
fingerlang (aus dem
Supermarkt oder
Asienladen)
150 g kleine
Romanesco-Röschen
100 g kleine
orangefarbene, süße
Paprikaschoten
2 Zweige Basilikum
40 g Salz
1 TL weiße
Pfefferkörner
120 ml Weißweinessig
30 ml weißer
Balsamico-Essig
1 TL Zucker

1. Babymais und Romanesco-Röschen kalt
abspülen, in einem Sieb abtropfen lassen
und auf einem sauberen Küchentuch trocken tupfen. Die Paprikaschoten waschen,
halbieren, Stielansatz und Kerne entfernen
und die Schoten vierteln. Das Basilikum
trocken säubern.

2. Das Gemüse in eine Schüssel geben, mit
Salz überstreuen und darin wenden. Zugedeckt 24 Std. in den Kühlschrank stellen.

3. Gemüse kalt abspülen, abtropfen lassen
und auf einem Küchentuch trocken tupfen.
Mais, Romanesco und Paprika eng in sorgfältig gereinigte Gläser füllen, dazwischen
Pfefferkörner und Basilikum geben.

4. Beide Essigsorten mit Zucker und
150 ml Wasser aufkochen und kochend
heiß in die Gläser füllen, bis das Gemüse
bedeckt ist. Die Gläser sofort verschließen
und an einem kühlen Platz 2–3 Wochen
durchziehen lassen.

Frische Oliven einlegen (Grundrezept)

wie im Süden – braucht Zeit
1 Std. + mind. 8 Tage Wässern
+ Zeit zum Abkühlen
+ mind. 2 Wochen Durchziehen

◯ 4–5 Monate
haltbar

FÜR 1 GROSSEN 2-LITER-TONTOPF
(ODER MEHRERE KLEINERE GLÄSER)

2 kg frische grüne, violette oder feste
schwarze, unbeschädigte Oliven
(siehe Infotext unten links)
140 g Meersalz
2 TL Zitronensäure (aus der Apotheke)
Olivenöl zum Aufgießen

1. Die Oliven waschen und abtropfen lassen.
Damit sie schneller ihre Bitterstoffe verlieren,
jede Olive mit einem Fleischklopfer leicht an-
schlagen, sodass sie an einer Seite aufplatzen,
oder mit einem Küchenmesser an einer Seite
anschneiden bzw. aufschlitzen.

2. Ob grün, violett oder schwarz, frische Oliven
vom Baum sind entsetzlich bitter und müssen
zunächst 8–10 Tage in einem Tontopf, einem
Glas oder einer Schüssel mit reichlich Wasser
gewässert werden, nicht angeschlagene oder
angeschnittene Oliven bis zu 4 Wochen. Das
Wasser möglichst oft wechseln, um die Bitterstoffe gut auszuschwemmen.

3. Nach dem Wässern die Oliven abtropfen
lassen und in einen großen Tontopf oder in
ein oder mehrere Gläser füllen. 2 l Wasser mit
Salz und Zitronensäure aufkochen und erkalten
lassen. Die Lösung über die Oliven gießen, sodass sie bedeckt sind. Zum Beschweren einen
kleinen Teller auf die Oliven legen. 2–3 Wochen
in der Salzlösung stehen lassen, dann sind sie
fertig. Wem die Oliven zu salzig sind, der lässt
eine zum baldigen Verzehr gedachte Portion
1 Nacht oder mehrere Stunden in kaltem
Wasser stehen. Die Oliven bleiben 4–5 Monate
haltbar, wenn man sie mit Olivenöl bedeckt.

Tipp Mit Kräutern, mit anderen würzenden
Zutaten (siehe auch S. 60), mit Bio-Zitronen-
scheiben oder in einer ausgefallenen Marinade
(siehe links), schmecken Oliven, die nach der
hier beschriebenen Art eingelegt wurden, besonders gut.

Wo findet man frische Oliven?

In südlichen Ländern gibt es von Oktober bis Januar frisch geerntete
Oliven auf den Bauernmärkten. Doch wie kommt man in nördlichen
Breiten an die Früchte der Ölbäume? Kein Problem für alle, die im
letzten Jahresviertel Urlaub in Spanien, Marokko, Tunesien, der Türkei
oder Italien machen oder sich von dort Oliven mitbringen lassen können. Aber es gibt auch freundliche Importeure, die Oliven besorgen.
Das lohnt sich aber nur bei nicht zu kleinen Mengen. Vielleicht lassen
sich Freunde dafür begeistern, beim Einlegen mitzumachen.

Grüne Oliven in marokkanischer Marinade

Grüne Oliven wie nebenstehend beschrieben einlegen. Über Nacht
in kaltes Wasser legen, damit sie Bitterstoffe abgeben, anschließend abtropfen lassen. Je 6 EL gehackte glatte Petersilie und
Korianderblättchen mit 2 zerdrückten Knoblauchzehen, 1/2 TL getrockneten, zerstoßenen Chilischoten und 1/4 TL gemahlenem
Kreuzkümmel vermischen. Mit je 6 EL Olivenöl und Zitronensaft
unter die Oliven mischen. Diese in sorgfältig gereinigte Einmachgläser füllen und verschließen. Kühl aufbewahren.

Eingelegte Weinblätter in Salzlake

Chilipickles

zum Füllen mit Reis oder Fleisch
1 Std. + 30 Min. Abkühlen
+ 1 Woche Durchziehen

**FÜR 2 GLÄSER
À 500 ML INHALT**

◯ mindestens 1 Jahr
haltbar

250 g frische,
möglichst junge,
unbeschädigte,
ungespritzte
Weinblätter
100 g Meersalz
2 gestr. TL Zitronen-
säure (aus der
Apotheke)

1. Die Stiele der Weinblätter kurz schneiden. Die Blätter vorsichtig kalt waschen
und abtropfen lassen.

2. Reichlich Wasser aufkochen. Eine
Schüssel mit kaltem Wasser bereithalten.
Die Weinblätter in zwei Portionen im
kochenden Wasser 3–4 Min. blanchieren,
herausheben, in kaltes Wasser tauchen
und auf Küchentüchern abtropfen lassen.
Das Blanchierwasser aufheben.

3. Jeweils 8–10 Blätter aufeinanderlegen,
die Seiten 1,5–2 cm nach innen falten und
die Blätter vorsichtig zusammenrollen.
Die Rollen nebeneinander in die sorgfältig
gereinigten Gläser stellen.

4. 600 ml Blanchierwasser mit Salz und Zitronensäure aufkochen, zu den Weinblatt-
rollen gießen, sodass sie bedeckt sind. Gläser fest verschließen, auf den Deckeln stehend 30 Min. abkühlen lassen, dann umdrehen. Mindestens 1 Woche ziehen lassen.

feurig scharf – schnell und einfach
45 Min. + 1 Monat Durchziehen

**FÜR 5 GLÄSER
À 300 ML INHALT**

◯ ungeöffnet mindestens
6 Monate haltbar

200 g kleine weiße
Zwiebeln
700 ml Weißweinessig
(6 % Säure)
5 EL Zucker
2 EL Salz
6 kleine
Lorbeerblätter
1 EL weiße
Pfefferkörner
700 g kleine,
verschiedenfarbige
frische Peperoni

1. Die Zwiebeln schälen und in dünne
Spalten schneiden. Den Essig, 300 ml
Wasser, Zucker, Salz, Lorbeerblätter und
Pfefferkörner in einen Topf geben und
aufkochen. Die Zwiebelspalten darin
10 Min. kochen, herausnehmen und
abtropfen lassen.

2. Die Peperoni waschen, trocken tupfen
und die Stiele abschneiden. Jede Peperonischote mit einer Stopfnadel rundum mehrmals einstechen. Mit den gekochten Zwiebelspalten dekorativ in die sorgfältig gereinigten Gläser schichten.

3. Den Gewürzsud nochmals aufkochen
und kochend heiß über die Peperoni
gießen, sodass diese bedeckt sind. Die
Gläser sofort verschließen und an einem
dunklen und kühlen Ort aufbewahren.
Nach 4 Wochen sind die Peperoni durch-
gezogen und fertig zum Servieren.

Eingelegte Salzzitronen

eine Delikatesse aus Marokko – braucht Zeit
45 Min. + mind. 6 Tage Wässern + mind. 3 Wochen Durchziehen

ungeöffnet mindestens
1 Jahr haltbar

FÜR 2 GLÄSER MIT 1 L INHALT (ODER
MEHRERE KLEINERE GLÄSER)
10 unbehandelte, untadelige,
dünnschalige Bio-Zitronen
grobkörniges Meersalz

1. 8 Zitronen unter fließendem lauwarmem Wasser gründlich waschen und in eine Schüssel legen. Mit kaltem Wasser bedeckt 6–8 Tage stehen lassen. Täglich das Wasser wechseln. Die Zitronen abtropfen lassen. Jede Zitrone mit der Spitze eines scharfen Küchenmessers ca. 1 cm vom Blütenansatz bis 1 cm zum Stielansatz der Länge nach so einritzen, als wolle man sie in Viertel schneiden (Bild 1). Die Früchte in diesen Markierungen so durchschneiden, dass sie zwar geviertelt sind, aber oben und unten noch zusammenhalten.

2. Jede Zitrone zwischen Stiel- und Blütenansatz leicht zusammendrücken. In die entstandenen Spalten je 1/4 TL Salz füllen (Bild 2). Die Zitronen in ein sorgfältig gereinigtes Glas legen oder senkrecht stellen. Die beiden übrigen Zitronen auspressen und den Saft durch ein Sieb über die Zitronen gießen. Auf jedes Glas 1 EL Salz streuen, bei kleineren Gläsern etwas weniger.

3. Die Zitronen mit so viel kochendem Wasser übergießen, dass sie bedeckt sind (Bild 3). Die Gläser sofort verschließen und kühl stellen. Die Zitronen 3–4 Wochen stehen lassen, dann sind die Schalen weich und gebrauchsfertig. Angebrochene Gläser im Kühlschrank aufbewahren.

VARIANTE

Salzzitronen mit Gewürzen

Die Zitronen wie beschrieben vorbereiten, mit Salz füllen und in die Gläser legen. Je 2 TL schwarze Pfefferkörner und Koriandersamen, 6 Kardamomkapseln und 4–6 kleine Zimtstangen auf die Gläser verteilen. Zitronensaft und Salz daraufgeben. Kochendes Wasser über die Zitronen gießen. Die Gläser schließen und die Zitronen 3–4 Wochen durchziehen lassen.

Eine kulinarische Entdeckung Salzzitronen mit ihrem pikanten Aroma sind eine unverzichtbare Zutat in der marokkanischen Küche. Verwendet werden nur die Schale und der Saft aus dem Innern einer dünnschaligen Zitronenart, die man bei uns nicht findet. Ein Ersatz sind dünnschalige Bio-Zitronen. Vor Verwendung Fruchtfasern und Kerne aus dem Innern mit einem Messerchen auskratzen, den Saft auffangen und Fleisch- oder Gemüsesaucen damit würzen. Die Schalen, in Streifen geschnitten oder geviertelt, geben roh oder kurz mitgegart Salaten oder Tajins, Schmorgerichten oder Reis- und Couscousgerichten ein apartes Aroma.

Hähnchen-Tajine mit eingelegten Zitronen

1 küchenfertiges Hähnchen in 8 Teile teilen, mit Salz und Pfeffer einreiben. 2 EL Olivenöl und 20 g Butterschmalz in einem Schmortopf oder in einer großen Pfanne mit hohem Rand erhitzen und die Hähnchenteile rundum anbraten. 2 große weiße Zwiebeln und 2 Knoblauchzehen, jeweils fein gehackt, mit 1/2 TL zerriebenen Safranfäden, je 1/4 TL gemahlenem Ingwer, Cayennepfeffer und edelsüßem Paprikapulver unterrühren und kurz mitschmoren. 250 ml heißes Wasser dazurühren und alles zugedeckt bei schwacher Hitze 40–45 Min. garen. Von Zeit zu Zeit wenden. 10–15 Min. vor Ende der Garzeit die Schale einer eingelegten Zitrone in Streifen schneiden, mit 20 grünen Oliven zum Hähnchen geben und fertig garen. Abschmecken und mit gehackter Petersilie bestreuen.

Pfeffercornichons

lecker zur Brotzeit – ein Klassiker

1 Std. + 24 Std. Wässern + 30 Min. Einkochen + mind. 4 Wochen Durchziehen

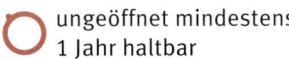 ungeöffnet mindestens
1 Jahr haltbar

FÜR 5 GLÄSER
À 500 ML INHALT

1,5 kg Cornichons
3 EL Salz
20 Perlzwiebeln
4 Zweige Estragon
5 kleine Dillblüten
3 EL schwarze
Pfefferkörner
750 ml milder Weiß-
weinessig (6 % Säure)

1. Die Cornichons unter fließendem kaltem Wasser abbürsten und in eine große Schüssel legen. 3 EL Salz darüberstreuen und mit kaltem Wasser bedecken. Die Cornichons 24 Std. wässern.

2. Die Perlzwiebeln schälen, Wurzeln abschneiden und die Zwiebelchen halbieren. Den Estragon abbrausen, trocken schütteln und die Zweige halbieren. Die Cornichons abbrausen, gründlich abtropfen lassen und mit den Perlzwiebeln, den Kräutern und dem Pfeffer in die sorgfältig gereinigten Gläser füllen.

3. Den Essig mit 500 ml Wasser aufkochen und über die Gurken gießen, sodass sie gut damit bedeckt sind. Die Gläser sofort verschließen und im Wasserbad im Ofen oder im Topf 30 Min. bei 90° einkochen (s. S. 66).

4. Danach abkühlen lassen und die Pfeffercornichons an einem dunklen, kühlen Ort aufbewahren. Vor dem Öffnen mindestens 4 Wochen durchziehen lassen. (im Bild vorne Mitte)

Saison Juni bis August

Soleier

toll für die Party – supereinfach
30 Min. + mind. 3 Tage Durchziehen

⭕ mindestens 2 Wochen haltbar

FÜR 1 GROSSES GLAS À 1,5 L INHALT

12 Bio-Eier
3 EL Salz
1 TL schwarze Pfefferkörner
2 Lorbeerblätter
2 getrocknete Chilischoten
1 EL Koriandersamen
1 TL Fenchelsamen

1. Die Eier beidseitig anstechen, in einen Topf geben, mit Wasser bedecken, aufkochen und in 10 Min. hart kochen. Das Wasser abgießen, die Eier kalt abschrecken und in das vorbereitete Glas schichten.

2. Für die Sole 1 l Wasser aufkochen, Salz und die Gewürze hineingeben. Die kochend heiße Mischung auf die Eier gießen und das Glas verschließen. Die Eier an einem kühlen, dunklen Ort 3–4 Tage durchziehen lassen. (im Bild links)

Gut zu wissen Besonders gut schmecken die Soleier, wenn man sie pellt, halbiert und das Eigelb mit Senf und wenigen Tropfen Öl verknetet. Das so angemachte Eigelb wieder in die Eier füllen. Die Eier mit einem dunklen Brot genießen.

Mixed Pickles

schön zum Verschenken – zu Käse und Fondue
1 Std. + 30 Min. Einkochen

⭕ ungeöffnet mindestens 1 Jahr haltbar

FÜR 4 GLÄSER À 500 ML INHALT

300 g Cornichons
200 g Perlzwiebeln
200 g Babymaiskolben
1 rote Paprikaschote
2 Möhren
200 g Blumenkohl
Salz · 4 Zweige Dill
2 cm frische Meerrettichwurzel
500 ml milder Weißweinessig (6 % Säure)
2 EL Zucker
2 TL schwarze Pfefferkörner
2 TL Senfkörner
4 kleine Lorbeerblätter

1. Die Cornichons unter fließendem kaltem Wasser abbürsten. Die Perlzwiebeln schälen, Wurzeln abschneiden. Die Maiskölbchen waschen.

2. Die Paprikaschote waschen, halbieren, Stielansatz und Kerne entfernen und in 3 cm große Stücke schneiden. Die Möhren schälen und in dünne Scheiben schneiden. Den Blumenkohl waschen und in kleine Röschen teilen.

3. Das Gemüse nach Sorten getrennt in gesalzenem Wasser 2–3 Min. blanchieren, in Eiswasser abkühlen und dann abtropfen lassen. Gemüse in die sorgfältig gereinigten Gläser schichten. Den Dill waschen und trocken schütteln, große Zweige halbieren. Den Meerrettich schälen, in 4 Stücke schneiden. Meerrettich und Dill auf die Gläser verteilen.

4. Den Essig mit 250 ml Wasser, dem Zucker und den Gewürzen aufkochen. Den Sud kochend heiß auf die Gläser verteilen, sodass die Flüssigkeit ca. 1 cm hoch über dem Gemüse steht. Die Gläser sofort sorgfältig verschließen.

5. Zum Einkochen die Gläser nebeneinander in einen großen Topf stellen und Wasser bis 2 cm unter den Rand zwischen die Gläser gießen. Das Wasser zum Sieden bringen und die Mixed Pickles 30 Min. bei 90° einkochen (s. S. 66). (im Bild hinten Mitte)

Salzgurken

würzig – herzhaft
45 Min. + mind. 1 Woche Gären

⭕ etwa 6 Monate haltbar

FÜR 2 GLÄSER À 1 L INHALT

3 EL Meersalz
1,5 kg kleine, feste Einlegegurken
4 Knoblauchzehen
1 kleines Stück Meerrettich
4–6 Dillstiele mit Blüten
1 TL schwarze Pfefferkörner
2 frische oder getrocknete Chilischoten

1. Das Salz in 1,5 l Wasser unter Rühren aufkochen und erkalten lassen. Inzwischen die Gurken gründlich waschen, abbürsten und mit einer Gabel mehrmals einstechen, damit die Lake schneller würzt. Den Knoblauch schälen und mit der breiten Seite eines großen Messers anquetschen. Den Meerrettich ebenfalls schälen und in Stäbchen schneiden.

2. In jedes sorgfältig gereinigte Glas einen Teil Dill auf den Boden legen. Dann anteilig Gurken, Knoblauch, Meerrettich, Pfeffer und Chilischoten einfüllen.

3. Die Gläser bis kurz unter den Rand mit der Salzlake füllen. Mit den restlichen zusammengeknüllten Dillzweigen so bedecken, dass die Gurken in die Flüssigkeit gedrückt werden. Die Gläser mit sauberen Tüchern bedecken. Bei Raumtemperatur 1–2 Wochen stehen lassen.

4. Nach kurzer Zeit trübt sich die Lake, wird später aber wieder klar. Bildet sich an der Oberfläche eine weißliche Schicht, genannt Kahm, diese abheben. Die Gurken können nun probiert werden. Zur Aufbewahrung die Gläser verschließen. (im Bild rechts)

Tipp Die Gurken passen zur Brotzeit, zu Eintopf mit Hülsenfrüchten, zu kaltem Braten oder im Kartoffelsalat.

Tuning-Tipp Nach Belieben 12–15 frische Blätter von einem Kirschbaum oder Weinblätter in ein oder zwei Lagen mit in die Gläser füllen.

Sauerkraut

köstlicher als jedes andere
ca. 2 Std. + mind. 3 Wochen Gären

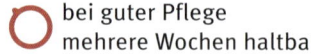 bei guter Pflege
mehrere Wochen haltbar

FÜR 1 GLASIERTEN TONTOPF
ODER 1 GLAS MIT WEITER ÖFFNUNG
UND 2 L INHALT

2 kg Weißkohl (am besten Spitzkohl)
je 1/2 TL Kümmel und helle Senfkörner
1 TL Wacholderbeeren
2 Lorbeerblätter
20 g Meersalz
100 ml Weißwein

1. Den Kohl abspülen. Die harten Außenblätter abnehmen, aber aufbewahren. Den Kohlkopf vierteln, den Strunk entfernen und die Viertel auf dem Gurkenhobel in dünne Streifen hobeln. Kümmel und Senfkörner im Mörser zerdrücken, etwas gröber die Wacholderbeeren. Die Lorbeerblätter in kleine Stücke brechen. Gewürze und Salz vermischen.

2. Das Gefäß mit einem Kohlblatt auslegen und 1 Schicht gehobelten Kohl einfüllen. Mit dem hölzernen Kartoffelstampfer sehr fest stampfen. Etwas Gewürzsalz aufstreuen und weiteren Kohl einschichten und feststampfen, bis Saft entsteht.

3. So weitermachen, bis Kohl und Gewürze aufgebraucht sind und darüber Saft steht. Die Oberfläche mit einem Kohlblatt bedecken, den Wein aufgießen und einen Teller auflegen. Diesen mit einem ca. 1 kg schweren Gewicht (z. B. Stein oder Konservendose) beschweren.

4. Den Topf oder das Glas mit einem Tuch bedecken, 1 Woche bei Raumtemperatur stehen lassen. Am Rand bilden sich eine trübe Flüssigkeit und Schaum, die abgenommen werden. Den Teller waschen, wieder auf das Kraut legen und beschweren. Diesen Vorgang alle 4–5 Tage wiederholen. Dann das Kraut kühl stellen. Nach ca. 3 Wochen ist es fertig und kann verbraucht oder weiter aufgehoben werden. Jede Woche den Topf oder das Glas öffnen und die Oberfläche sowie den Teller säubern und das Sauerkraut erneut bedecken.

Tipp Sinnvolle Anschaffungen für alle, die am Sauerkrautmachen Freude haben, sind ein Tontopf mit Überlaufrille, der den austretenden Gärsaft aufnimmt, und zum Abdecken des Sauerkrauts eine passende Holz- oder Tonscheibe. Die gibt es im gut sortierten Haushaltswarengeschäft oder über eine Bezugsadresse (s. S. 191).

Sauergemüse richtig pflegen

Ob Sauerkraut oder Schnippelbohnen, sauer eingelegtes Gemüse braucht regelmäßige Pflege, damit es über den Winter haltbar bleibt und nicht verdirbt. Dazu muss jede Woche die weiße Kahmschicht, die sich auf der Oberfläche gebildet hat, entfernt werden. Zuerst das Abdecktuch abnehmen, dann das Gewicht und den Deckel entfernen und gründlich mit Wasser waschen. Vor allem das Mulltuch zuletzt in heißem Wasser spülen oder auskochen. Die am Topfrand verbliebenen Kahmreste auf dem Kraut oder den Bohnen mit einem sauberen feuchten Tuch entfernen. Dann das Gemüse mit dem sauberen Mulltuch bedecken, mit Deckel und Gewicht erneut beschweren. 250 ml abgekochtes, erkaltetes Wasser angießen. Den Topf mit dem Tuch bedecken und wieder kühl stellen. Nach 4 Wochen sollte das Gemüse verzehrbereit durchgegoren sein und es kann portionsweise nach und nach entnommen werden. Das Gemüse wie beschrieben jede Woche weiterpflegen, bis es aufgebraucht ist.

Schnippelbohnen

für deftigen, gesunden Eintopf
ca. 2 Std. + 4 Wochen Wartezeit

**FÜR 1 GLASIERTEN
TONTOPF MIT
2 L INHALT**

◯ bei richtiger Pflege
über Monate haltbar

2 kg knackig frische
Stangen- oder
Buschbohnen
50 g Meersalz
1 EL getrocknetes
Bohnenkraut nach
Geschmack
2 TL schwarze
Pfefferkörner
Außerdem:
Mulltuch

1. Bohnen waschen, Fäden abziehen und Stielchen abschneiden. Schräg in dünne Scheibchen schneiden. Reichlich Wasser aufkochen, die Bohnen in Portionen darin einmal sprudelnd aufkochen, in einem Sieb abtropfen und erkalten lassen.

2. Salz, Bohnenkraut und 1 1/2 TL Pfefferkörner vermischen. Übrige Pfefferkörner auf den Topfboden streuen und darauf eine 7–8 cm hohe Schicht Bohnen geben. Mit dem Kartoffelstampfer festdrücken und mit 1 TL Salzmischung bestreuen. Vorgang wiederholen, bis alle Bohnen im Topf sind. Übriges Salz daraufstreuen.

3. Alles mit einem Mulltuch bedecken, einen flachen Deckel auflegen, beschweren, 250 ml abgekochtes kaltes Wasser zugießen, mit einem Tuch bedecken, 4 Wochen kühl stellen und jede Woche säubern bzw. pflegen (s. Info S. 56).

4. Nach ca. 4 Wochen können die Bohnen probiert werden.

Orientalisches Gemüse

ein herzhafter, vitaminreicher Vorrat
1 1/2 Std. + 4 Wochen Durchziehen

**FÜR 2 GROSSE
À 1 L INHALT**

◯ 2–3 Monate
haltbar

60 g grobes Meersalz
1 TL Zitronensäure
(aus der Apotheke)
1 Spitzkohl (ca. 600 g)
je 150 g Möhren, grüne Tomaten, nicht zu
reife helle Weintrauben, lange, dünne
Spitzpaprikaschoten,
rote Paprikaschoten,
junge Strauchbohnen,
sehr kleine
Cornichons
2–3 frische
Peperoncini
3–4 Knoblauchzehen
2 TL schwarze
Pfefferkörner
200 ml Weißweinessig
1 EL Kichererbsen

1. 1,7 l Wasser mit Salz und Zitronensäure aufkochen und erkalten lassen. Inzwischen den Spitzkohl waschen, vierteln und ohne Strunk und harte Blattrippen in mundgerechte Stücke schneiden. Möhren schälen, in dicke Scheiben schneiden. Das übrige Gemüse waschen. Die Stiele von den Tomaten entfernen, nur die größeren Tomaten halbieren oder vierteln. Die Weintrauben abzupfen.

2. Rote Paprika halbieren, Stielansatz und Kerne entfernen und vierteln. Bohnen entfädeln und halbieren. Knoblauch schälen.

3. Das Gemüse mit den Pfefferkörnern abwechselnd in die vorbereiteten Gläser schichten. Kichererbsen daraufstreuen. Das erkaltete Wasser mit dem Essig verrühren, über das Gemüse gießen.

4. Gläser verschließen, 4 Wochen an einem kühlen, dunklen Platz stehen lassen. Dann ist das Gemüse fertig zum Probieren. Nach der Entnahme wieder kühl stellen.

Kimchi, eingelegter Chinakohl

eine pikante Spezialität aus Korea – braucht etwas Zeit
1 Std. + 12 Std. Marinieren + mind. 3 Tage Durchziehen

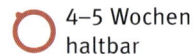 4–5 Wochen
haltbar

**FÜR 1 GROSSEN
TONTOPF ODER
FÜR 3 GLÄSER
À 500 ML INHALT**

1,5 kg Chinakohl
1 koreanischer Ret-
tich, ca. 300 g (ersatz-
weise einheimischer
weißer Rettich)
60 g Salz · 1 Bund
Frühlingszwiebeln
3 Knoblauchzehen
1 Stück frische Ing-
werwurzel (ca. 10 g)
2 frische rote
Chilischoten
2 TL edelsüßes
Paprikapulver
2 EL Fischsauce aus
dem Asienladen
1 TL Zucker

1. Vom Chinakohl den Strunkansatz und die äußeren Blätter abschneiden. Den Kohl längs halbieren, kalt abspülen und das Wasser abschütteln. Jede Hälfte vierteln, sodass lange Streifen entstehen. Diese in breite Stücke schneiden und in eine Schüssel geben.

2. Den Rettich schälen, vierteln und in 1 1/2 cm große Würfel schneiden. Mit dem Chinakohl vermischen. Das Salz darüberstreuen und untermischen. Alles in der Schüssel fest zusammenpressen und mit einem Teller beschweren. 200 ml kaltes Wasser darübergießen. Das Gemüse mit einem Tuch oder Deckel bedecken und über Nacht stehen lassen.

3. Die Lake in eine Schüssel abgießen und aufbewahren. Die Frühlingszwiebeln putzen, waschen und schräg in Stücke schneiden. Knoblauch und Ingwer schälen und klein würfeln. Die Chilischoten waschen, halbieren, Stiele und Kerne entfernen und die Schotenhälften längs in Streifen schneiden.

4. Die vorbereiteten Zutaten mit der Chinakohl-Rettich-Mischung und dem Paprikapulver mischen, in einen Steinzeugtopf füllen und festdrücken.

5. Fischsauce und Zucker unter die Lake rühren und so viel über das Gemüse gießen, bis es davon bedeckt ist. Das Gemüse mit einem Teller beschweren. Den Topf mit Folie dicht verschließen.

6. Das Gemüse 3–4 Tage bei Raumtemperatur stehen lassen. Danach ist das Gemüse fertig und kann probiert werden. Kühl aufbewahrt hält sich Kimchi 4–5 Wochen. Wenn sich an der Oberfläche eine weißliche Schicht bildet, diese abnehmen und 2 Schnapsgläser kaltes Wasser aufgießen.

Info Kimchi ist das Lieblingsgemüse der Koreaner und es wird auf viele verschiedene Arten hergestellt.

Eingelegte Paprikaschoten mit Minze

Saures auf türkische Art – gelingt leicht
1 Std. + mind. 8 Tage Durchziehen

3–4 Monate
haltbar

FÜR 2 GLÄSER
À 1 L INHALT

1 kg kleine, runde
Paprikaschoten
(Dolmalik biber;
vom türkischen
Gemüsehändler)
1 Bund frische Minze
6 Knoblauchzehen
1 EL Kichererbsen
60 g Meersalz
1 TL Zitronensäure
(aus der Apotheke)
1 TL Zucker
300 ml Weinweinessig

1. Die Paprikaschoten waschen. Lange Stiele mit der Schere kurz abschneiden. Die Schoten auf der unteren, runden Seite kreuzweise ca. 1 1/2 cm tief einschneiden. Die Minze waschen. Ein Drittel der Minzestängel auf den Böden der sorgfältig gereinigten Gläser verteilen. Das zweite Drittel in kleine Zweige oder Blätter teilen.

2. Die Gläser mit den Paprikaschoten füllen. Knoblauch schälen, dicke Zehen halbieren und zwischen die Paprikaschoten stecken, ebenfalls die Minzezweige und -blätter. Die Kichererbsen auf die Gläser streuen.

3. 1,75 l kaltes Wasser in eine Schüssel gießen. Salz, Zitronensäure und Zucker darin verrühren, bis sie sich aufgelöst haben. Dann den Essig unterrühren. So viel davon über die Schoten gießen, bis sie davon bedeckt sind.

4. Die Paprikaschoten mit der restlichen Minze bedecken und die Gläser verschließen. Kühl und dunkel aufbewahren. Nach 8–10 Tagen können die Schoten probiert werden. Dazu am Kreuzschnitt auf der gerundeten Seite beginnend Paprikastreifen abziehen, Kerngehäuse und Stiele bleiben übrig. Nach der Entnahme die Gläser wieder schließen und kühl und dunkel aufbewahren.

Info Die Schoten isst man als Beilage zu deftigen Gerichten mit Hülsenfrüchten, zu gegrillten Hacksteaks oder man mischt sie, in Stückchen geschnitten, unter Gemüse- oder Nudelsalat.

Saison Sommer bis Herbst

Artischocken mit Zitronen

eine Delikatesse – edel
45 Min. + ca. 20 Min. Kochen
+ Zeit zum Abkühlen

**FÜR 2 GLÄSER
À 300 ML INHALT**

ungeöffnet mindestens 6 Monate haltbar

8 kleine Artischocken
3 Bio-Zitronen · Salz
4 kleine Lorbeer-
blätter (oder
2 große, halbiert)
1 TL schwarze
Pfefferkörner
ca. 375 ml Olivenöl

1. Artischocken abspülen. Die Blätter am Stiel abzupfen. Stiele und Unterseiten der Artischocken schälen. Mit einem scharfen Messer die oberen Blattteile bis zu den hellen Ansätzen der Artischockenböden abschneiden. Das »Heu« (die Samenfäden in der Mitte der Artischockenböden) mit einem Teelöffel auskratzen und ausspülen. 1 Zitrone halbieren und die Artischocken großzügig damit einreiben.

2. 1 Zitrone auspressen. 1 l Wasser, Zitronensaft und 1 TL Meersalz aufkochen. Die Artischocken hineingeben und 15–20 Min. kochen, bis sich mühelos ein Blättchen abzupfen lässt. Artischocken im Wasser erkalten und in einem Sieb abtropfen lassen.

3. Die letzte Zitrone waschen und in dünne Scheibchen schneiden, diese halbieren. Die Kerne entfernen. Die Artischocken in die Gläser füllen, ggf. halbieren.

4. Dazu je 4–6 Zitronenstücke und 2 Lorbeerblätter stecken, je 1/2 TL Pfefferkörner aufstreuen. Jedes Glas bis unter den Rand mit Olivenöl aufgießen und verschließen. (im Bild rechts)

Eingelegte Oliven sizilianische Art

Oliven mit feinem Aroma – einfach
30 Min. + 2 Wochen Ruhen

**FÜR 2 GLÄSER
À 500 ML INHALT**

3–4 Monate haltbar

1 kg gemischte grüne,
violette und schwarze
Oliven in Salzlake
2 Bio-Zitronen
je 1 TL Fenchelsamen
und schwarzer Pfeffer
2 Blätter vom
Zitronenbaum
(ersatzweise Lorbeer)
ca. 750 ml Olivenöl

1. Die Oliven in einem Sieb abtropfen lassen. Sehr salzige Oliven mit kaltem Wasser bedeckt über Nacht stehen, dann gründlich abtropfen lassen.

2. Zitronen waschen, in dünne Scheiben schneiden und die Kerne entfernen. Fenchel und Pfeffer grob zerdrücken. Die Oliven mit den Zitronenscheiben in die Gläser schichten und die Gewürze überstreuen.

3. In jedes Glas ein abgespültes Zitronenblatt stecken. Die Gläser mit Olivenöl auffüllen, schließen und an einem kühlen Platz mindestend 2 Wochen ruhen lassen. (im Bild links)

Geröstete Paprikaschoten in Öl

für feine Snacks
30 Min. + ca. 30 Min. Rösten/Ruhen
+ mind. 4 Std. Marinieren

**FÜR 3 GLÄSER
À 300 ML INHALT**

ungeöffnet etwa 2 Wochen gekühlt haltbar

1,5 kg rote oder gelbe
Paprikaschoten (oder
beide gemischt)
4 Knoblauchzehen
4 EL in Essig
eingelegte Kapern
Saft von 1 Zitrone
3 Lorbeerblätter
250–350 ml Olivenöl

Außerdem:

Backpapier

1. Backofen auf 220° vorheizen. Paprikaschoten waschen, halbieren, Stielansätze und Kerne entfernen. Ein Backblech mit Backpapier auslegen, die Schoten mit den Rundungen nach oben daraufgeben und im Ofen (Mitte) 15–20 Min. rösten, bis die Schalen schwarze Flecken zeigen.

2. Das Blech herausnehmen und mit einem nassen Küchentuch bedeckt 10 Min. ruhen lassen. Dann die Schoten häuten. Knoblauch schälen, halbieren, abwechselnd mit Schoten und Kapern in eine Schüssel legen und mit Zitronensaft begießen. Im Kühlschrank 4–5 Std. marinieren.

3. Die Marinade in einen Topf abgießen, dabei die Schoten leicht ausdrücken. Paprika, Knoblauch und Kapern in Gläser schichten. In jedes Glas 1 Lorbeerblatt stecken. Öl und Marinade auf 80° erhitzen, bis 2 cm unter den Glasrand über die Paprika gießen. Sofort verschließen. Kühl aufbewahren. (im Bild hinten oben)

Auberginen in Öl

typisch italienisch – raffiniert
45 Min. + 10 Min. Kochen
+ Zeit zum Abkühlen

**FÜR 3 GLÄSER
À 300 ML INHALT**

ungeöffnet mindestens 2 Monate haltbar

Salz
800 g möglichst kleine
Auberginen
500 ml Weißweinessig
4 Knoblauchzehen
1/2 Bund Basilikum
250 ml Olivenöl
3 EL Kapern

1. 2 l kaltes Wasser mit 2 EL Salz verrühren. Die Auberginen waschen, Stielansätze abschneiden. Auberginen in 1 cm dicke Scheiben schneiden und in das Salzwasser legen.

2. 2 l Wasser mit Essig und 2 EL Salz aufkochen. Die Auberginen abtropfen lassen und 10 Min. im Essigwasser kochen. Darin erkalten lassen. Den Knoblauch schälen und in dünne Scheibchen schneiden. Basilikum trocken säubern, die Blättchen abzupfen.

3. Auberginenscheiben trocken tupfen. Das Öl in eine Schüssel gießen. Die Scheiben darin wenden, leicht abtropfen lassen und mit Knoblauch, Basilikum und Kapern abwechselnd in die vorbereiteten Gläser schichten. Gut festdrücken. Mit Öl bedecken und verschließen. Im Kühlschrank aufbewahren. (im Bild Mitte unten)

Pilze in Olivenöl mit Tannenspitzen

delikate Beilage – preiswert
50 Min. + 2 Wochen Ruhen

FÜR 2 GLÄSER
À 300 ML INHALT

○ gekühlt
2–3 Monate haltbar

600 g kleine Egerlinge, Champignons oder andere gemischte Pilze
200 ml Weißweinessig
1 TL Schwarzkümmel
1 TL schwarze Pfefferkörner
6 Wacholderbeeren
2 Lorbeerblätter
1 TL Meersalz
ca. 375 ml Olivenöl
1 Handvoll junge, zarte Tannenspitzen (ca. 16 Stück, selbst gesammelt)

1. Pilze mit einem Tuch oder Pinsel säubern, wenn nötig in einem Sieb kalt abbrausen, das Wasser gründlich abschütteln.

2. Essig mit 250 ml Wasser, Schwarzkümmel, Pfefferkörnern, Wacholderbeeren, Lorbeerblättern und Salz aufkochen. Die Pilze darin bei Mittelhitze 10 Min. kochen. Mit den Gewürzen in ein Sieb geben und gründlich abtropfen lassen, ausdrücken und auf Küchenpapier trocken tupfen. Das Öl in einen kleinen Topf auf 80° (mit einem Bratenthermometer messen) erhitzen.

3. Pilze, Gewürze und Tannenspitzen in die vorbereiteten Gläser verteilen und das erhitzte Öl darübergießen, bis alle Zutaten völlig bedeckt sind. Mit einem Holzspießchen mehrmals zwischen die Pilze stoßen, damit alle Luftlöcher zwischen den Zutaten mit Öl gefüllt werden. Die Gläser verschließen und abkühlen lassen. Die Pilze ca. 2 Wochen an einem kühlen Platz durchziehen lassen.

Schalotten mit Sherry

lecker zu Brot und Käse – einfach
30 Min. + ca. 15 Min. Kochen

FÜR 2 GLÄSER
À 300 ML INHALT

○ ungeöffnet 3–4 Monate haltbar

500 g Schalotten (oder kleine Zwiebeln)
5 EL Olivenöl
50 ml Sherryessig
100 ml halbtrockener Sherry
2 Gewürznelken
2 kleine Zweige Thymian
2 Lorbeerblätter
2 kleine getrocknete Chilischoten
1 TL schwarze Pfefferkörner
1 TL Salz
1 gestr. TL Zucker

1. Schalotten schälen, Stiel- und Wurzelansätze entfernen. Olivenöl in einer Pfanne mittelstark erhitzen. Die Schalotten darin unter Rühren goldgelb braten. Sherryessig, Sherry und 250 ml Wasser zugießen.

2. Gewürznelken, Thymian, Lorbeerblätter, Chilischoten und Pfefferkörner unterrühren und aufkochen. Mit Salz und Zucker abschmecken. Einen Deckel aufsetzen und die Schalotten 10–15 Min. kochen.

3. Die kochend heißen Schalotten mit dem Sud, den Kräutern und Gewürzen in die vorbereiteten Gläser füllen und verschließen. Kühl aufbewahren.

Info Schalotten in Sherry sind eine berühmte »tapa«, ein Snack aus Spanien, den man gerne zwischendurch mit anderen Kleinigkeiten zu Sherry oder Wein genießt. Als Vorrat für eine schnelle Mahlzeit oder den Überraschungsbesuch sind sie ideal.

Antipastigemüse in Öl

mediterrane Aromafülle
1 Std. + mind. 3 Tage Durchziehen

FÜR 4 GLÄSER
À 350 ML INHALT

○ ungeöffnet etwa 6 Monate
haltbar

je 1 rote und gelbe
Paprikaschote
2 dünne Zucchini
1 mittelgroße
Aubergine
4 kleine Möhren
1 kleine Fenchelknolle
4 Schalotten
Salz · 1 TL Zucker
Saft von 2 Zitronen
ca. 500 ml Olivenöl
je 1/2 TL Pfeffer aus
der Mühle und
gemahlener Koriander
4 dünne Streifen Bio-
Zitronenschale
je 4 Blättchen Salbei
und Zweigspitzen von
Thymian und
Rosmarin
Außerdem:
Eiswürfel

1. Gemüse waschen und putzen, Fenchelgrün aufbewahren. Paprika in Streifen
schneiden, Zucchini und Aubergine in gro-
be Stücke. Möhren in Stifte, Fenchel längs
in 1 cm dicke Scheiben schneiden.

2. Schalotten schälen. 2 l Wasser, 1 EL Salz,
Zucker und 75 ml Zitronensaft aufkochen.
Die Gemüse nacheinander je 3–4 Min.
sprudelnd kochen, in Eiswasser abschrecken, leicht ausdrücken, trocken tupfen.

3. In einer hohen Pfanne 7 EL Olivenöl
mittelstark erhitzen, das gesamte Gemüse
im Öl wenden und 3–4 Min. dünsten. Mit
Pfeffer, Koriander und wenig Salz würzen.

4. Das Gemüse bis 1 1/2 cm unter den Rand
fest in die Gläser schichten, in jedes Glas
Zitronenschale, Salbei, Thymian und Rosmarin geben, etwas Fenchelgrün auflegen.

5. Übriges Olivenöl auf 80° erhitzen und
über das Gemüse gießen. Die Gläser fest
verschließen und erkalten lassen.

Möhren in Öl indische Art

pikant, raffiniert und preiswert
50 Min. + mind. 2 Wochen Durchziehen

FÜR 5 GLÄSER
À 200 ML INHALT

○ ungeöffnet gekühlt
2–3 Monate haltbar

1 kg dicke Möhren
1 1/2 EL Salz
150 ml Weißweinessig
1 1/2 TL braune
Senfkörner
1 TL weiße
Kardamomkapseln
600 ml Sonnen-
blumen- oder Rapsöl
1 TL gemahlene
Kurkuma
2 TL gemahlener
Ingwer
1/2 TL Chiliflocken
nach Geschmack

1. Möhren schälen und schräg in 1 cm
dicke Scheiben schneiden. 1 l Wasser mit
Salz und Essig in einem Topf aufkochen,
die Möhrenscheiben darin in 15–18 Min.
garen, abgießen und abtropfen lassen.
Dann zum Trocknen auf mehreren Lagen
Küchenpapier ausbreiten.

2. Die Senfkörner im Mörser grob zerstoßen. Die Kardamomkapseln leicht zerdrücken. Das Öl in einem Topf auf ca. 100° erhitzen, die Gewürze hineingeben und kurz
durchziehen lassen. Die Möhrenscheiben
in die sorgfältig gereinigten Gläser füllen
und mit dem heißen Öl aufgießen. Sofort
fest verschließen. Auf den Deckeln stehend
abkühlen lassen.

3. Die Möhren 2–3 Wochen an einem
dunklen, kühlen Ort aufbewahren und
durchziehen lassen, dabei die Gläser täglich
einmal kurz aufschütteln, damit sich die
Aromen gut entfalten können.

Pesto Genovese

ein Klassiker für die schnelle Küche
30 Min.

ungeöffnet mindestens
3 Monate haltbar

**FÜR 5 GLÄSER
À 210 ML INHALT**

8–10 Zehen frischer
Knoblauch
5 große Bund oder
Töpfe Basilikum
250 g Parmesan
120 g Pinienkerne
400–500 ml Olivenöl
1–1 1/2 EL Salz

1. Knoblauchzehen schälen und grob hacken. Basilikum
trocken säubern, nicht waschen, und die Blättchen von
den Stielen zupfen. Den Parmesan in Stücke schneiden.
Alle Zutaten außer dem Olivenöl im Blitzhacker zu einer
feinen Paste verarbeiten.

2. Die Paste in eine große Schüssel geben, nach und nach
400 ml Olivenöl darunter rühren. Mit Salz herzhaft abschmecken. Wer es besonders fein mag, zerkleinert das
Pesto anschließend noch mit dem Stabmixer.

3. Das Pesto bis 3 cm unter den Rand in sorgfältig gereinigte Gläser füllen, die Oberflächen glatt streichen. Jeweils vorsichtig mit Öl begießen, damit kein Sauerstoff
an das Pesto gerät und es lange haltbar ist. Verschlossen
im Kühlschrank aufbewahren. (im Bild Mitte hinten)

VARIANTE

Pesto mit Petersilie und Minze

Diese Pestovariante wird hergestellt mit den Blättchen
von 4 großen Bund glatter Petersilie, 1 Bund Minze,
120 g Sonnenblumenkernen, 8 frischen Knoblauchzehen,
200 g altem Gouda oder Bergkäse, 1–1 1/2 EL Salz und
400–500 ml Olivenöl. Wie im Rezept zuvor beschrieben
zubereiten.

Mediterranes Pesto

superschnell – raffiniert
30 Min.

FÜR 5 GLÄSER
À 210 ML INHALT

⭕ ungeöffnet mindestens 3 Monate
haltbar

8 Knoblauchzehen
3 große Bund
glatte Petersilie
10 Zweige frischer
Majoran
10 Zweige frischer
Thymian
2 Zweige
frischer Salbei
2 Zweige Zitronen-
thymian
1 Topf Basilikum
150 g getrocknete
Tomaten (in Öl)
150 g mittelalter
Pecorino
120 g Pinienkerne
400–500 ml Olivenöl
Salz

1. Knoblauchzehen schälen und hacken. Die Kräuter bis auf das Basilikum abbrausen und trocken schütteln. Basilikum trocken säubern. Von allen Kräutern die Blättchen von den Stielen zupfen und hacken.

2. Die getrockneten Tomaten abtropfen lassen und in Stücke schneiden. Den Pecorino entrinden und ebenfalls in Stücke schneiden. Alle Zutaten bis auf das Olivenöl im Blitzhacker zu einer feinen Paste verarbeiten, in eine große Schüssel geben.

3. 400 ml Olivenöl unter die Kräuterpaste rühren und mit Salz abschmecken. Das Pesto bis 3 cm unter den Rand in die gereinigten Gläser füllen, die Oberflächen glatt streichen. Jeweils vorsichtig mit Öl begießen, verschließen und im Kühlschrank aufbewahren. (im Bild ganz links)

So geht es auch

Wer keinen Blitzhacker besitzt, kann das Pesto entweder von Anfang an mit dem Stabmixer zerkleinern, das dauert jedoch etwas länger als im Blitzhacker. Oder, wer einen großen Mörser besitzt, zerkleinert sein Pesto darin von Hand.

Pesto klassisch servieren

1 Glas Pesto mit 210 ml Inhalt reicht für 400–500 g Spaghetti. Diese bissfest garen, in ein Sieb schütten, etwas Nudelwasser auffangen. Das Pesto mit 50–100 ml heißem Nudelwasser verrühren. So wird die Sauce flüssiger und dabei gleich etwas angewärmt. Die Spaghetti auf vorgewärmte Teller verteilen und je eine Portion des Pestos in die Mitte geben. Sofort servieren.

Rotes Pesto mit Paprika

fruchtig – scharf
30 Min. + 20 Min. Garen

FÜR 3 GLÄSER
À 210 ML INHALT

⭕ ungeöffnet 3 Wochen
haltbar

700 g längliche rote
Paprikaschoten
4 Knoblauchzehen
1 Bund glatte
Petersilie · 1 Zweig
frischer Rosmarin
200 g getrocknete
Tomaten (in Öl)
150 g mittelalter
Manchego-Käse
100 g Kapern
150 g gesalzene
Cashewkerne
1/4 TL Chiliflocken
300–400 ml Olivenöl
Salz
Außerdem:
Backpapier

1. Backofen auf 250° vorheizen, Backblech mit Backpapier belegen. Paprikaschoten waschen und im Ofen 20 Min. garen. Anschließend häuten und Stielansätze und Kerne entfernen. Den Knoblauch schälen und in Stücke schneiden.

2. Kräuter waschen und trocknen schütteln, Blättchen und Nadeln abzupfen und hacken. Tomaten abtropfen lassen und mit dem Käse in Stücke schneiden. Alle Zutaten bis auf das Olivenöl im Blitzhacker fein zerkleinern und in eine Schüssel geben.

3. 250 ml Olivenöl unter das Pesto rühren und mit Salz abschmecken. In die sorgfältig gereinigten Gläser füllen, die Oberflächen glatt streichen und mit einer Schicht Olivenöl begießen. Verschließen und im Kühlschrank aufbewahren. (im Bild Mitte)

Tapenade aus schwarzen Oliven

sehr pikant – für Bruschetta
30 Min.

FÜR 4 GLÄSER
À 210 ML INHALT

⭕ ungeöffnet mindestens 3 Monate
haltbar

1 großes Bund glatte
Petersilie
2 frische
Knoblauchzehen
1 Bio-Zitrone
500 g entsteinte
schwarze Oliven
150 g Kapern
12 Sardellenfilets
300–350 ml Olivenöl
schwarzer Pfeffer

1. Die Petersilie abbrausen, trocken schütteln, die Blättchen abzupfen und fein hacken. Knoblauch schälen, fein hacken. Die Zitrone waschen, die Hälfte der Schale fein abreiben und die Zitrone auspressen. Die Oliven abtropfen lassen.

2. Oliven, Kapern, Sardellenfilets, Petersilie, Knoblauch und Zitronenschale im Blitzhacker zu einer feinen Paste verarbeiten, diese in eine Schüssel geben. Zitronensaft, 250 ml Olivenöl und Pfeffer dazugeben und alles gut verrühren.

3. Die Paste kurz mit dem Stabmixer durcharbeiten, dann in die Gläser füllen und glatt streichen, zuletzt 1 cm hoch mit Olivenöl begießen. Gläser verschließen und im Kühlschrank aufbewahren. (im Bild ganz rechts)

VARIANTE

Tapenade mit grünen Oliven

Die Tapenade statt mit schwarzen mit grünen Oliven zubereiten. Anstelle von Sardellen je 1 EL frische Thymian- und Oreganoblättchen dazugeben.

Einkochen auf verschiedene Arten
Im großen Topf, im Backofen oder im Schnellkochtopf

Einkochen im Topf

Für große Gläser mit ganzen Früchten, Kompott, Gemüse oder auch Suppen, Fleisch usw. ist das Einkochen im mit Wasser gefüllten Topf eine zuverlässige Möglichkeit der Konservierung.

Ein großer Einkochtopf, der knapp 30 l und in 2 Etagen 14 große Gläser fasst, lohnt sich für große Familien mit eigenem Obstgarten. Zum Einkochen kleinerer Mengen eignet sich ein großer, breiter Kochtopf, in den drei bis vier Gläser passen. Ein Siebeinsatz ist nötig, damit die Gläser nicht direkt auf dem Topfboden stehen und zu heiß werden.

Dicht an dicht im heißen Bad

Die Gläser mit einigen Lagen Stoff oder Küchenpapier umwickeln, das schützt vor zu harten Stößen. Zu Gläsern mit kaltem Inhalt kaltes Wasser bis kurz unter den Glasrand gießen, zu Gläsern mit heißem Inhalt heißes Wasser. Das Wasser im Topf zum Kochen bringen. Einkochzeiten beachten (s. S. 67). Nach dem Einkochen den Topf beiseiteziehen und das Ganze etwas abkühlen lassen. Dann die Gläser mit einer Spezial-Küchenzange für Einmachgläser herausheben und auf einem Tuch stehend sowie mit einem Tuch bedeckt abkühlen lassen.

Der Deckeltest

Nach dem Erkalten überprüfen, ob die Gläser luftdicht verschlossen sind. Dazu bei Einmachgläsern mit Gummidichtung vorsichtig den Schnappverschluss oder den Schraubring lösen und das Glas an den Rändern mit den Fingerspitzen etwas hochheben. Wenn die Gläser dicht sind, hat sich im Inneren ein Vakuum gebildet, das den Deckel so fest ansaugt, dass er sich nicht abheben lässt. Twist-off-Deckel wölben sich in der Mitte leicht nach innen, wenn sich ein Vakuum gebildet hat. Undichte Gläser im Kühlschrank lagern und bald verbrauchen.

Einkochen im Backofen

Dafür sind nur Gläser bis 1 Liter Inhalt geeignet, die nicht zu dicht an die Heizstäbe im oberen Ofenbereich kommen. fünf bis sechs Gläser gleicher Größe werden mit Abstand voneinander in die Fettpfanne gestellt, diese wird auf die unterste Schiene geschoben und 1 cm hoch mit Wasser gefüllt. Den Ofen auf 180° Ober-/Unterhitze einschalten, die Einkochzeit beginnt, wenn die Flüssigkeit in den Gläsern zu perlen beginnt. Dann wird der Ofen ausgeschaltet und die Nachwärme genutzt. Gläser zum Abkühlen auf ein Tuch stellen und zugedeckt erkalten lassen.

Einkochen im Schnellkochtopf

Diese Methode eignet sich nur für kleine Mengen, die eingekocht werden sollen, sogar für nur ein einziges Glas. Den Topf 1 cm hoch mit kaltem Wasser füllen, das Glas bzw. die Gläser auf den gelochten Einsatz stellen. Die Sterilisierzeit gilt ab Steigen des Ventils. Der Schnellkochtopf darf nicht abgedampft oder mit kaltem Wasser gekühlt werden, denn dabei würden die Gläser zerspringen. Den Topf bei Zimmertemperatur abkühlen lassen. Wenn das Ventil heruntergesunken ist, noch weitere 30 Min. warten. Darüber hinaus die Herstellerangaben beachten.

In Gläsern sicher eingekocht

Beim Einkochen werden im Einkochgut Temperaturen von 70–100° erreicht. Dies ist ausreichend, um die meisten schädlichen und verderbserregenden Mikroorganismen abzutöten. Gleichzeitig dehnt sich durch die Hitze die wenige noch im Glas verbliebene Luft stark aus und entweicht daher trotz aufgedrehtem bzw. aufgesetztem und geklammertem Deckel. Beim Abkühlen wird durch den nun vorhandenen Unterdruck im Glas der Deckel quasi angesaugt, falls Glasrand und Gummiring sauber sind. Das schützt das Einmachgut zum einen davor, dass neue Luft und Verderbskeime eindringen können, zum anderen können im Glas selbst noch verbliebene Keime im dortigen Vakuum kaum überleben. Eingemachtes kann so über Jahre haltbar bleiben.

Im Sprachgebrauch ist für einmachen auch der Begriff »einwecken« gängig, der auf Johann Weck zurückgeht, den Gründer des wohl bekanntesten Unternehmens, das Gläser zum traditionellen Einkochen herstellt.

Geeignet fürs Einkochen sind Gläser mit Gummiringen und Klammern bzw. Schnappverschlüssen oder mit zweiteiligen Schraubverschlüssen. Gläser mit Twist-off-Deckeln sind besonders praktisch. Gläser, Deckel und Gummiringe oder -dichtungen vorher kontrollieren und auskochen (s. S. 12/13). Rissige Gummiringe austauschen.

Einkochtemperaturen und -zeiten für die verschiedenen Speisen

Die in der untenstehenden Tabelle angegebenen Temperaturen und Zeiten sind Werte, die aus den Erfahrungen mit den in diesem Buch vorgestellten Rezepten resultieren.
Alle Zeitangaben gelten ab dem Zeitpunkt, ab dem das Wasser die angegebene Temperatur erreicht hat und variieren je nach Größe der Gläser. Die kürzeren Zeiten gelten für kleine Gläser (von ca. 200 ml Inhalt), die längeren für große Gläser mit ca. 1 l Inhalt. Dabei spielt es keine Rolle, ob das Einkochgut heiß oder kalt eingefüllt wurde.

Art der Speise	Einkoch-temperatur	Einkoch-zeit
Wurst und Terrinen	98–100°	60–120 Min.
Brühe und Fonds	98–100°	30 Min.
Suppen	98–100°	60–90 Min.
Kuchenteig, roh	175–190°	30–60 Min.
Obst ohne Aufguss	75–90°	30 Min.
Kompott	75–90°	10–30 Min.
Konfitüre	75–90°	10 Min.
Fruchtmus	75–90°	10–30 Min.
Saft und Sirup	90°	10–25 Min.

Convenience-food hausgemacht

→ Eingekochte Suppen, Gemüsegerichte und Kuchen haben den Vorteil gegenüber Eingefrorenem, dass sie keine lange Auftauzeit brauchen, sondern sofort einsatzbereit sind. Auch ist das Einkochen von Gerichten eine prima Alternative für alle, die nur ein kleines Gefrierfach besitzen.

→ Eingekochtes Gemüse lässt sich im Nu zu feinen Salaten verarbeiten oder erhitzen und mit einem Stich Butter anrichten.

→ Eingekochte Früchte ergeben einen prima Kuchenbelag. Außerdem schmecken sie natürlich köstlich zu Pudding und Eis, oder einfach pur als leichtes Dessert.

→ Alle gut geschlossenen Gläser kühl und möglichst dunkel aufbewahren. Von Zeit zu Zeit überprüfen, ob die Gläser richtig geschlossen sind bzw. sich Schimmel gebildet hat. Schließt eines nicht richtig, das Glas in den Kühlschrank stellen und den Inhalt innerhalb einer Woche verbrauchen.

Paprikagemüse »Peperonata«

Klassiker aus Italien – preiswert
30 Min. + 30 Min. Kochen

2–3 Monate
haltbar

**FÜR 4 GLÄSER
À 350 ML INHALT**

1 kg reife Eiertomaten
(oder 800 g geschälte
Tomaten
aus der Dose)
2 kg rote und gelbe
Paprikaschoten
4 große weiße
Zwiebeln
125 ml Olivenöl · Salz
1 Topf oder
1 Bund Basilikum
Pfeffer aus der Mühle

1. Die Tomaten mit kochendem Wasser übergießen, kurz stehen lassen und schälen. Dann halbieren, die Stielansätze herausschneiden und das Tomatenfleisch in kleine Stücke schneiden.

2. Die Paprikaschoten waschen, halbieren und Stielansätze und Kerne entfernen. Die Schoten in fingerbreite Streifen schneiden. Die Zwiebeln schälen und in dünne Ringe schneiden.

3. Das Öl in einem großen Topf mittelstark erhitzen und die Zwiebelringe darin glasig braten. Die Paprikastreifen unterrühren und kurz mitschmoren, dann die Tomatenwürfel zufügen und alles mit 1 TL Salz bestreuen.

4. Ca. 125–250 ml Wasser unterrühren und das Gemüse zugedeckt bei schwacher Hitze 30 Min. köcheln lassen. Das Basilikum trocken säubern, die Blättchen abzupfen und unter das Gemüse mischen. Mit Salz und Pfeffer ab-

schmecken. Das Gemüse in vorbereitete Gläser füllen und einkochen (s. S. 66). (im Bild vorne links)

Info Das Gemüse kann kalt oder warm als Beilage zu Fleisch- oder Fischgerichten serviert werden. Ein Glas reicht für 2–3 Personen.

VARIANTE

Paprikagemüse mit Rosinen und Pinienkernen

Bei dieser herzhaften Variante 50 g in warmem Wasser eingeweichte Rosinen und 50 g leicht geröstete Pinienkerne unter das Gemüse rühren. Mit Salz, Pfeffer, 1 TL Zucker und 4–5 EL Weinessig abschmecken.

Original Sauce Bolognese

für Lieblingspasta – braucht etwas Zeit
1 Std. + ca. 1 Std. 30 Min. Kochen + 1 Std. Einkochen

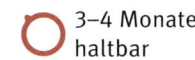 3–4 Monate
haltbar

**FÜR 4 GLÄSER
À 350 ML INHALT**
100 g Pancetta
(durchwachsener
Speck, gesalzen und
luftgetrocknet)
2 große Möhren
2 Stangen Stauden-
sellerie · 2 mittel-
große Zwiebeln
50 g Butter
200 g mageres Hack-
fleisch (vom Kalb oder
Rind) · 200 g mageres
Schweinehackfleisch
2 Lorbeerblätter
2 Gewürznelken
400 ml trockener
Rotwein
250–375 ml Rinder-
brühe (selbst gemacht
oder Instant aus dem
Bioladen)
4 EL Tomatenmark
Salz · Pfeffer, frisch
gemahlen
geriebene
Muskatnuss

1. Den Pancetta sehr klein würfeln. Möhren schälen, Selleriestangen waschen und die Fäden abziehen, die Zwiebeln schälen. Das gesamte Gemüse sehr klein würfeln.

2. In einem großen Topf die Butter mittelstark erhitzen, Speck und Gemüse darin 10 Min. anbraten. Fleisch zugeben und fein zerdrücken. Weitere 15 Min. unter gelegentlichem Rühren braten. Lorbeerblätter und Gewürznelken zufügen.

3. Den Wein zugießen und alles einige Minuten kräftig kochen lassen, sodass der Alkohol verdunstet. Etwas Brühe zugießen. Das Tomatenmark mit etwas Brühe verrühren und unter die Sauce mischen.

4. Die Sauce zugedeckt bei schwacher Hitze 1–1 1/2 Std. köcheln lassen. Nach Bedarf mehr Brühe unterrühren. Zuletzt mit Salz, Pfeffer und 1 guten Prise Muskat abschmecken. Kochend heiß in sorgfältig gereinigte Gläser füllen und verschließen.

5. In einen großen Topf mit Siebeinsatz stellen. Bis zum Rand mit kochendem Wasser auffüllen und 1 Std. einkochen. Gläser herausheben und erkalten lassen. (im Bild links hinten)

Info Die Sauce Bolognese wird original nicht mit Spaghetti, sondern mit Tagliatelle angerichtet und mit geriebenem Parmesan serviert. Ein Glas reicht für vier Portionen.

VARIANTE

Tomatensauce neapolitanische Art

2 kg reife Tomaten (ersatzweise 1600 g geschälte oder gehackte Tomaten aus der Dose) mit kochendem Wasser überbrühen, häuten und halbieren, Stielansätze entfernen und das Fruchtfleisch hacken. 150 ml Olivenöl in einem großen Topf mittelstark erhitzen, 4 geschälte Knoblauchzehen durch die Knoblauchpresse drücken und im Öl kurz anbraten, aber nicht braun werden lassen. Die Tomaten unterrühren, geschälte Dosentomaten fein zerdrücken. Je nach Reifegrad oder Frische der Tomaten alles 10–20 Min. offen köcheln lassen. Dabei überschüssige Flüssigkeit verdunsten lassen. 12–15 Basilikumblätter unterrühren, mit Salz und Pfeffer abschmecken.

Die Sauce kochend heiß in vorbereitete Gläser füllen und verschließen. Die Gläser in einen großen Topf mit Siebeinsatz stellen. Bis zum Rand der Gläser mit kochend heißem Wasser auffüllen und 30 Min. einkochen. Gläser aus dem Topf heben und erkalten lassen. (im Bild rechts)

Große Bohnen in Tomatensauce griechische Art

warm oder kalt als Vorspeise
45 Min. + 12 Std. Quellen + 1 Std. 55 Min. Kochen + 30 Min. Einkochen + Zeit zum Abkühlen

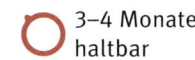 ungeöffnet mindestens
1 Jahr haltbar

**FÜR 4 GLÄSER
À 400 ML INHALT**
500 g getrocknete
große weiße Bohnen
(Gigantes, z. B. aus
dem griechischen
Lebensmittelladen)
4 kleine oder 2 große
Lorbeerblätter
1 große Zwiebel
4 Knoblauchzehen
3 Stangen
Staudensellerie
5 EL Olivenöl
1 kleine Dose stückige
Tomaten (400 g Inhalt)
4 EL Tomatenmark
1 TL Zucker
1 TL mildes
Paprikapulver
Chilipulver · Salz
Pfeffer aus der Mühle

1. Die Bohnen in reichlich kaltem Wasser über Nacht einweichen, in einem Sieb abtropfen lassen. Gut mit Wasser bedeckt zusammen mit den Lorbeerblättern bei mittlerer Hitze 15 Min. kochen lassen und den Schaum abschöpfen. Mit schräg aufgelegtem Deckel in 30–40 Min. garen. Gelegentlich probieren, die Bohnen dürfen nicht zu weich werden oder zerkochen. Die Bohnen im Sud abkühlen und in einem Sieb abtropfen lassen. 250 ml Bohnenwasser beiseitestellen.

2. Die Zwiebel und die Knoblauchzehen schälen und klein würfeln. Den Sellerie waschen, die Fäden abziehen und die Stangen klein würfeln. In einem großen Topf das Olivenöl erhitzen, Zwiebel-, Knoblauch- und Selleriewürfel unterrühren und dünsten, bis die Zwiebel glasig wird. Die Tomaten unterrühren. Das Tomatenmark im Bohnenwasser verrühren und zufügen. Alles 15 Min. bei Mittelhitze kochen.

3. Die Tomatensauce mit Zucker, Paprikapulver und 1 guten Prise Chili abschmecken. Die Bohnen unterrühren und zugedeckt 40–45 Min. bei schwacher Hitze kochen lassen, dabei gelegentlich umrühren. Die Lor-

beerblätter herausnehmen, das Bohnengemüse mit Salz und Pfeffer abschmecken, heiß in die vorbereiteten Gläser füllen und 1 oder 1/2 Lorbeerblatt auflegen. Die Gläser verschließen.

4. Die Gläser mit Abstand auf die unterste Schiene des Backofens stellen, den Ofen auf 90° einstellen. Sobald die Hitze erreicht ist, die Bohnen 30 Min. einkochen. Den Backofen ausschalten. Die Gläser nach dem Erkalten herausnehmen. (im Bild Mitte)

Paprikagulasch

mit viel Gemüse – braucht etwas Zeit
40 Min. + 1 1/2 Std. Schmoren + 30 Min. Einkochen

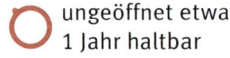 ungeöffnet etwa
1 Jahr haltbar

**FÜR 4 GLÄSER
À 500 ML INHALT**

2 Zwiebeln
2 Knoblauchzehen
je 2 rote und
grüne Paprikaschoten
2 Möhren
2 Stangen Stauden-
sellerie · 4 EL Olivenöl
1 kg mageres
Rindergulasch in
2 cm großen Würfeln
2 TL Kümmelkörner
3 EL edelsüßes Papri-
kapulver · 1 TL rosen-
scharfes Paprikapul-
ver · 1 Lorbeerblatt
Salz · schwarzer Pfef-
fer aus der Mühle
150 ml trockener Rot-
wein · 1 Dose Pizza-
tomaten (425 g Inhalt)
3 EL Tomatenmark

1. Zwiebeln und Knoblauch getrennt schälen und fein würfeln. Die Paprikaschoten waschen, halbieren und Stiele und Kerne entfernen. Die Schotenhälften in 2 cm große Würfel schneiden. Möhren schälen und in 1 cm große Würfel schneiden. Die Selleriestangen waschen, putzen und ebenfalls 1 cm groß würfeln.

2. Das Olivenöl in einem großen, schweren Topf erhitzen und das Fleisch darin portionsweise scharf anbraten. Sollte dabei viel Fleischsaft austreten, diesen erst verdampfen lassen, bevor die nächste Fleischportion angebraten wird.

3. Dann die Zwiebeln unter das Gulasch rühren und glasig werden lassen. Knoblauch, Paprika, Möhren und Sellerie zugeben, alles unterrühren und kurz mit anschmoren. Zum Schluss die Gewürze über das Gemisch streuen und unterrühren. 1 Min. mit anbraten und alles mit dem Rotwein ablöschen.

4. Die Pizzatomaten, 500 ml Wasser und das Tomatenmark in den Topf geben, unterrühren. Alles noch einmal aufkochen, dann den Herd auf mittlere bis schwache Hitze stellen und das Gulasch zugedeckt 1 1/2 Std.

schmoren. Dabei gelegentlich rühren und, falls zu viel Sauce verdampft ist, noch etwas Wasser nachgießen.

5. Das Gulasch pikant abschmecken und das Lorbeerblatt entfernen. Das Gulasch heiß bis 2 cm unter den Rand in die sorgfältig gereinigten Gläser füllen und die Gläser verschließen.

6. Die Gläser in den Einkochtopf setzen, bis 2 cm unter die Deckel heißes Wasser angießen und das Gulasch von dem Zeitpunkt, an dem die Wassertemperatur 90° erreicht hat 30 Min. einkochen (s. S. 66). Danach abkühlen lassen und kühl und dunkel aufbewahren.

Kohlrouladen

ein Klassiker – preiswert
50 Min. + 1 Std. Schmoren + 30 Min. Einkochen

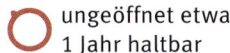 ungeöffnet etwa
1 Jahr haltbar

**FÜR 3 GLÄSER
À 1 L INHALT**
1 Weißkohl (ca. 2 kg)
Salz · 2 altbackene
Brötchen
3 Zwiebeln
1 Bund Suppengrün
100 g magerer
geräucherter Speck
1 Bund glatte Peter-
silie · 1/2 Bund
frischer Majoran
600 g gemischtes
Schweine- und Rin-
derhackfleisch · 1 Ei
schwarzer Pfeffer aus
der Mühle · frisch ge-
riebene Muskatnuss
3 EL Sonnenblumenöl
500 ml Fleischbrühe
oder Kalbsfond
Außerdem:
Küchengarn

1. Weißkohl in reichlich Salzwasser 5 Min. vorgaren. Herausnehmen und 16 schöne Blätter abtrennen, abtropfen lassen. Übrigen Kohl anderweitig verwenden (s. Tipp).

2. Die Brötchen in kaltem Wasser einweichen. Die Zwiebeln schälen und sehr fein würfeln. Das Suppengrün waschen, putzen und in kleine Würfel schneiden. Den geräucherten Speck von der Schwarte befreien und ebenfalls fein würfeln. Die Kräuter waschen und trocken schütteln, die Blättchen abzupfen und fein hacken.

3. Backofen auf 160° vorheizen. Die Brötchen gut ausdrücken und in kleine Stücke zerpflücken. Mit Hackfleisch, zwei Drittel der Zwiebelwürfel, Kräutern und Ei mischen und mit Salz, Pfeffer und 1 guten Prise Muskat würzen. Alle Zutaten zu einem glatten Teig verkneten.

4. Von den Kohlblättern die dicken Rippen flach schneiden und die Blätter auf der Arbeitsfläche ausbreiten. Die Hackfleischmasse in die Mitte der Kohlblätter geben. Die Blätter seitlich einschlagen, von der Längsseite her aufrollen und mit Küchengarn fixieren.

5. Das Öl in einem großen, schweren feuerfesten Topf erhitzen und die Rouladen darin rundum anbraten, sodass sie leicht bräunen. Speck, Suppengemüse und restliche Zwiebelwürfel dazugeben und alles kurz anbraten. Dann mit der Fleischbrühe ablöschen. Die Kohlrouladen zugedeckt 1 Std. im Ofen schmoren.

6. Anschließend die Rouladen aus der Sauce nehmen. Die Sauce durch ein Sieb gießen und nochmals kurz aufkochen. Nach Bedarf mit 250 ml Wasser verlängern, mit Salz und Pfeffer herzhaft abschmecken. Die Rouladen in die Gläser schichten, die Sauce bis 2 cm unter den Rand darübergießen. Die Gläser verschließen.

7. Die Gläser in den Einkochtopf setzen, bis 2 cm unter die Deckel heißes Wasser angießen und die Rouladen von dem Zeitpunkt, an dem die Wassertemperatur 90° erreicht hat 30 Min. einkochen (s. S. 66). Danach abkühlen lassen und kühl und dunkel aufbewahren.

Tipp Übrigen Kohl ohne Strunk in 3 cm große Stücke schneiden und in 20 g Butterschmalz andünsten. Mit etwa 150 ml Fleischbrühe aufgießen, mit Salz, Pfeffer und 1/2 TL Kümmel würzen. Zugedeckt bei mittlerer Hitze 20 Min. schmoren. Entweder als Beilage zu den Kohlrouladen oder zu kurz gebratenem Fleisch servieren.

Ententerrine
mit Äpfeln !

Fleisch und Fisch — haltbare Delikatessen

In Schmalz eingebettet, in einer Terrine im Wasserbad gegart, oder zu Wurst verarbeitet, für festliche und herzhafte Mahlzeiten sind die eingemachten Delikatessen gefragt. Zu wissen, dass die Tiere beim Biobauern ein artgerechtes Leben führen durften, gibt ein gutes Gefühl und zeugt von Respekt. Frische Fische zum Beizen aus heimischen Gewässern, wie Forelle oder Saibling, bieten Fischhändler und Wochenmärkte an. Wer Qualität schätzt, nimmt für Graved Lachs ein Stück von einem im freien Gewässer gefangenen Lachs, der teurer, aber weniger fettreich und delikater ist.

Fleisch und Fisch haltbar machen

Verwursten, zu Terrinen veredeln, räuchern

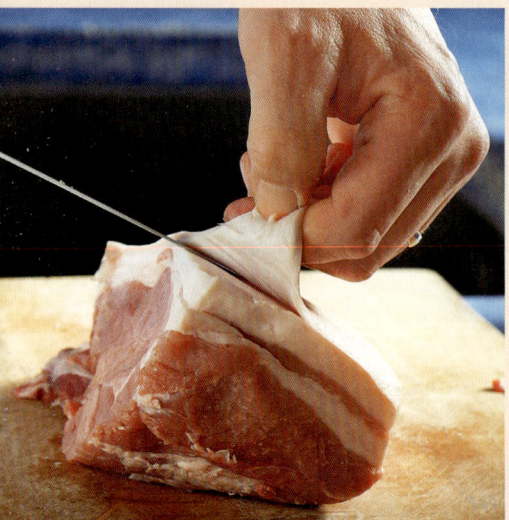  

Das Fleisch vorbereiten

Egal, welches Fleisch zur Wurst oder Terrine verarbeitet werden soll, es muss von hervorragender Qualität und Frische sein. Mit einem scharfen Messer befreit man es von Flachsen und Sehnen, Fett lässt man hingegen in einem gewissen Maß daran, es ist für den guten Geschmack und auch für ein genussvolles Mundgefühl unersetzbar. Das Fleisch nun auf 10° herunterkühlen, genügend Eiswürfel bereithalten.

Gekühlt gelingt's am besten

Die Eiswürfel in eine große Schüssel geben, eine kleinere Schüssel mit dem Fleisch hineinsetzen. Das Fleisch auf diese Weise kühl halten, nach Bedarf auch noch einmal kurz ins Gefrierfach setzen, damit sich Fleisch und Fett beim Bearbeiten nicht trennen. Besonders beim Durchdrehen durch den Fleischwolf entsteht Hitze, und das Fett setzt sich dann an dem Gerät ab, statt in der Wurst zu landen. Die Wurstmasse wird dadurch bröckelig und trocken.

Drehen, drehen, drehen

Das Fleisch nun durch den Fleischwolf drehen, in der Regel ein- bis zweimal durch die feine Scheibe. Besonders bei einem mechanischen Fleischwolf kann es passieren, dass das Fleisch nach einer Zeit nicht mehr richtig durchgedreht wird. Dann hängen Sehnen in der Mechanik und blockieren die Wurstmasse. Den Fleischwolf in diesem Fall säubern und anschließend weiterarbeiten.

Wie kommt das Fleisch in die Wurst?

Wurstdärme, elegant auch Saitling genannt, stammen vom Lamm, Schwein, Rind oder Kalb. Sie sind vollständig gereinigt, geschmacksneutral und mehr oder weniger dünn. Die Därme bekommt man beim Metzger. Dort die zu bearbeitende Fleischmenge angeben, dann weiß der erfahrene Metzger schon, wie lang die Wursthülle sein soll. Die Saitlinge über den Wasserhahn ziehen und kaltes Wasser durchlaufen lassen, sie dann für einige Stunden in kaltem Wasser einlegen, damit sie auf ihre ursprüngliche Größe aufquellen können.

Den Wurstdarm vorsichtig über den **Einfüllstutzen des Fleischwolfs** ziehen. Dabei gut aufpassen, dass die zarte Hülle nicht reißt. Auch aufpassen, dass sie immer feucht bleibt, sonst rutscht sie nicht über den Stutzen. Das Ende der Wursthülle zuknoten oder mit Küchengarn abbinden. Wer noch nicht so viel Übung besitzt, kürzt den Saitling auf eine Länge von etwa 1 m und befüllt die Stücke nacheinander.

Die meist zweimal durchgedrehte Wurstmasse durch den **Einfülltrichter des Fleischwolfs** in den Stutzen drücken und die Wursthülle so langsam und mit viel Gefühl füllen. Lieber die Maschine zwischendurch immer mal wieder ausschalten und die Fleischmischung gut verteilen, Luftblasen damit füllen. Die Würste nicht zu prall füllen, sonst platzen sie beim Braten. Während des Einfüllens oder auch danach die Würste abdrehen, dabei im Wechsel einmal in die eine, das nächste Mal in die andere Richtung drehen. Die Würste über Nacht im Kühlschrank reifen lassen.

Küchenhelfer zur Herstellung von Fleisch- und Fischspezialitäten

Ein absolutes Muss sind, so banal das klingen mag, ordentlich scharfe, unterschiedlich große **Messer.** Unbedingt einen **Wetzstahl** bereithalten, damit man die Messer zwischendurch abziehen kann. Falls Sie einen guten Kontakt zu Ihrem Metzger pflegen, lassen Sie sich doch einmal von ihm das gekonnte Messerschärfen vorführen!

→ Das A und O für die Herstellung von Wurst und Terrinen ist ein gut funktionierender, möglichst **elektrischer Fleischwolf** mit einem starken Motor. Durch die unterschiedlich großen Löcher der Einsatzscheibe gedrückt, immer wieder durch ein rotierendes Messerchen abgeschnitten, wird das Fleisch in dem Küchengerät zerkleinert. Passend zum Fleischwolf gibt es unterschiedlich dicke **Einfüllstutzen** zum Wursteinfüllen, die sind besonders wichtig für alle, die Bratwurst & Co. selber herstellen möchten. Beim Kauf darauf achten, dass der Rand der Stutzen abgerundet und nicht scharfkantig ist, damit die darübergeschobene Wursthülle nicht einreißen kann.

Wurstmasse abschmecken Ob die Wurst- oder Terrinenmasse richtig gewürzt ist, sollte man spätestens testen, bevor sie in der Wursthülle bzw. Terrinenform verschwindet. Wer rohes Fleisch nicht probieren mag, nimmt mit einem Löffel etwas Fleischmasse ab und brät es in einer kleinen Pfanne.

→ Eine **Terrinenform** aus Keramik oder Porzellan macht sich immer gut auf dem Brotzeittisch. Ersatzweise kann aber auch eine Kastenform zum Backen kurzerhand in eine Terrinenform umgewandelt werden. Wichtig für beide Varianten ist ein passend zurechtgeschnittenes **Brett (mit Alufolie umwickelt),** das man auf die Öffnung legen und beschweren kann. Für Leberwurst in Gläsern eignen sich alle geraden, sogenannten **Sturzgläser** mit 200–300 ml Inhalt am besten. Dabei ist es gleich, ob sie mit Twist-off-Deckeln, Glasdeckeln mit Klammern oder Bügeln verschlossen werden.

Das schmeckt in der Wurst Gemahlene Muskatblüte, auch Macis genannt, frisch gemahlener, nicht zu feiner schwarzer Pfeffer, gerebelter frischer oder getrockneter Majoran, aber auch fein abgeriebene Bio-Zitronenschale, Piment, Thymian, Paprika- oder Chilipulver verleihen Wurst und Terrine die nötige Würze. Auch interessant: klein geschnittene, getrocknete Cranberrys oder eingelegter grüner Pfeffer.

Heißräuchern für Anfänger

Zart geräucherte Wurst und geräucherter Fisch ist ein ganz besonderer Genuss. Wer das Heißräuchern erst einmal ausprobieren möchte, kann einen Räucherofen ganz einfach improvisieren. Benötigt wird ein alter Topf, auf den es nicht mehr so ankommt, ein Rechaud mit Platz für zwei Spiritustöpfchen und ein Gitter, das man in den Topf setzen kann. Das lässt sich aus Kaninchendraht passend zurechtbiegen und sollte etwa 10 cm über dem Topfboden stehen.

Zum Räuchern den Topf im Freien auf das Rechaud stellen. Auf den Topfboden an den Stellen, worunter die Spiritustöpfchen stehen, jeweils etwa 1 EL Räuchermehl (aus dem Anglerfachgeschäft) geben. Das Gitter hauchdünn einölen, in den Topf stellen. Die vorbereiteten Fische nebeneinander auf das Gitter legen, den Topfdeckel schließen. Den Spiritus anzünden und die Fische 25–30 Min. räuchern. Warm servieren.

Kalbsfond

ein Klassiker – für die feine Küche
40 Min. + ca. 40 Min. Backen + mind. 4 1/2 Std. Kochen + ggf. 30 Min. Einkochen

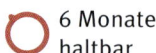 6 Monate haltbar

FÜR CA. 2 LITER KALBSFOND

2 kg Kalbsknochen und Kalbsabschnitte, vom Metzger in Stücke gehackt
2 große Zwiebeln
2 Möhren
2 Stangen Staudensellerie
1 großes Bouquet garni
10 Pfefferkörner
1 Knoblauchzehe
Salz · 2 Eiweiß

1. Den Backofen auf 225° vorheizen. Die Kalbsknochen auf das tiefe Blech legen und im heißen Ofen unter gelegentlichem Wenden 30–40 Min. bräunen. Die Zwiebeln schälen, 1 1/2 Zwiebeln in große Stücke schneiden. Die Möhren schälen, die Selleriestangen putzen und waschen und beides in große Stücke schneiden. Das Gemüse zu den Knochen auf das Blech geben und die letzten 10–15 Min. mitbräunen.

2. Die übrige Zwiebelhälfte mit der Schnittfläche nach unten in einer trockenen Pfanne dunkel anrösten. Mit dem gebräunten Gemüse und den Knochen in einen großen Topf geben. Den Bratsatz im Blech sofort mit 500 ml Wasser ablöschen. Sollte sich eine Fettschicht auf dem Blech abgesetzt haben, diese zuvor abnehmen.

3. Das Ablöschwasser, weitere 3 l Wasser, das Bouquet garni, die Pfefferkörner und die ganze Knoblauchzehe in den Topf geben und alles aufkochen. Dabei immer

wieder den Schaum gründlich abschöpfen. Den Fond 4–5 Std. kochen lassen, dabei immer wieder abschäumen. Zum Schluss leicht salzen.

4. Den Fond durch ein feines Sieb gießen und entfetten. Zum Klären des Fonds 2 Eiweiß in einem Topf verrühren und den heißen Fond langsam hineinrühren. Dann alles aufkochen und die sich absetzenden festen Teile immer wieder abschöpfen. Den geklärten Fond 1/2–1 Std. kochen, zum Schluss durch ein mit einem Geschirrtuch ausgelegtes Spitzsieb gießen. Den Kalbsfond in Gläsern à 400 ml 30 Min. bei 90° einkochen (s. S. 66) oder ihn abkühlen lassen und portionsweise einfrieren.

Geflügelfond

für Suppen und Saucen
1 Std. + mind. 2 Std. Kochen

an einem kühlen Platz
2–3 Monate haltbar

FÜR 4 GLÄSER À 700 ML INHALT

1/2 kg Geflügel-knochen	1 mittelgroße Zwiebel
1 Kalbsfuß (oder	1 Gewürznelke
1 Kalbshaxe)	2 Lorbeerblätter
1 Möhre	1 Thymianzweig
1/2 Lauchstange	10 Pfefferkörner
1 Stange	2–3 Petersilienzweige
Staudensellerie	1/2 Knoblauchzehe

1. Geflügelknochen und Kalbsfuß unter fließend kaltem Wasser waschen. Das Gemüse putzen und waschen. 3,5 l Wasser in einem großen Suppentopf mit Knochen, Gemüse und Gewürzen langsam aufkochen.

2. Den köchelnden Fond immer wieder mit einem Schaumlöffel abschäumen, damit er klar bleibt. 2 Std. köcheln lassen.

3. Den Fond durch ein Sieb gießen, in einen zweiten Topf füllen. 5 Min. sprudelnd kochen lassen, sofort in sorgfältig gereinigte Gläser füllen und verschließen. Oder in einem Einkochtopf 50 Min. einkochen (s. S. 66), aus dem Topf heben und erkalten lassen. Den Fond an einem kühlen Platz aufbewahren.

Tipp Fond als Grundlage für Suppen und Saucen verwenden.

Gemüsefond

schön würzig – für Suppen, Braten und Ragouts
30 Min. + 1 Std. 40 Min. Garen
+ ggf. 30 Min. Einkochen

6 Monate
haltbar

FÜR 2 L FOND

4 Zwiebeln
2 Knoblauchzehen
400 g Möhren
300 g Pastinaken
2 Lauchstangen
3 Stangen
Staudensellerie
2 Bund glatte
Petersilie
3 Stiele Liebstöckel
100 ml Olivenöl
Salz
300 ml Weißwein
5 Lorbeerblätter
je 1 TL Piment- und
schwarze Pfeffer-
körner
3 Gewürznelken
Pfeffer aus der Mühle

1. Den Backofen auf 225° vorheizen. Die Zwiebeln und den Knoblauch waschen, mit Schale in große Stücke schneiden. Möhren, Pastinaken, Lauch und Selleriestangen waschen und putzen, nicht schälen. Das Gemüse in große Stücke schneiden. Petersilie und Liebstöckel waschen und trocken schütteln, die Stiele abtrennen und in große Stücke schneiden. Kräuterblätter aufbewahren.

2. Zwiebeln, Knoblauch, Gemüse und Kräuterstiele auf das tiefe Backblech geben, das Olivenöl darüberträufeln. Die Gemüsemischung im Ofen 45 Min. bräunen lassen, dabei gelegentlich wenden.

3. Das Salz über das Gemüse streuen, die Hitze herunterschalten und das Gemüse 5 Min. Saft ziehen lassen. Dann den Wein dazugießen und alles bei schwacher Hitze noch 10 Min. nachgaren.

4. Das Gemüse in einen großen Topf geben, 3 l heißes Wasser angießen, die Gewürze und die Kräuterblätter dazugeben. Alles aufkochen und zugedeckt 40 Min. bei knapp mittlerer Hitze köcheln. Den Fond durch ein mit einem Geschirrtuch ausgelegtes Sieb gießen und mit Pfeffer und Salz abschmecken. Den Fond in sorgfältig gereinigten Gläsern à 400 ml 30 Min. bei 90° einkochen (s. S. 66) oder abkühlen lassen und portionsweise einfrieren.

Fischfond

mit viel Geschmack – preiswert
20 Min. + 50 Min. Kochen

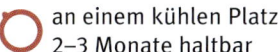

an einem kühlen Platz
2–3 Monate haltbar

FÜR CA. 2 GLÄSER À 700 ML INHALT

1 kg frische Fisch-
karkassen (Gräten
und Reststücke
von verschiedenen
Fischen, z. B.
Schwanz, Kopf ohne
Kiemen)
1 mittelgroße Zwiebel
1 Stange
Staudensellerie
1/2 Lauchstange
1 kleine Petersilien-
wurzel
2 Schalotten
1/2 Knoblauchzehe
1 Thymianzweig
8 weiße Pfefferkörner

1. Die Gräten und Fischreste unter fließend kaltem Wasser gründlich waschen. Das Gemüse putzen und waschen. 2 l Wasser sowie Gräten, Fischstücke, Gemüse und Gewürze in einen Suppentopf geben.

2. Alles langsam aufkochen und den Sud 20 Min. köcheln lassen. Gelegentlich den Fond mit dem Schaumlöffel abschäumen.

3. Den Fond durch ein feines Sieb gießen, dafür das Sieb eventuell mit einem dünnen, feuchten Tuch auslegen.

4. Den Fond in einen Topf geben und erneut aufkochen, in sorgfältig gereinigte Flaschen oder Gläser füllen und sofort verschließen. Oder die Gläser oder Flaschen in einen Einkochtopf stellen und den Fond einkochen (s. S. 66).

Tipp Dieser Fond gibt Fischsuppen und -saucen ein typisches, feines Aroma.

Huhn mit Gemüse und Brühe im Glas

immer ein guter Vorrat
45 Min. + 40 Min. Einkochen

an einem kühlen Platz
2–3 Monate haltbar

FÜR 1 GROSSES GLAS
MIT 1,5 L INHALT
2 große Hähnchenbeine
(ca. 600 g) · 1 EL Salz
1 TL schwarze Pfefferkörner
3 Gewürznelken
1 Lorbeerblatt
1 Bund Suppengrün
1 Kräutersträußchen aus
Rosmarin und Thymian
1 Streifen dünn abgeschnittene
Bio-Zitronenschale (4 cm)

1. Die Hähnchenbeine mit kaltem Wasser abspülen, mit Küchenpapier abtrocknen, zu reichliches Fett abschneiden. In einen Suppentopf 1 l Wasser mit Salz, Pfefferkörnern, Gewürznelken und Lorbeerblatt füllen. Das Suppengrün putzen, in große Stücke schneiden, in den Topf geben und aufkochen. Hähnchenbeine hineingeben und alles bei Mittelhitze 5 Min. kochen. Dann den Topf beiseitestellen.

2. Die Hähnchenbeine in das sorgfältig gereinigte Glas geben, die Brühe mit Gemüse und Gewürzen bis 2 cm unter den Rand dazugießen. Das Kräutersträußchen und die Zitronenschale dazugeben. Den Deckel aufsetzen und das Glas verschließen. Dann in einen Einkochtopf setzen oder in einen hohen Topf auf einen Dämpfeinsatz oder eine dicke Lage Küchenpapier in der Größe des Glasbodens.

3. So viel heißes Wasser zugießen, dass es in gleicher Höhe steht wie die Brühe im Glas. Den Topfinhalt bei Mittelhitze langsam bis auf 90° erhitzen. Immer wieder mit dem Thermometer den Hitzegrad prüfen. Bei Erreichen von 90° diese Temperatur 40 Min. halten. Ein Küchentuch in warmem Wasser auswringen. Das Glas vorsichtig mit einem Glasheber oder einem Tuch aus dem Topf heben, auf das feuchte Tuch setzen, vor Zugluft schützen und erkalten lassen.

Suppe mit Huhn aus dem Glas Für 4 Portionen
Für eine schnelle, den Magen wärmende Mahlzeit den Glasinhalt vorsichtig in eine Schüssel gleiten lassen. Die Hähnchenschenkel herausnehmen, das Fleisch von den Knochen lösen und in Stücke schneiden. Brühe mit Gemüse eventuell mit 250 ml Wasser verlängern und aufkochen. Das Fleisch hineingeben. 50 g Fadennudeln oder andere Suppennudeln unterrühren, 3–4 Min. sanft kochen. Die Suppe mit Salz, Pfeffer und Muskat abschmecken. Gehackte Petersilie überstreuen. In Butter geröstete Baguettescheiben dazu reichen.

WEITERE SCHNELLE IDEEN MIT HUHN AUS DEM GLAS

Pikantes Curry-Huhn

Die Brühe aus dem Glas in eine Schüssel abgießen. Das Gemüse auf einen Teller legen. Von den Hähnchenbeinen Haut, Knochen und Sehnen entfernen, das Fleisch in mundgerechte Stücke teilen. 1 gehäuften TL Currypulver in 2 EL Öl leicht anrösten, 2 EL Mehl unterrühren, eine Mehlschwitze zubereiten, mit der Brühe löschen, aufkochen, mit Salz, Pfeffer und gehackter Petersilie abschmecken. Fleisch und Gemüse darin kurz aufkochen und die Sauce mit 100 ml Sahne oder Kokosmilch abschmecken. Dazu Basmatireis reichen.

Hähnchenragout mit Tomaten

Die Brühe aus dem Glas abgießen und aufbewahren, ebenso das Gemüse. Von den Hähnchenbeinen Haut, Knochen und Sehnen entfernen, das Fleisch klein schneiden. In 2 EL Olivenöl 1 gehackte Zwiebel und 1 Knoblauchzehe glasig braten. 1 kleine Dose gehackte Tomaten unterrühren, alles 5 Min. bei Mittelhitze offen kochen lassen. 2 EL entsteinte grüne Oliven hacken, mit dem in Stücke geschnittenen Gemüse und dem Hähnchenfleisch unterrühren. Aufkochen und mit Salz, Chili und 1/2 TL gehacktem Oregano herzhaft abschmecken. Dazu Nudeln zubereiten. Die Brühe anderweitig verwenden.

Ochsenschwanzsuppe

fein für Gäste
1 1/2 Std. + 3 Std. Kochen + Zeit zum
Abkühlen + ggf. 50 Min. Einkochen

an einem kühlen Platz
2–3 Monate haltbar

FÜR 3 GLÄSER À 700 ML INHALT
(FÜR JE 2–3 PORTIONEN)

1 kg Ochsenschwanz in Stücken
1 Markknochen · 2 Zwiebeln
6 EL Sonnenblumen- oder Rapsöl
500 ml Rotwein · 2 Lorbeerblätter
2 Zweige Thymian · 4 Pimentkörner
1 TL schwarze Pfefferkörner · Salz
2 Möhren · 1 Petersilienwurzel
1 Stück Sellerieknolle (ca. 50 g)
1 Stange Lauch
3 EL Mehl · 50 ml halbtrockener Sherry
Cayennepfeffer

1. Ochsenschwanzstücke und Markknochen
kalt abspülen, in eine Schüssel legen. Reichlich
Wasser aufkochen, über Fleisch und Knochen
gießen, kurz stehen lassen. Fleisch und Knochen dann abtropfen lassen.

2. Zwiebeln schälen, würfeln. In einem großen
Topf in 2 EL Öl den Ochsenschwanz rundum
braun anbraten. Knochen und Zwiebeln mit-
braten, bis sie leicht gebräunt sind. Wein und
2 l Wasser unter Rühren angießen, aufkochen.

3. Lorbeerblätter, Thymian, Gewürze und
2 TL Salz zufügen. Die Suppe bei schwacher
Hitze 3 Std. kochen und erkalten lassen. Ochsenschwanzstücke und Markknochen aus der
Suppe nehmen, diese durch ein Sieb gießen,
kalt stellen und nach Geschmack entfetten.

4. Das Fleisch von den Ochsenschwanzstücken
abschneiden; dabei Fett, Knorpel und Häutchen entfernen, mit den Knochen wegwerfen.
Das Fleisch in Stückchen schneiden. Möhren,
Petersilienwurzel und Sellerie schälen und
klein würfeln. Vom Lauch den Wurzelansatz
und die dunkelgrünen Blätter abschneiden.
Den Lauch waschen und in schmale Streifchen
schneiden.

5. In einem sauberen Topf das übrige Öl erhitzen, das Gemüse darin 2 Min. unter Rühren
dünsten. Mehl überstreuen, unterrühren und
kurz anschwitzen. Ochsenschwanzbrühe unterrühren und aufkochen. Das Fleisch zufügen
und alles 15 Min. kochen lassen. Den Sherry
einrühren. Die Suppe mit 1 Prise Cayennepfeffer und Salz abschmecken. Kräftig aufkochen,
sofort in die sorgfältig gereinigten Gläser füllen,
mit Twist-off-Deckeln verschließen. Oder im
Einkochtopf 50 Min. einkochen (s. links).

Suppen einkochen

Eine oder alle der herzhaften Suppen dieser Seiten im Vorrat zu
wissen, gibt ein gutes Gefühl, wenn die Zeit zum Kochen einmal knapp
ist. Um sie haltbar zu machen, müssen sie jedoch eingekocht werden.
Dazu füllt man jede Suppe in ein entprechend großes, gut gereinigtes
Glas mit einem Twist-off-Deckel oder einem Deckel mit Klammer.
Die Gläser verschließen, in einem entsprechend großen Einkochtopf
im Wasserbad bei 95° 50–60 Min. einkochen. Die Kochzeit wird ab
Erreichen der Temperatur gerechnet. Nach Ende der Einkochzeit die
Gläser aus dem Topf heben, erkalten lassen und kühl aufbewahren.

Suppen-Servier-Tipps

Nach dem Öffnen eines Glases die Suppe einmal kurz aufkochen
und servieren. Zum sättigenden Eintopf wird eine Rindfleischsuppe
mit einer Handvoll in Brühe gegarten Nudeln oder Kartoffeln, in die
asiatische Hühnersuppe passen chinesische Eiernudeln und nach
Belieben auch ein guter Schuss Kokosmilch.

Rindfleischsuppe mit Gemüse

FÜR 3 GLÄSER À 700 ML INHALT (FÜR JE 2 POR-TIONEN)

750 g nicht zu fettes Suppenfleisch mit Knochen
2 Markknochen
3 Lorbeerblätter · Salz
1 mittelgroße Zwiebel
2 Möhren
1/2 kleine Sellerieknolle
1 Petersilienwurzel
1 dicke Stange Lauch
1/2 Bund glatte Petersilie
Pfeffer aus der Mühle
geriebene Muskatnuss

für eine schnelle Mahlzeit
1 1/2 Std. + 2 1/2 Std. Kochen
+ ggf. 50 Min. Einkochen

◯ an einem kühlen Platz 2–3 Monate haltbar

1. Fleisch und Knochen kalt abspülen und in einen großen Topf legen. Lorbeerblätter und 1 TL Salz zufügen. 3 l kaltes Wasser daraufgießen, sodass alles gut bedeckt ist.

2. Zwiebel halbieren, Schnittflächen in einer beschichteten Pfanne bei starker Hitze bräunen. Zwiebeln in den Topf geben, bei Mittelhitze langsam aufkochen. Den Schaum mit dem Schaumlöffel abnehmen.

3. Das Gemüse vorbereiten wie links in Step 4 beschrieben, in die Suppe geben. Die Petersilie waschen, Blätter grob hacken, zufügen. Alles 2 1/2 Std. sanft kochen lassen.

4. Fleisch und Markknochen aus der Suppe heben. Das Fleisch von Knochen, Haut und Knorpeln lösen, in mundgerechte Stücke schneiden. Suppe mit Salz, Pfeffer, Muskat abschmecken, das Fleisch zugeben. Alles kräftig aufkochen, in sorgfältig gereinigte Gläser füllen, diese verschließen (oder die Gläser einkochen, s. ganz links).

Asiatische Hühnersuppe

FÜR 3 GLÄSER À 1 L INHALT

2 Zwiebeln
50 g Galgantwurzeln
100 g frische Ingwerwurzel
3 Stängel Zitronengras · Salz
1 frisches Hähnchen
2 TL schwarze Pfefferkörner
6 Möhren
3 Lauchstangen
6 Stangen Staudensellerie
3 EL Sojasauce
1 Glas Bambussprossen in Streifen (175 g Inhalt), abgetropft

schön würzig – leicht bekömmlich
45 Min. + 20 Min. Kochen + Einkochen

◯ etwa 6 Monate haltbar

1. Zwiebeln schälen und grob schneiden. Galgant und Ingwer schälen, Galgant in Scheiben, Ingwer in Stücke schneiden. Zitronengras waschen und flach klopfen.

2. In einen Topf das Hähnchen, 2 EL Salz, Pfefferkörner, die vorbereiteten Zutaten und 2 l Wasser geben. Alles aufkochen, zugedeckt 20 Min. kochen. Möhren schälen, Lauch putzen, waschen und beides in Scheiben schneiden. Selleriestangen waschen, putzen und in Streifen schneiden.

3. Hähnchen aus der Suppe nehmen, diese durch ein feines Sieb in einen zweiten Topf gießen. Aufkochen, die Sojasauce zufügen und das Gemüse darin in 5 Min. recht bissfest garen. Bambussprossen untermischen und die Suppe mit Salz abschmecken.

4. Hähnchenfleisch vom Knochen lösen, ohne die Haut in Stücke schneiden, auf die Gläser verteilen, die Suppe mit dem Gemüse darauffüllen. Die Gläser verschließen und wie auf S. 80 ganz links einkochen.

Enten-Rillettes mit Orange

FÜR 1 STEINZEUG-
TOPF MIT
750 L INHALT
(6 PORTIONEN)

2 Entenbrüste mit
ihren Fettschichten
(ca. 700 g)
1 Lorbeerblatt
1 EL Salz
1 EL Zucker
1 Gewürznelke
1 EL fein gehackte
frische
Thymianblättchen
1 Bio-Orange
450 g Schweine-
schmalz ohne Grieben

**ein Klassiker – ein Genuss mit
dunklem Brot**
40 Min. + 48 Std. Durchziehen + 2 Std.
Kochen

gekühlt
etwa 6 Monate haltbar

1. Von den Entenbrustteilen das Fett mit
Schwarte abtrennen, aber aufbewahren.
Das Lorbeerblatt in einer trockenen Pfanne
rösten. Mit Salz, Zucker, Nelke und Thymian im Mörser zerreiben. Fleisch beidseitig damit einreiben und mit dem restlichen Gemisch bestreut in Folie wickeln.
48 Std. im Kühlschrank ruhen lassen.

2. Die Orange heiß abwaschen, die Schale
fein abreiben und den Saft auspressen.
Das Entenfett würfeln und bei milder
Hitze auslassen. Schweineschmalz, Orangenschale und Orangensaft zufügen.
Das Fleisch abtupfen und in Stücke schneiden. Ins heiße Fett geben und bei schwacher Hitze 2 Std. kochen, bis das Fleisch
fast zerfällt, dann herausnehmen.

3. Etwas Schmalz in den Steinzeugtopf
gießen, erstarren lassen. Das Fleisch daraufgeben, mit Schmalz bedecken. Damit
die Rillettes lange haltbar bleiben, darf das
Fleisch nicht die Topfwand berühren, sondern muss rundum von Schmalz umgeben
sein. Nach dem Erstarren daher auch entstandene Risse mit flüssigem Schmalz auffüllen. (im Bild vorne)

Gut zu wissen Für die aus Frankreich
stammende Spezialität kann man auch
eine küchenfertige Ente verwenden. Fett
abschneiden und wie beschrieben schmelzen. Das Fleisch samt Knochen in Stücke
schneiden, marinieren, abtupfen und
in das Entenfett legen. So viel Schweineschmalz zufügen, dass alles gut bedeckt ist.
Bei schwacher Hitze 2 Stunden kochen,
aus dem Fett nehmen. Fleisch von den
Knochen lösen und mit Schmalz in einen
oder zwei Steinzeugtöpfe füllen.

VARIANTE

Statt mit Ente zubereitet schmecken die
Rillettes auch köstlich mit Gans. Das
Fleisch mit den genannten Kräutern und
Gewürzen und zusätzlich 2 TL gerebeltem
Beifuß marinieren. Ganz zum Schluss,
wenn das Fleisch schon gar gekocht ist,
100 g getrocknete Cranberrys mit dazu-
geben und 5 Min. mitkochen.

Gänsekeulen-Confit

FÜR 1 TERRINEN-
FORM MIT
2,5 L INHALT
(8 PORTIONEN)

2 Knoblauchzehen
6 Gänsekeulen
1 EL Meersalz
1/2 TL schwarzer
Pfeffer aus der Mühle
1/2 TL gemahlener
Macis (Muskatblüte)
8–12 kleine
Thymianzweige
1 kg Gänseschmalz
1 kg Schweineschmalz
1 TL schwarze
Pfefferkörner
1/2 TL Wacholder-
beeren
1 Gewürznelke
1 Lorbeerblatt
100 ml trockener,
aromatischer
Weißwein

sehr edel – unkompliziert
1 Std. + 24 Std. Marinieren + 2 Std.
Garen + Zeit zum Abkühlen

gekühlt etwa
6 Monate haltbar

1. Den Knoblauch schälen und fein würfeln. Die Gänsekeulen mit Knoblauch,
1 EL Meersalz, gemahlenem Pfeffer und
Macis einreiben, in Folie wickeln und
24 Std. in den Kühlschrank legen.

2. Am nächsten Tag den Thymian abbrausen, trocken schütteln und die Blättchen von den Stielen streifen. Das Gänse-
und das Schweineschmalz in einem großen
Topf schmelzen, die Gewürze und den
Thymian dazugeben. Die Gänsekeulen
mit Küchenpapier abwischen und in das
Fett geben. Den Wein zugießen und alles
aufkochen.

3. Die Gänsekeulen bei knapper Mittelhitze ca. 2 Std. im heißen Fett garen, dabei
gelegentlich kontrollieren, dass sie nicht
am Topfboden anhaften. Wenn sich das
Fleisch ganz leicht von den Knochen lösen
läßt, sind die Gänsekeulen gar.

4. Die Gänsekeulen aus dem Fett nehmen
und erkalten lassen. Das Schmalz mit den
Gewürzen von dem Fleischsaft, der sich
beim Garen gebildet hat, abschöpfen und
eine Schicht davon in eine große Terrinenform oder in Einmachgläser gießen, erkalten und fest werden lassen.

5. Die Keulen auf die Schmalzschicht
legen und mit erkaltetem, aber noch flüssigem Schmalz bedecken. Das Gefäß verschließen und das Schmalz fest werden lassen. Im Kühlschrank hält sich das Confit,
solange das Fleisch immer mit Schmalz bedeckt ist, bis zu 6 Monate. (im Bild hinten)

Tipp Den aromatischen Fleischsaft zum
Schmoren von deftigen Kohlgerichten oder
Gänseklein verwenden.

Schweine-Rillettes mit Lorbeer

schön deftig – köstlich auf frischem Roggenbrot
50 Min. + 2 Std. Kaltstellen
+ mind. 4 Std. Kochen

 gekühlt etwa
4 Wochen haltbar

FÜR 5 GLÄSER À 300 ML INHALT

1,5 kg Bauchfleisch vom Schwein, ohne
Schwarten und Knochen · Salz
1 EL Fines Herbes (oder Kräuter der Provence)
100 g Flomen (Bauchwandfett vom Schwein)
6 Lorbeerblätter + Lorbeerblätter
zum Garnieren
300–400 g Schweineschmalz zum Abdecken
Gewürznelken, Pfefferkörner und getrocknete
Kräuterzweige zum Garnieren

1. Das Bauchfleisch in 1 x 5 cm große Streifen
schneiden, mit 1 EL Salz und den Kräutern vermischen und zugedeckt 2 Std. kalt stellen.

2. Den Flomen in einem großen, schweren
Topf auslassen und die Fleischstücke darin
portionsweise goldbraun anbraten. Das Fleisch
aus dem Topf nehmen, das Schmalz in eine
Schüssel gießen und aufbewahren. Den Backofen auf 100° vorheizen.

3. Die Fleischstücke mit den Lorbeerblättern
wieder in den Topf geben, mit 300 ml Wasser
zugedeckt bei schwacher Hitze 3 Std. köcheln.
Gelegentlich umrühren, damit nichts ansetzt
und das Fleisch nicht hart wird, nach Bedarf
noch etwas Wasser zugeben. Dann den Deckel
abnehmen und das Fleisch 1 weitere Std. garen,
bis es ganz weich und faserig und die Flüssigkeit verdampft ist.

4. Die Lorbeerblätter aus dem Topf entfernen.
Das Fleisch zum Entfetten leicht ausdrücken,
das Fett dabei auffangen. Fleischstücke mit
zwei Gabeln in kleine Stücke zerpflücken und
in den gereinigten Topf geben. Aufgefangenes
Fett, Flomenfett und Fleischsaft durchseihen
und zum Fleisch geben.

5. Alles 10 Min. bei schwacher Hitze unter
Rühren einkochen lassen, mit Salz abschmecken und in die Gläser füllen. Mit geschmolze-
nem Schmalz versiegeln, Lorbeerblätter und
Gewürze dekorativ obenauf legen.

Gu zu wissen
Fett und Salz sorgen bei Rillettes und Confits dafür, dass sich Fleisch,
Geflügel und Wild über Wochen halten. Wer die Rillettes nicht ganz so
salzig mag, kann das mit Salz und Gewürzen marinierte Fleisch vor dem
Garen im Fett mit Küchenpapier abreiben.

Deftig-kräftige Winterkost
Rillettes und Confits schmecken am besten nach einem ausgiebigen
Spaziergang, wenn man aus der klirrenden Kälte ins Warme kommt.
Auf dunklem, herzhaftem Bauernbrot – leicht aufgetoastet wird es
schön knusprig – wird das einfache Essen zur echten Delikatesse.
Im Südwesten Frankreichs gehören die als Confit eingelegten Gän-
sekeulen neben Schweinefleisch, Speck und Würsten in das traditio-
nelle Cassoulet, einen deftigen Eintopf mit weißen Bohnen.

Schweineschmalz mit Äpfeln

ein Klassiker – köstlich auf
dunklem Brot
1 Std. + ca. 2 Std. Einlegen
+ Zeit zum Abkühlen + 20 Min. Ziehen

FÜR 4 GLÄSER
À 300 ML INHALT

○ gekühlt
etwa 2 Monate haltbar

1 kg Speck ohne
Schwarte
1 kg Flomen
(Bauchwandfett vom
Schwein)
2 Zwiebeln
2 säuerliche Äpfel
4 Wacholderbeeren
1 Lorbeerblatt
1/4 TL getrockneter
Thymian

1. Speck und Flomen in eiskaltes Wasser
einlegen, das Wasser dabei so lange nach
jeweils 30 Min. wechseln, bis es klar ist.
Speck und Flomen trocken tupfen und
in 1 cm kleine Würfel schneiden. In einen
großen Topf mit breitem Boden geben und
auslassen und anbräunen lassen. Wenn das
Fett ausgelassen ist, alles in eine Schüssel
geben und auf 70° abkühlen lassen.

2. Zwiebeln schälen und klein würfeln. Äpfel schälen, entkernen und ebenfalls in kleine Würfel schneiden. Beides in den Topf
geben und das abgekühlte Schmalz darübergießen (zu heißes Schmalz kocht über!).
Alles aufkochen, bis Äpfel und Zwiebeln
goldbraun sind. Dann vom Herd nehmen,
etwas abkühlen lassen und die Gewürze
einrühren. Alles 20 Min. durchziehen lassen, dann in sorgfältig gereinigte Gläser abfüllen. Kühl stellen, bis sich die Oberfläche
kräuselt. Dann ist es fertig.

Gänseschmalz mit Pfeffer

für klirrend kalte Wintertage
1 Std. + Zeit zum Abkühlen

FÜR 3 GLÄSER
À 210 ML INHALT

○ gekühlt
etwa 2 Monate haltbar

500 g Gänseflomen
(Bauchwandfett)
300 g Schweineflomen
3 weiße Zwiebeln
je 2 Zweige Majoran
und Beifuß
2 TL grob geschroteter
schwarzer Pfeffer

1. Gänse- und Schweineflomen säubern,
kalt abbrausen und in kleine Würfel
schneiden. Zwiebeln schälen und in Ringe
schneiden. Kräuter abbrausen, trocken
schütteln und die Blättchen und Blüten-
knospen von den Stielen streifen.

2. Den Flomen in einem schweren Topf
mit breitem Boden auslassen. Zwiebeln zugeben und bei guter Mittelhitze goldbraun
werden lassen. Zwiebelringe mit dem
Schaumlöffel aus dem Schmalz schöpfen
und auf Küchenpapier abtropfen lassen.

3. Majoran, Beifuß und Pfeffer in das heiße
Schmalz geben und kurz darin ziehen lassen. Dann den Topf vom Herd nehmen
und das Schmalz durch ein feines Sieb gießen. Majoran und Beifuß unterrühren.

4. Das Fett in sorgfältig gereinigte Gläser
füllen, Zwiebeln und je 1 Portion geschroteten Pfeffer daraufgeben. Gläser verschließen. Das Schmalz abkühlen lassen und anschließend im Kühlschrank aufbewahren.

Terrine mit Schweinefleisch

ein Klassiker aus Frankreich – braucht etwas Muße
1 Std. + 2 Std. Anfrieren + ca. 80 Min. Garen + Zeit zum Abkühlen + 1 Tag Durchziehen

 gekühlt etwa
1 Woche haltbar

FÜR 8 PORTIONEN

1 weiße Zwiebel
2 Knoblauchzehen
20 g Butter
250 g grüner Speck, in dünnen Scheiben
500 g durchwachsenes Schweinefleisch
250 g Kalbfleisch
250 g Hähnchenlebern
250 g gekochter Schinken in 2 dicken
Scheiben · 2 Eier
2 TL eingelegter grüner Pfeffer
2 EL Cognac
1/4 TL gemahlener Piment
gemahlene Nelken
gemahlene Muskatnuss
1 TL abgeriebene Bio-Zitronenschale
Salz · schwarzer Pfeffer aus der Mühle
1 Lorbeerblatt, 2 Thymianzweige und
1 TL rosa Pfeffer zum Garnieren

Außerdem:
Terrinenform (22 cm lang)

1. Zwiebel und Knoblauch schälen und jeweils sehr fein würfeln. Die Butter in einem Pfännchen erhitzen und die Zwiebelwürfel darin glasig dünsten. Knoblauch zugeben und ebenfalls glasig werden lassen, vom Herd nehmen. Die Terrinenform großzügig über den Rand hinaushängend mit drei Viertel der Speckscheiben auslegen (Bild 1).

2. Das Fleisch von Sehnen und Flachsen befreien und in 2 cm große Würfel schneiden, 2 Std. zum Anfrieren ins Gefrierfach geben. Anschließend die Zwiebelmischung dazugeben und alles zweimal durch die feine Scheibe des Fleischwolfs drehen. Dann in eine Schüssel geben. Den Schinken in Würfel schneiden und beiseitestellen. Die Eier verquirlen. Den grünen Pfeffer abtropfen lassen.

3. Eier, Cognac, Piment, je 1 Prise Nelken und Muskatnuss, die Zitronenschale und je 2 TL Salz und Pfeffer zum Fleisch in die Schüssel geben und ca. 5 Min. gründlich durcharbeiten. Zum Schluss den grünen Pfeffer daruntermengen. Die Farce herzhaft abschmecken. Den Backofen auf 180° vorheizen.

4. Ein Drittel der Fleischmasse in die Terrinenform füllen und die Hälfte der Schinkenwürfel darauf verteilen. Wieder ein Drittel Fleischmasse einfüllen, mit den restlichen Schinkenwürfeln belegen und die übrige Fleischmasse obenauf verstreichen (Bild 2). Den Speck darüberschlagen und mit dem übrigen Speck belegen. Zum Schluss den Thymianzweig, das Lorbeerblatt und die roten Pfefferkörner dekorativ obenauf legen.

5. Die Terrine mit einem Deckel oder Alufolie schließen. In die Fettpfanne des Backofens ca. 4 cm hoch kochend heißes Wasser einfüllen, die Terrinenform hineinsetzen. Die Terrine im heißen Ofen 70–80 Min. garen, bis der an den Rändern hochköchelnde Saft klar geworden ist.

6. Dann aus dem Ofen nehmen, den Deckel abheben und die Terrine lauwarm abkühlen lassen. Damit die Terrine schön kompakt wird, mit einem passenden Brettchen und einem 500-g-Gewicht beschweren (Bild 3). Im Kühlschrank mindestens 1 Tag durchziehen lassen. Zum Servieren vorsichtig aus der Form nehmen und in Scheiben schneiden.

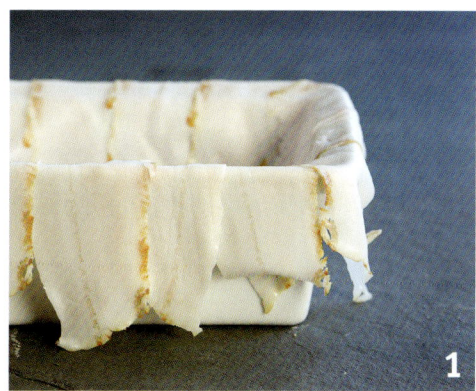

Geflügelterrine mit Backobst und Walnüssen

eine edle Vorspeise – braucht etwas Zeit
1 Std. + 3 Std. Marinieren + 70 Min. Garen + Zeit zum Abkühlen + 1 Tag Durchziehen

○ gekühlt etwa
1 Woche haltbar

FÜR 8 PORTIONEN

1 ungegartes Brat-
hähnchen (1,2 kg)
Salz · je 2 Msp. ge-
mahlener weißer Pfef-
fer, Macis und Piment
1 TL getr. Thymian
1/2 TL getr.,
gehackter Rosmarin
80 ml trockener
Marsala-Wein
je 80 g ungeschwefelte
Dörrpflaumen
und getr. Aprikosen

200 g frischer, durch-
wachsener Speck
50 g altbackenes
Weißbrot
2 Eier
100 g Walnusskerne
200 g Bacon in
dünnen Scheiben
1 Lorbeerblatt
1 Thymianzweig

Außerdem:
Terrinenform (22 cm)

1. Das Hähnchen außen und innen kalt abspülen und abtrocknen. Haut und Fett entfernen, das Fleisch von den Keulen und der Brust auslösen. Leber und Herz dazugeben. Die übrigen Teile des Hähnchens anderweitig, etwa für eine Suppe, verwenden.

2. Das Fleisch in 3 cm große Würfel schneiden, in eine Schüssel geben, 1 TL Salz, Gewürze und Kräuter zugeben. Mit 40 ml Marsala begießen, alles gut untermischen. Alles in einen Gefrierbeutel geben und 3 Std. ins Gefrierfach legen. Die Trockenfrüchte in 2 cm große Stücke schneiden, in eine Schüssel geben, 30 ml Marsala darübergießen und die Früchte durchziehen lassen.

3. Den durchwachsenen Speck würfeln, mit dem Hähnchenfleisch durch die feine Scheibe des Fleischwolfs drehen und in eine Schüssel geben. Zum Schluss das Brot durch den Fleischwolf drehen. Nacheinander die Eier und den übrigen Marsala zur Fleischmasse geben und untermischen, bis eine homogene Masse entsteht. Mit Salz ab-

schmecken. Walnüsse grob hacken und mit dem Trockenobst untermengen. Backofen auf 180° vorheizen.

4. Die Terrinenform mit zwei Drittel der Baconscheiben auslegen, an den Rändern überhängen lassen. Die Hackfleischmasse einfüllen und glatt streichen. Den überhängenden Bacon darüberlegen, mit den übrigen Baconscheiben abdecken. In die Mitte ein Loch einschneiden, Lorbeerblatt und Thymianzweig auf den Bacon legen.

5. Die Terrine mit einem Deckel oder Alufolie schließen. In die Fettpfanne des Backofens ca. 4 cm hoch kochend heißes Wasser einfüllen, die Terrinenform hineinsetzen. Die Terrine im heißen Ofen 70 Min. garen, bis der an den Rändern hochköchelnde Saft klar geworden ist. Dann aus dem Ofen nehmen, den Deckel abheben und die Terrine abkühlen lassen. Zum Durchziehen 1 Tag in den Kühlschrank stellen. Dann aus der Form stürzen und in Scheiben schneiden.

Ententerrine mit Äpfeln

für Geübte – eine Delikatesse
1 Std. + 3 Std. Marinieren + 70 Min. Garen + Zeit zum Abkühlen + 1 Tag Durchziehen

gekühlt etwa
1 Woche haltbar

FÜR 8 PORTIONEN

2 Entenbrustfilets
(700 g)
250 g Schweinebauch
ohne Schwarte
2 Schalotten
1 säuerlicher Apfel
2 EL Sahne
4 EL Calvados
1 TL gemahlener
Ingwer
1 1/2 TL gemahlener
Koriander
1/2 TL gemahlener
Macis · Salz
schwarzer Pfeffer
aus der Mühle
200 g grüner Speck in
dünnen Scheiben
2 Eier

Außerdem:

Terrinenform
(22 cm lang)

1. Die Haut von der Entenbrust abziehen, evtl. anderweitig verwenden. Das Enten- und das Schweinefleisch in kleine Würfel schneiden. Ein Drittel des Entenfleischs beiseitestellen. Das restliche Fleisch im Gefrierfach 2–3 Std. anfrieren lassen.

2. Die Schalotten schälen und fein würfeln. Den Apfel vierteln, schälen und drei Viertel in kleine Würfel, das restliche Viertel in Spalten schneiden. Das angefrorene Fleisch zweimal durch die feine Scheibe des Fleischwolfs drehen. Sahne, Calvados, Schalotten und Apfelwürfel dazugeben und unterrühren. Mit den Gewürzen, Salz und Pfeffer herzhaft abschmecken.

3. Backofen auf 180° vorheizen. Die Terrinenform mit drei Viertel der Speckstreifen so auslegen, dass die Streifen über den Rand hinaushängen. Die Eier verquirlen und unter den Fleischteig mischen. Alles in die Terrinenform geben und den Speck darüberschlagen. Mit Apfelspalten belegen. Restliche Speckscheiben obenauf legen.

4. Die Terrine mit einem Deckel oder Alufolie schließen. In die Fettpfanne des Backofens ca. 4 cm hoch kochend heißes Wasser einfüllen, die Terrinenform hineinsetzen. Die Terrine im heißen Ofen 70 Min. garen, bis der an den Rändern hochköchelnde Saft klar geworden ist.

5. Dann aus dem Ofen nehmen, den Deckel abheben und die Terrine abkühlen lassen. Zum Durchziehen 1 Tag in den Kühlschrank stellen. Dann vorsichtig aus der Form nehmen und in Scheiben schneiden.

Feine Kalbsleberpastete

600 g Kalbsleber
400 g Kalbfleisch
200 g fetter Speck
2 trockene Brötchen
10 g getrocknete
Steinpilze
1 mittelgroße Zwiebel
1 Bund glatte
Petersilie
100 g Sahne
2 Eier · Salz
Pfeffer aus der Mühle
je 1 gute Msp. Piment
und Muskatnuss
2 TL getrockneter
Thymian
2 TL Sonnenblumenöl
1–2 TL Pfefferkörner
und 2 frische
Thymianzweige zum
Garnieren

selbst gemacht am besten –
raffiniert
1 Std. + 1 1/2 Std. Garen +
2 Std. Anfrieren

○ ungeöffnet etwa 6 Monate haltbar,
angebrochen gekühlt etwa 1 Woche

1. Leber, Fleisch und 200 g Speck grob
würfeln, dabei Häutchen und Sehnen sorgfältig entfernen. Alles 2 Std. im Tiefkühlfach frosten. Brötchen und Pilze getrennt
einweichen. Die Brötchen gut ausdrücken
und in eine Schüssel geben. Die Zwiebel
schälen und klein würfeln. Die Petersilie
waschen und trocken schütteln, die Blättchen abzupfen und hacken.

2. Zwiebelwürfel, Petersilie und die ge-
frosteten Zutaten mit den Brötchen vermischen und zweimal durch die feine
Scheibe des Fleischwolfes drehen. Die
Sahne unterrühren. Die Pilze abtropfen
lassen und fein hacken. Die Eier verquirlen
und mit den Pilzen unter die Masse ziehen.
Mit Salz, Pfeffer, Piment, Muskat und den
Kräutern herzhaft abschmecken.

3. Die sorgfältig gereinigten Gläser mit
Öl auspinseln und mit der Pastetenmasse
bis 1 cm unter den Rand füllen. Die Oberfläche mit Pfefferkörnern und Thymian
garnieren. Die Gläser verschließen.

4. Die Fettpfanne des Backofens mit zwei
Lagen Küchenpapier belegen und die
Gläser daraufstellen. Das Blech bis unter
den Rand mit warmem Wasser füllen und
in die Backofenmitte stellen. Den Ofen
auf 160° schalten und die Pastete 1 1/2 Std.
garen und einkochen (s. S. 66). Die Gläser
dann aus dem Ofen nehmen und erkalten
lassen. (im Bild hinten)

Fein anrichten Das Glas mit der Leber-
pastete vor dem Öffnen ganz kurz in heißes
Wasser tauchen, den Deckel öffnen, dann
lässt sie sich leicht stürzen. Für eine Brotzeit auf Salatblättern anrichten oder als
Vorspeise in Scheiben schneiden, auf Peter-
silienblätter legen und dazu 2–3 Pflaumen
in Rotwein (Rezept S. 149) servieren.

Tipp Zum Verschenken ein Pasteten-
oder Wurstglas mit einem hübschen Etikett
versehen in Zellophan einpacken und mit
einem Kräutersträußchen garnieren.

Bauernleberwurst

500 g Schweineleber
(oder geschmacks-
mildere Kalbsleber)
250 g frischer
Bauchspeck
500 g nicht zu
mageres
Schweinefleisch
3–4 Knoblauchzehen
Salz · 2 Zwiebeln
1/4 TL gemahlener
Piment
1 TL schwarzer Pfeffer
aus der Mühle
geriebene
Muskatnuss
je 2 TL getrockneter
Majoran und Thymian
2 TL Sonnenblumenöl

herzhaft – lohnt sich
1 Std. + 1 1/2 Std. Garen

○ ungeöffnet etwa 6 Monate haltbar,
angebrochen gekühlt etwa 1 Woche

1. Leber von Häutchen, Sehnen und Röhren befreien. Leber, Speck und Schweinefleisch in Würfel schneiden. Knoblauch
und Zwiebeln schälen und würfeln. Alles
vermischen und zweimal durch den Fleischwolf drehen. Je nachdem, wie grob oder
fein die Wurst sein soll, durch die entsprechende Scheibe.

2. Die Wurstmasse kräftig mit Salz, Piment,
Pfeffer, 1 guten Prise Muskat, Majoran und
Thymian abschmecken. Die sterilisierten
Gläser mit Öl auspinseln.

3. Die Wurstmasse in die Gläser füllen
und mit den Deckeln verschließen. Die
Fettpfanne des Backofens mit einer dop-
pelten Lage Küchenpapier auslegen und
die Gläser so daraufstellen, dass sie sich
nicht berühren.

4. Die Fettpfanne bis unter den Rand mit
warmem Wasser füllen und in die Backofenmitte schieben. Den Ofen auf 160°
einschalten und die Leberwurst 1 1/2 Std.
garen. Die Gläser sofort aus dem Ofen
nehmen und erkalten lassen. Dann an einem kühlen Platz aufbewahren. (im Bild)

Das schmeckt gut dazu Die herzhafte
Wurst auf Bauernbrot oder auf Knäckebrot
genießen, mit Radieschenscheiben belegen.
Zum Picknick oder zu einer Wanderung
das Glas in den Rucksack packen und saure
Gürkchen oder frische Gurkenscheiben in
einer Dose dazu mitnehmen.

Gut zu wissen
Wichtig bei der Vorbereitung der Zutaten
ist es, von Leber, Fleisch und Speck auch
die feinen Sehnen, Häutchen oder Röhren
sorgfältig herauszuschneiden, damit sie
beim Durchdrehen durch den Fleischwolf
nicht in der Lochscheibe hängen bleiben
und diese verstopfen.
Wer keinen Fleischwolf besitzt, kann zur
Not die Zutaten in einem Blitzhacker in
Portionen und mit Intervallschaltung zerkleinern.
Zum Abschmecken der Pasteten- oder
Wurstmasse in einem kleinen Topf Wasser
mit 1/2 TL Salz aufkochen, aus jeweils
1 TL Masse 2–3 kleine Klößchen formen
und im Wasser 2–3 Min. garen und evtl.
nachwürzen.

Fränkische Bratwurst

ein Klassiker
40 Min. + 30 Min. Gefrieren + 1 Tag Durchziehen

gekühlt 1–2 Tage
haltbar

FÜR 1 KG BRATWURST
ca. 4 m Schweinesaitlinge von 1 1/2 cm Ø
1 kg Schweinefleisch aus Schulter, Hals oder
Bauch (600 g mageres,
400 g durchwachsenes Fleisch)
1 Zwiebel · Salz
schwarzer Pfeffer
1 TL getrockneter Majoran
geriebene Muskatnuss

Außerdem:
Wursteinfüller (s. Tipp)
Küchengarn

1. Die Saitlinge bis zur Verwendung in kaltem Wasser einlegen. Sehnen und Flachsen vom Fleisch entfernen. Das Fleisch in 3 cm große Stücke schneiden, in eine Schüssel geben und 30 Min. ins Gefrierfach stellen. Die Zwiebel schälen und würfeln.

2. 1 EL Salz, 1 TL schwarzer Pfeffer, den Majoran, 1 gute Prise geriebene Muskatnuss und die Zwiebelwürfel zum Fleisch geben und alles gut vermischen. Die Fleischmischung zweimal durch die feine Scheibe des Fleischwolfs drehen, dann in die Schüssel zurückgeben und alles gut durchkneten. Mit Salz, Pfeffer, Majoran und Muskatnuss herzhaft abschmecken.

3. Den Darm vor dem Füllen über einen Wasserhahn ziehen und reichlich Wasser durchlaufen lassen (Bild 1). Den Darm anschließend über den Stutzen des Wursteinfüllers ziehen, das Darmende mit Küchengarn zubinden oder verknoten.

4. Die vorbereitete Wurstmasse nun vorsichtig in den Darm drücken (Bild 2) und die Würste alle 10 cm abdrehen – immer abwechselnd einmal links-, einmal rechtsherum drehen und verknoten (Bild 3). Die Würste nicht zu prall füllen, sonst platzen sie beim Braten. Luftblasen mit einer Nadel aufstechen. Die Würste vor dem Braten am besten 1 Tag im Kühlschrank durchziehen lassen, dann auseinanderschneiden und auf dem Grill oder in der Pfanne braten.

Info Wursteinfüller gibt es einzeln oder auch als Aufsatz für den Fleischwolf im Fachhandel zu kaufen.

VARIANTE

Marokkanische Bratwurst Merguez

500 g durchwachsenes Lammfleisch und 500 g durchwachsenes Rindfleisch wie beschrieben vorbereiten, mit 6 Knoblauchzehen, 1 Zwiebel, 1/2 TL Chiliflocken, 1–2 TL Harissa, 2 TL mildem Paprikapulver, 1 TL gemahlenem Kreuzkümmel, je 1/2 TL gemahlenem Zimt und Koriander, 1 TL frisch gemahlenem schwarzen Pfeffer, 2 EL Weißweinessig und 1 EL Salz mischen, kalt stellen, zweimal durch den Fleischwolf drehen und in gewässerte Schafssaitlinge füllen.

Lachsterrine mit grünen Erbsen

als Vorspeise für ein leichtes Menü – für Geübte
40 Min. + 1 Std. Marinieren + 50 Min. Garen + Zeit zum Abkühlen + 1 Tag Durchziehen

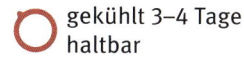 gekühlt 3–4 Tage haltbar

FÜR 8 PORTIONEN

1 Bio-Zitrone
600 g Lachsfilet
Salz · schwarzer
Pfeffer aus der Mühle
2 EL trockener Wermut
250 g geräucherter
Lachs in dünnen
Scheiben · 2 Eier
200 g Crème fraîche
100 g Sahne
100 g TK-Erbsen
Dill und Minzeblätt-
chen zum Garnieren
Butter für die Form

Außerdem:

Terrinenform
(22 cm Länge)

1. Die Zitrone heiß waschen, die Hälfte der Schale dünn abreiben und den Saft auspressen. Das Lachsfilet in 2 cm große Würfel schneiden, in eine Schüssel geben und mit Salz, Pfeffer, Wermut, Zitronenschale und 2 EL Zitronensaft vermischen. Zugedeckt 1 Std. im Gefrierfach durchziehen lassen.

2. Die Terrinenform dünn mit Butter ausfetten, mit zwei Drittel der Lachsscheiben auslegen und in den Kühlschrank stellen. Das Lachsfleisch im Mixer fein pürieren und in eine Schüssel geben. Die Eier verquirlen, mit der Crème fraîche und der Sahne zum Fisch geben und gut unterrühren. Die Farce durch ein feines Sieb streichen, mit Salz und Pfeffer abschmecken.

3. Die Erbsen unter die Farce mischen und alles in die vorbereitete Form füllen. Mit den restlichen Lachs-scheiben bedecken. Die Form zugedeckt in ein kochend heißes Wasserbad stellen, in den Ofen schieben und den Ofen auf 180° einschalten. Die Terrine 50 Min. ga-ren, aus dem Ofen nehmen und abkühlen lassen. 1 Tag im Kühlschrank durchziehen lassen. Dann vorsichtig aus der Form stürzen, in Scheiben schneiden und mit Dill- und Minzeblättchen garniert servieren. (im Bild)

VARIANTE

So wird's zur edlen Vorspeise: Leichte Fischterrinen wie diese Lachsterrine machen sich hervorragend als edle Vorspeisen. Dafür einige Salatblätter – Friséesalat, Radicchio, Lollo rosso beispielsweise – auf einer Seite der Servierteller anrichten und jeweils ein oder zwei Scheiben der Terrine halb darauflegen. Kräuter wie z. B. Petersilie oder Estragon fein hacken, mit etwas Öl ver-rühren und diese Mischung sparsam rund um die Ter-rinenscheiben träufeln. Alles mit einigen halbierten Cocktailtomaten, mit Zitronenscheiben und/oder mit bunten Paprikastreifen ausgarnieren. Sehr dekorativ machen sich auch hart gekochte, halbierte Wachteleier als kontrastierende Farbtupfer. Dazu frisch getoastete Baguettescheibchen und eisgekühlte Butter servieren.

Forellenterrine mit Kräutern und Wirsing

sehr edel – etwas aufwendig
1 Std. + 1 Std. Marinieren + 50 Min. Garen + Zeit zum Abkühlen + 1 Tag Durchziehen

gekühlt 3–4 Tage haltbar

FÜR 8 PORTIONEN

12 schöne Wirsing-
blätter · Salz
250 g Lachsfilet
2 EL Zitronensaft
3 EL trockener
Weißwein
schwarzer Pfeffer
aus der Mühle
500 g geräucherte
Forellenfilets
1 Bund glatte
Petersilie
1 Handvoll Kerbel
1/2 Bund Dill · 2 Eier
300 g Crème fraîche
Butter für die Form

Außerdem:

Terrinenform
(22 cm Länge)

1. Die Wirsingblätter 3 Min. in kochendem, leicht ge-salzenem Wasser blanchieren, in Eiswasser tauchen und gründlich abtropfen lassen. Eine Terrinenform mit But-ter ausfetten, so mit den Wirsingblättern auskleiden, dass sie großzügig über den Rand hinaushängen, und die Form kalt stellen.

2. Das Lachsfilet in 1 cm große Würfel schneiden, in eine Schüssel geben und mit Zitronensaft, Weißwein, Salz und Pfeffer vermischen. Den Fisch abdecken und 1 Std. im Kühlschrank marinieren.

3. Die Forellenfilets von evtl. noch vorhandenen Gräten befreien und in Stücke schneiden. Im Blitzhacker zu einer feinen Farce zerkleinern. Die Farce durch ein feines Sieb streichen und in eine Schüssel geben.

4. Die Kräuter abbrausen und trocken schütteln, die Blättchen abzupfen und fein hacken. Die Eier verquirlen und mit den Kräutern, der Crème fraîche, Salz und Pfef-fer verrühren. Zum Schluss die Lachswürfel vorsichtig unter die Masse ziehen.

5. Die Fischfarce in die vorbereitete Form füllen und die Wirsingblätter darüberschlagen. Die Form verschließen und in ein kochend heißes Wasserbad stellen. Den Back-ofen auf 180° einschalten, die Form samt Wasserbad in Ofenmitte stellen und die Terrine 50 Min. garen.

6. Die Terrine aus dem Ofen nehmen, abkühlen lassen und 1 Tag im Kühlschrank durchziehen lassen. Zum Servieren die Terrine vorsichtig aus der Form stürzen, in Scheiben schneiden und anrichten.

Graved Lachs

eine Delikatesse – einfach
45 Min. + mind. 2 Tage Durchziehen

gekühlt 2–3 Tage
haltbar

**FÜR
6–8 PORTIONEN**

1 kg Lachsfilet mit
Haut aus dem
Mittelstück
1 EL weiße
Pfefferkörner
1 EL grobkörniges
Meersalz
1/2 EL Zucker
2 Bund frischer Dill

1. Das Lachsfilet beidseitig mit kaltem Wasser abspülen und mit Küchenpapier sorgfältig trocken tupfen. Gräten mit einer Pinzette herausziehen. Das Filet halbieren.

2. Die Pfefferkörner im Mörser grob zerstoßen, mit Salz und Zucker vermischen. Eine Filethälfte mit der Hautseite nach unten in eine Glas- oder Porzellanform legen. Mit der Salzmischung bestreuen.

3. Den Dill waschen, trocken schütteln und mit Küchenpapier trocken tupfen. Den Dill auf der Fischhälfte verteilen. Die zweite Fischhälfte darauflegen, mit der Hautseite nach oben. Mit Folie abdecken und ein Holzbrett darauflegen. Mit Gewichten, z. B. Konservendosen, beschweren.

4. Den Lachs für 2–3 Tage in den Kühlschrank stellen. Dabei das Fischpaket mehrmals umdrehen und mit der sich bildenden Flüssigkeit bestreichen. Danach immer wieder gut abdecken und wie beschrieben beschweren.

5. Vor dem Servieren Dill und Gewürze abstreifen. Die Filets trocken tupfen. Das Lachsfleisch von der Haut schräg zur Faser in dünne Scheiben schneiden und anrichten.

Serviertipps Die Lachsscheiben mit Zitronenscheiben und frischem Dill garnieren. Mit frischem Baguette servieren oder auf Kanapees mit Gurkenwürfelchen. Graved Lachs mit Pellkartoffeln, geschwenkt in geschmolzener Butter und gehacktem Dill, ist ebenfalls eine Delikatesse.

Extra-Schmankerl Wie in Schweden oder Finnland kurz vor dem Servieren eine kalte Senfsauce zu Graved Lachs vorbereiten. Dafür 3 EL scharfen Senf und 2 EL Zucker mit 4 EL Weinweinessig gründlich verrühren, damit sich der Zucker auflösen kann. 200 ml Olivenöl langsam unter Rühren zugießen, sodass eine homogene Sauce entsteht. Zum Schluss viel gehackten Dill unterrühren.

Gebeizter Saibling mit Gewürzen

fein für Gäste – edel
45 Min. + mind. 12 Std. Durchziehen

◯ gekühlt
1–2 Tage haltbar

FÜR 4 PORTIONEN

4 Saiblingsfilets
mit Haut (à 150 g)
2 Bund Dill
1/2 Bund glatte
Petersilie
1 TL weiße
Pfefferkörner
je 1/4 TL Koriander-
samen und gelbe
Senfkörner
2 Wacholderbeeren
30 g grobes Meersalz
20 g Zucker
1 EL weißer
Balsamico-Essig
5 EL Olivenöl
1 kleine Bio-Orange

1. Die Saiblingsfilets mit kaltem Wasser abspülen und auf Küchenpapier gründlich trocken tupfen. Gräten mit einer Pinzette herausziehen. Dill und Petersilie waschen und trocken schütteln, die Blättchen abzupfen und fein hacken. Die Gewürze im Mörser grob zerstoßen und mit Salz und Zucker unter die Kräuter mischen. Essig und Öl unterrühren und zu einer Paste vermischen.

2. 2 Saiblingsfilets mit der Hautseite nach unten in eine flache Form legen. Mit der Hälfte der Gewürzmischung bestreichen und leicht einreiben. Orange waschen, abtrocknen und in dünne Scheiben schneiden, Stiel- und Blütenansatz und Kerne dabei entfernen. Die Orangenscheiben auf die gewürzten Filets legen.

3. Die beiden anderen Filets auf den Fleischseiten mit der restlichen Paste bestreichen und auf die Orangenscheiben legen, mit der Hautseite nach oben. Mit Klarsichtfolie abdecken und mit einem entsprechend großen Brett beschweren, evtl. zusätzlich mit einem Teller. Mindestens 12 Std. ziehen lassen, etwas länger, wenn man es stärker gewürzt mag.

4. Vor dem Servieren die Orangenscheiben entfernen, die Gewürzmischung vorsichtig abstreifen und die Filets von der Schwanzseite her schräg in dünnen Scheiben von der Haut herunterschneiden und anrichten.

VARIANTE

Gebeizte Forellen

2 küchenfertige Forellen (je 400 g) vom Fischhändler filetieren lassen, die Filets nicht häuten lassen. Mit den Hautseiten nach unten auf eine Platte legen. 2 TL grobes Meersalz, 1/4 TL Zucker, je 1 TL zerdrückte weiße Pfefferkörner und 2 Pimentkörner, 1 Handvoll grob gehackten Kerbel oder 6–7 Borretschblätter und 3 Stängel grob gehackten Dill vermischen. Die Fleischseiten der Filets damit einreiben oder belegen, zusammenklappen, in eine Form legen und mit Frischhaltefolie bedecken. Mit einem Brettchen beschweren und im Kühlschrank mindestens 12 Std. beizen, zwischendurch umdrehen, sodass der Fisch gut durchziehen kann. Wie beim Saibling beschrieben vorbereiten und servieren.

Heiß geräucherte Makrele

ein Klassiker
30 Min. + 2 Std. Einlegen + ca. 25 Min. Räuchern  frisch am besten

FÜR 2 MAKRELEN,
4 PORTIONEN
2 EL Meersalz
1 küchenfertige
Makrele (400–500 g)
5 Pfefferkörner
3 dünne Bio-
Zitronenscheiben
neutrales Öl für den
Rost
Außerdem:
Räuchergerät

1. 2–3 l kaltes Wasser in eine Schüssel füllen. Das Salz darin auflösen. Die Makrele innen und außen kalt abspülen und 2 Std. in das Salzwasser legen. Dann mit Küchenpapier außen und innen abtrocknen.

2. Die Pfefferkörner im Mörser zerstoßen und die Makrele damit innen einreiben. Die Zitronenscheiben nebeneinander in den Fischbauch legen. Den Rost des Räuchergerätes mit Öl einpinseln, damit der Fisch später nicht daran klebt. Den Fisch auflegen.

3. Das Räuchergerät nach Gebrauchsanweisung vorbereiten und anheizen. Den Rost mit dem Fisch in das Gerät legen, schließen und den Fisch 20–25 Min. räuchern, bis sich kein Rauch mehr zeigt bzw. die Spiritusflamme erloschen ist.

4. Das Gerät öffnen und den Fisch vorsichtig auf eine Platte legen. Mit einem Messer oder der Seite einer Gabel entlang der Rückengräte fahren und einschneiden. Die Filets auf beiden Seiten von den Gräten abheben. Den Fisch noch warm genießen. (im Bild)

Das schmeckt dazu Warmer Kartoffelsalat oder geröstetes Brot mit Meerrettich aus dem Glas.

VARIANTE

Geräucherte Forelle

1 küchenfertige Forelle innen und außen kalt abspülen und 2 Std. in gesalzenes Wasser legen. Innen und außen abtrocknen und in den Fischbauch 1 Stängel Rosmarin oder Thymian oder beides legen. Den Fisch wie bei der Makrele beschrieben auf den eingeölten Rost legen, 20–25 Min. räuchern und warm essen.

Geräucherte Sardinen

aromatisch – preiswert
40 Min. + 1 Std. Einlegen + 15 Min. Räuchern  frisch verzehren

FÜR 8 SARDINEN,
4 PORTIONEN
8 frische große oder
16 kleine Sardinen
1 EL Meersalz
2 EL Zitronensaft
Pfeffer aus der Mühle
8 kleine Zweige
Oregano oder
Zitronenthymian
Öl für den Rost
Außerdem:
Holzspießchen
Räuchergerät

1. Die Sardinen schuppen, kalt abspülen und an den Bäuchen aufschneiden. Die Köpfe abschneiden und die anhängenden Innereien soweit wie möglich entfernen. Die Sardinen mit kaltem Wasser ausspülen und restliche Innereien entfernen. Die Mittelgräten mit Hilfe eines Küchenmesserchens vorsichtig herauslösen, dabei die Fische nicht in zwei Teile teilen. Das Salz in Wasser auflösen und die Fische für 1 Std. hineinlegen, dann innen und außen abtrocknen.

2. Die Fische auseinanderklappen, mit Zitronensaft beträufeln und mit Pfeffer bestreuen. In jeden Fisch 1/2–1 Kräuterzweiglein legen, zusammenklappen und an den Bauchlappen mit Holzspießchenn feststecken. Den Rost leicht einölen und die Fische darauflegen.

3. Das Räuchergerät vorbereiten und anheizen. Die Fische hineinstellen und 15 Min. räuchern. Den Rost herausnehmen. Am besten schmecken die würzigen kleinen Fische warm aus der Hand.

Tipp Wem das Auslösen der Mittelgräten zu schwierig erscheint, der verarbeitet die Fische mitsamt den Gräten und würzt und füllt sie so wie beschrieben. Nach dem Räuchern lassen sich die Gräten dann ganz einfach aus den Fischchen entfernen.

Räuchern ganz einfach Das Gerät dafür mit allen notwendigen Zutaten zum Räuchern und vielen wichtigen Tipps gibt es im Anglerfachgeschäft, im Haushaltsfachhandel oder unter einer Bezugsadresse (S. 191). Die Geräte entwickeln zwar kaum mehr Rauch als ein Grill, trotzdem sollte man sie nur im Freien benutzen.

Glasbläserheringe

aus Schweden – gelingt leicht
45 Min. + 12 Std. Wässern + Zeit zum Abkühlen + mind. 2 Tage Marinieren

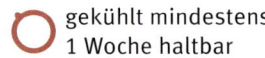 gekühlt mindestens
1 Woche haltbar

FÜR 2 GLÄSER MIT 500 ML INHALT

4 vom Fischhändler ausgenommene Salzheringe	je 1 TL weiße Pfefferkörner, Piment und Koriandersamen
2 rote Zwiebeln	2 TL gelbe Senfkörner
2 kleine Möhren	2 Lorbeerblätter
1 Stück frische Ingwerwurzel (10 g)	250 ml Rotweinessig
1 Stück Meerrettich (20 g)	100 g Zucker · Salz

1. Die Fische abspülen und filetieren. Die Filets 12 Std. in kaltem Wasser wässern, das Wasser ein- oder mehrmals wechseln. Mit Küchenpapier trocken tupfen und in 2–3 cm breite Stücke schneiden.

2. Die Zwiebeln schälen, halbieren und in dünne Streifen schneiden. Die Möhren schälen und in dünne Scheiben schneiden. Ingwer und Meerrettich schälen und klein würfeln. Heringsstücke, Gemüse und die Gewürze abwechselnd in die sorgfältig gereinigten Gläser schichten.

3. Essig mit 300 ml Wasser, Zucker und 1 TL Salz (je nachdem, wie salzig die Heringe sind) aufkochen und erkalten lassen. Über die Zutaten in den Gläsern gießen, sodass die Heringe gerade bedeckt sind.

4. Die Gläser verschließen und die Heringe 2–4 Tage im Kühlschrank durchziehen lassen. Kühl aufbewahrt bleiben sie mindestens 1 Woche haltbar, am besten schmecken sie nach 4–5 Tagen. (im Bild hinten rechts)

Bratheringe mit Gemüse

FÜR 1 RECHTECKIGE FORM MIT 2,5 L INHALT (30 CM LÄNGE)

1 kg küchenfertige grüne Heringe ohne Köpfe (je nach Größe 6–8 Stück)
Salz
Pfeffer aus der Mühle
Mehl zum Wenden
125 ml Sonnenblumen- oder Rapsöl
2 rote Zwiebeln
4 Stängel Staudensellerie mit Blättern
1 Fenchelknolle mit Grün
2 mittelgroße Möhren
2 Lorbeerblätter
1 EL Wacholderbeeren
1 EL gelbe Senfkörner
3 Pimentkörner
375 ml Weißweinessig
1 gehäufter EL Zucker

selbst gemacht am besten – herzhaft
1 Std. + mind. 3 Tage Durchziehen

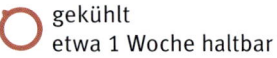 gekühlt
etwa 1 Woche haltbar

1. Die Heringe innen und außen abspülen und trocken tupfen. Mit Salz und Pfeffer einreiben und in Mehl wenden. Überschüssiges Mehl abschütteln.

2. 100 ml Öl in einer großen Pfanne mittelstark erhitzen. Die Fische portionsweise von jeder Seite in 3–5 Min. braun braten. Auf Küchenpapier entfetten und in eine (nichtmetallische) Form legen.

3. Das Gemüse waschen und putzen. Die Zwiebeln in Ringe, den Sellerie in Stücke, den Fenchel in Scheiben und die Möhren in Stifte schneiden. In einer sauberen Pfanne das restliche Öl mittelstark erhitzen und das Gemüse 1–2 Min. dünsten.

4. Lorbeer, Gewürze, Essig, 500 ml Wasser, Zucker und 1 TL Salz dazugeben und offen 2 Min. kochen. Alles über den Fischen verteilen und zugedeckt 3–4 Tage kühl stellen. (im Bild vorne)

Dillheringe im Sherrysud

herzhaft – einfach
45 Min. + Zeit zum Abkühlen. + mind. 2 Tage Durchziehen

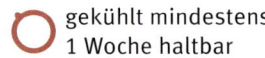 gekühlt
mindestens 1 Woche haltbar

FÜR 2 GLÄSER À 500 ML INHALT

8 Matjesfilets
2 rote Zwiebeln
2 Möhren
1 dickes Bund frischer Dill
150 ml halbtrockener Sherry
150 ml Sherryessig
2 kleine getrocknete Chilischoten
1 TL weiße Pfefferkörner
4 Gewürznelken
1 EL Zucker
1 1/2 TL Salz

1. Die Matjesfilets kalt abspülen und auf Küchenpapier trocken tupfen, dann in 2–3 cm breite Stücke schneiden. Zwiebeln und Möhren schälen, klein würfeln.

2. Den Dill falls nötig kalt abbrausen, trocken schütteln und die kleinen Dillzweige abzupfen. Fisch, Gemüse und Dill abwechselnd in die beiden Gläser füllen.

3. Sherry, Sherryessig, 150 ml Wasser, Chilischoten, Pfefferkörner und Gewürznelken, Zucker und Salz verrühren, einmal kräftig aufkochen und erkalten lassen.

4. Die erkaltete Marinade über die Zutaten in den Gläsern gießen und verschließen. 2–3 Tage im Kühlschrank durchziehen lassen. (im Bild hinten links)

Tipp Die Dillhappen zu Vollkornbrot, auf Kanapees oder zu Bratkartoffeln servieren.

Milchprodukte

Das ist Butter für Feinschmecker: mit Räucherlachs oder feinen frischen Kräutern oder auch mit kräftig-pikantem Blauschimmelkäse. Und so schmeckt Milch für Genießer: veredelt zu Frischkäse und in Kräuteröl eingelegt oder, für alle, die starken Geschmack lieben, in Form von Knoblauch-Feta oder Apfel-Zwiebel-Harzer. Doch halt – beginnen wir am besten mit dem kleinen Einmaleins der Käserei: Wie macht man eigentlich Joghurt, Dickmilch, Quark und Frischkäse selber? Bio-Vollmilch sollte es da schon sein, die verarbeitet wird. Ihr guter Geschmack und ihre hohe Qualität rechtfertigen die Handarbeit in der eigenen Küche. Einfach ausprobieren!

Dickmilch, Quark, Joghurt und Frischkäse

Wie sie entstehen und was man braucht

Dickmilch und Quark – einfach abwarten

Eigentlich ist Dickmilch ein Zufallsprodukt: Lässt man frische Milch vom Bauern einfach 1–2 Tage stehen, hat sie sich in Dickmilch verwandelt. Die natürlicherweise in der Milch enthaltenen Milchsäurebakterien wurden aktiv, die Milch ist sauer geworden. Gleichzeitig wurde ihre Konsistenz dicklich, gerade gut zum Löffeln und – nach Belieben leicht gesüßt – eine gesunde Erfrischung. Ein Schritt weiter, und aus Dickmilch wird Quark: wenn durch ein Tuch die wässrige Molke abgegossen wird und die festen Bestandteile der Dickmilch übrig bleiben.

Joghurt gelingt mit Starter und Wärme

Nichts einfacher, als Joghurt selbst zu machen. Er braucht eine sogenannte Starterkultur aus gekauftem Joghurt – nicht wärmebehandelt und ohne Zusätze – der lebende Mikroorganismen enthält. Diesen Joghurt (mind. 4 EL) rührt man unter 1 l auf 90–100° erhitzte und anschließend auf 50° abgekühlte Milch (keine H-Milch). Die Mischung wird in Gläschen gefüllt und diese für 30 Minuten auf die Mittelschiene des auf 50° vorgeheizten Backofens gestellt. Im ausgeschalteten Ofen reift der Joghurt während mindestens 8 Std. und wird im Kühlschrank aufbewahrt.

Frischkäse braucht Zeit und Geduld

Wie bei Quark, dem Frischkäse in einfachster Form, wird bei der Herstellung von festerem Frischkäse zum Säuern Buttermilch oder Joghurt zugesetzt und zum schnellen Dickwerden eine geringe Menge Lab zugegeben. Nach kurzer Zeit ist die Milch so dick, dass sie geschnitten werden muss, damit sich der feste Teil, die Gallerte, vom flüssigen Teil, der Molke, trennt. Das erfolgt, wenn man die Gallerte in einem mit einem Tuch ausgelegten Sieb abtropfen lässt, am besten mit einem Gewicht beschwert, damit der Frischkäse Festigkeit gewinnt.

Wichtigste Zutat, die richtige Milch

Für die Eigenherstellung von Dickmilch, Quark, Joghurt und Frischkäse ist die Milch das Wichtigste. Sie sollte auf jeden Fall **von hervorragender Qualität** sein, wie pasteurisierte Milch mit **naturbelassenem Fettgehalt,** die es meist im Bioladen gibt; oder **Biovollmilch mit 3,5 % Fettgehalt.** Rohmilch direkt vom Bauernhof muss vorher unbedingt abgekocht werden. H-Milch sollte nicht verwendet werden, weil sich ihr Geschmack durch Ultrahocherhitzung verändert hat und wertvolle Nährstoffe verlorengegangen sind. Unbedingt auch einmal probieren: Aus frischer **Schafs- oder Ziegenmilch** entsteht besonders schmackhafter Frischkäse.

Als **Starterkulturen für Joghurt und Frischkäse** werden löffelfester Joghurt und normale Dickmilch verwendet und mit dem Schneebesen unter die angewärmte Milch gerührt. Sie verleihen dem Frischkäse seine Säure. Für **Lab zum Dicklegen** der Milch finden Sie auf S. 191 Bezugsadressen oder Sie bestellen es in der Apotheke. Auf das Verfallsdatum achten, denn es werden pro Produktionsgang nur sehr geringe Mengen Lab benötigt.

Die wunderbare Verwandlung der Milch

Die meisten **Geräte für die Joghurt- und Frischkäseherstellung** finden sich in jeder Küche: ein Topf zum Erwärmen der Milch, ein Thermometer, ein Schneebesen zum Unterrühren von Joghurt, Dickmilch und/oder Lab, ein großes Messer zum Zerschneiden der Gallerte; ein Sieb und ein Mulltuch zum Abtropfen der Molke. Hilfreich sind professionelle durchlöcherte kleinere Formen, in denen Frischkäse abtropfen kann (Bezugsadressen s. S. 191). Joghurt reift in kleinen Konfitüre- oder ähnlichen Gläsern mit etwa 200 ml Inhalt.

→ **Joghurt und Frischkäse mit besonderem Geschmack** Mit dem selbst hergestellten Joghurt lassen sich Fruchtvariationen mit wirklich natürlichen Aromen herstellen, die auch Kinder begeistern. Für herzhafte Noten sorgen Kräuter, Gewürze oder andere Zutaten, wie bei den weiteren Rezepten in diesem Kapitel.

→ **Beerenjoghurt – süß und fruchtig** Z.B. pürierte frische Erdbeeren oder Himbeeren unter den Joghurt oder Quark heben, dazu 1–2 EL Cornflakes oder Crunchies ohne weitere Zutaten mischen, nach Geschmack 1 TL geraspelte Schokolade, Honig oder gehackte Nüsse daraufgeben. Das schmeckt zum Frühstück oder als Zwischenmahlzeit.

→ **Tzatziki – herzhaft und würzig** Für 3–4 Portionen 500 g Joghurt mit 250 g grob geraspelten und abgetropften jungen Bio-Gärtnergurken (ungeschält oder geschält), 2 zerdrückten Knoblauchzehen, 1 knappen EL Weißweinessig, 2 EL Olivenöl, 1 EL gehackter Minze oder Dill und Salz vermischen. Zu Pellkartoffeln oder Hacksteaks genießen.

→ **Kräuterquark – erfrischend und aromatisch** Dafür etwa 3 EL gehackte frische Kräuter nach Wahl und 3–4 gehackte Radieschen mit etwas Milch, Salz und Pfeffer unter 500 g Quark rühren. Passt gut zu Kartoffeln und schmeckt auch auf Brot.

Gut zu wissen

→ Wichtig beim Arbeiten mit Milch ist die absolute Sauberkeit der Hilfsmittel und Hygiene in der Küche.

→ Ob in flüssiger, Pulver- oder Tablettenform, bei der Zugabe von Lab unbedingt auf die Hinweise des Herstellers achten, da die Produkte verschieden reagieren und in unterschiedlich langer oder kurzer Zeit die Milch dicklegen.

→ Zum Abtropfen der Molke muss für Frischkäse mit 48 Stunden oder länger gerechnet werden, je nach gewünschter Festigkeit des Frischkäses.

→ Joghurt, Dickmilch, Quark und Frischkäse im Kühlschrank und nicht länger als 3–4 Tage aufbewahren, danach haben sie ihren frischen Geschmack verloren.

Aus Milch wird Käse Die dick gewordene Milch im Topf mit einem langen Messer vom Boden bis zur Oberfläche im Abstand von 2–3 cm längs und quer durchschneiden. Nach kurzer Zeit kann man sehen, wie sich die festen Bestandteile der Milch und die wässrige Molke trennen.

Die Molke abtropfen lassen Ein Sieb mit einem Mulltuch auslegen, über eine hohe Schüssel stellen, die dick gelegte Milch mit der Molke einige Stunden darin abtropfen lassen. Dann das Mulltuch zusammenfassen, mit einem Deckel oder flachen Teller und einem Gewicht beschweren oder aufhängen. Statt in einem Sieb kann man die Molke auch in einer durchlöcherten Form, wie sie professionelle Käsemacher verwenden, abtropfen lassen.

Joghurt Grundrezept

fein säuerlich – sehr gesund

30 Min. + Zeit zum Abkühlen + 12 Std. Ruhen

 gekühlt
3–4 Tage haltbar

FÜR 6 GLÄSCHEN À 200 ML INHALT

1 l Bio-Vollmilch (3,5–3,8 % Fett)
200 g löffelfester Joghurt
(3,5 % Fett, z. B. Bulgara-Joghurt)

Außerdem:

(Braten-)Thermometer

1. Die Milch in einen Topf gießen und aufkochen, die Temperatur von 90–100° 5 Min. halten. Dann die Milch bis auf 50° erkalten lassen. Die Temperatur mit einem Bratenthermometer messen.

2. Den Backofen auf 50° erhitzen. Den löffelfesten Starter-Joghurt mit dem Schneebesen unter die warme Milch rühren und in die vorbereiteten Gläser füllen. Den Backofen ausschalten und die Gläser auf den Backofenrost oder auf ein Blech stellen und in die Ofenmitte schieben.

3. Die Tür schließen und die Joghurtmischung über Nacht reifen und fest werden lassen. Am nächsten Tag die Gläschen mit Deckeln schließen und in den Kühlschrank stellen. Der Joghurt ist fertig und kann verzehrt werden.

So geht es auch
Die ländliche und längere Methode

Joghurt kommt ursprünglich aus Mittelasien, wo Nomaden mit ihm eine Methode fanden, um Milch länger haltbar und zu einem gesunden Lebensmittel zu machen. Viele Gerichte werden im mittelasiatischen Raum und in der türkischen Küche mit Joghurt zubereitet. Bei der Joghurt-Herstellung verzichten dort die Hausfrauen meist auf die Backofenhilfe und packen den Topf mit der erwärmten und mit Joghurt geimpften Milch in Decken, die die Wärme halten. Zum Festwerden braucht die Milch dann etwa doppelt so lange, aber der Joghurt gelingt genauso gut und es wird Energie gespart. Im Haushaltsfachhandel gibt es auch elektrische Joghurtbereiter mit passenden Schraubgläsern und Thermostat.

Die richtige Starterkultur

Nicht geeignet als Starterkulturen zum Impfen der Milch für neuen Joghurt sind gerührter Joghurt oder solche mit Verdickungsmitteln, z. B. wie Stärke oder Guarkernmehl. Wer kontinuierlich Joghurt zubereitet, behält ein Gläschen von der letzten Produktion zurück und impft damit die nächste Milch. Das funktioniert etwa fünf Mal. Joghurt, der älter als 4–5 Tage ist, schmeckt säuerlicher, eignet sich jedoch noch als Starter.

Kein Kefir ohne Kefirpilz

Kefir ist einfacher herzustellen als Joghurt, doch ist der dafür notwendige Kerfirpilz schwer zu kommen (s. Bezugsadresse S. 191). Doch bei guter Pflege verwandelt er dauerhaft Milch in das gesunde Getränk. Er vermehrt sich so, dass bald vom nachgewachsenen Pilz etwas abgezweigt und weitergegeben werden kann. Für 1 l Milch reicht 1 Esslöffel bis 1 Handvoll Kefirpilz. Er wird in abgekochter und erkalteter Vollmilch angesetzt, muss alle zwei Tage unter fließendem kaltem Wasser abgespült werden, damit er sich nicht verändert. Auch das Ansatzgefäß immer gründlich reinigen. Kefir lässt sich auch einfrieren, er hält sich bis zu einem halbem Jahr.

Dickmilch

immer willkommen – erfrischend
10 Min. + 20 Std. Säuern

FÜR
1 L DICKMILCH

○ frisch
am besten

1 l pasteurisierte
Vollmilch
100 ml gekaufte
Dickmilch

1. Die Milch in eine Schüssel oder in einen breiten Krug füllen. Die gekaufte Dickmilch mit dem Schneebesen unterrühren und die Milch bei Raumtemperatur ca. 20 Std. stehen und dick werden lassen. Dann kann sie ohne weitere Zutaten gelöffelt oder getrunken oder mit Früchten angereichert werden.

Dickmilch – wie sie entsteht Milch direkt vom Bauern, abgekocht und einfach stehen gelassen, wird – je nach Wetter – von selbst dick. Äußere Einflüsse wie Hitze, Feuchtigkeit und Luftdruck lassen die Milchsäurebakterien in der Milchflora aktiv werden. Mit industrieller, länger haltbar gemachter Milch funktioniert dieser Prozess nicht mehr. Damit diese Milch sauer werden und einen guten Geschmack entwickeln kann, muss ihr gekaufte Dickmilch zugesetzt werden, wie im Rezept beschrieben.

Quark

vielseitig – gesund
10 Min. + 12 Std. Abtropfen

FÜR
CA. 300 G QUARK

○ frisch
am besten

1 l selbst gemachte
Dickmilch
Außerdem:
Mulltuch

1. Das Ausgangsprodukt für Quark ist selbst gemachte Dickmilch, wie im Rezept auf dieser Seite beschrieben. Für die Herstellung von Quark ein Sieb mit einem Mulltuch auslegen, über eine Schüssel stellen und die Dickmilch hineinfüllen.

2. Die Schüssel mit einem Tuch bedecken und kühl stellen. Über Nacht abtropfen lassen, dann leicht ausdrücken. Den so entstandenen Quark in eine Schüssel geben und im Kühlschrank aufbewahren.

Quark aus guter Milch Wer Quark selbst machen möchte, sollte dafür nur Vollmilch oder abgekochte Biomilch vom Bauern verwenden, sonst lohnt sich die Mühe nicht. Quark aus Ziegen- oder Schafsmilch schmeckt besonders.

Frischkäse

mild säuerlich – erfordert Geduld
1 Std. + Zeit zum Abkühlen + mind. 5 Std. Abtropfen

○ gekühlt
3–4 Tage haltbar

FÜR 250 G FRISCHKÄSE
1 l frische Bio-Vollmilch
(auf keinen Fall H-Milch)
100 ml Buttermilch oder Joghurt
1/2 TL flüssiges Lab (aus der Apotheke)
1 TL Meersalz

Außerdem:
(Braten-)Thermometer
Mulltuch

1. Die Milch bei Mittelhitze aufkochen, vom Herd nehmen, bis auf 30–32° abkühlen lassen (Temperatur messen, z. B. mit einem Braten- oder Fieberthermometer). Die Buttermilch mit dem Schneebesen gründlich unterrühren und die Milch 1 Std. zugedeckt bei Raumtemperatur stehen lassen, damit sich die Milchsäurebakterien entwickeln können. Das Lab in 100 ml lauwarmem Wasser verrühren, in die Milch gießen (Bild 1) und mit dem Schneebesen einrühren. Die Milch 30–40 Min. an einem warmem Platz stehen lassen. In dieser Zeit die Milch weder bewegen noch durchrühren.

2. Jetzt hat sich die Milch in eine gallertartige Masse verwandelt, man nennt sie Gallerte. Diese mit einem langen Messer im Abstand von 2–3 cm längs und quer durchschneiden, damit sich die Molke, der flüssige Bestandteil der Milch, vom Bruch, dem festen Teil der Milch trennen kann (Bild 2). Die geschnittene Gallerte 20–30 Min. stehen lassen, dabei nicht durchrühren.

3. Ein großes Sieb mit einem sauberen Mulltuch auslegen und über eine Schüssel setzen. Molke und Bruch im Topf langsam auf 36–38° erhitzen. Abkühlen lassen, vorsichtig in das Mulltuch gießen und während 3–4 Std. den größten Teil der Molke abtropfen lassen.

4. Das Mulltuch an den Rändern zusammenfassen, mit einer Schnur zusammenbinden, das Tuch aufhängen, damit die Molke durch das Eigengewicht weiter abtropfen kann (Bild 3). Oder das Tuch oben zusammenfassen, leicht auspressen, in eine durchlöcherte Form setzen und beschweren, z. B. mit einer großen Konservendose. Es dauert einige Stunden, bis der Frischkäse die gewünschte Festigkeit erreicht hat. Je fester er werden soll, desto länger dauert es. Den Frischkäse in eine Schüssel stürzen und mit Salz würzen.

Es muss nicht immer Kuhmilch sein

Jede Milch, ob von der Kuh, dem Schaf oder der Ziege, besitzt ihren typischen Eigengeschmack, ihr ganz besonderes Aroma. Da kann jeder selbst herausfinden, welcher selbst gemachte Frischkäse am besten schmeckt.

Bezugsquellen für Schafs- und Ziegenmilch

Es ist nicht überall ganz einfach, Schafs- oder Ziegenmilch zu bekommen. Falls man in einem Naturkostladen nicht fündig wird, kann man es auf einem Bauernmarkt versuchen, wo kleine Betriebe ihre eigenen Erzeugnisse anbieten. Oder auf dem Markt bei einem freundlichen Hersteller von Schafs- oder Ziegenkäse fragen, ob er Milch auf Bestellung liefert und eventuell ein entsprechend großes Gefäß mitgeben kann.

Frischkäse-»Trüffeln«

für den Imbiss mit Gästen
45 Min.

 1–2 Tage
haltbar

FÜR CA. 12 »TRÜFFELN«

250 g nicht zu weicher Frischkäse
aus Kuh-, Ziegen- oder Schafsmilch
(selbst gemacht oder gekauft)
Salz nach Geschmack
Pfeffer aus der Mühle
1 TL abgeriebene Bio-Zitronenschale
je 3 EL gehackte Mandeln und
gehackte Pistazien
je 3 EL gehackter Schnittlauch,
Basilikum und Bärlauch
1 kleine rote Paprikaschote
etwas Olivenöl zum Formen

1. Den Frischkäse in eine Schüssel geben und
mit Salz und Pfeffer nach Geschmack würzen.
Die Zitronenschale untermischen.

2. Mandeln und Pistazien getrennt in Pfannen
ohne Fett bei Mittelhitze leicht anrösten, aber
nicht braun werden lassen, sofort auf jeweils
einen Teller schütten.

3. Die Kräuter auf einen Teller geben. Die
Paprikaschote waschen, halbieren und Stielansätze und Kerne entfernen. Paprika zuerst
in 1/2 cm breite Streifen, dann in Würfelchen
schneiden und auf einen Teller geben.

4. Die Hände mit wenig Öl einreiben. Vom
Frischkäse mit einem kleinen Löffel kleine
Portionen von 20–25 g abnehmen, zu Kugeln
rollen und etwa zu gleichen Teilen entweder
in Mandeln oder Pistazien oder in den verschiedenen Kräutern und Paprikawürfeln rollen und so rundum damit bedecken.

5. Die herzhaften »Trüffeln« mit Brot oder
einem grünen Salat dekorativ anrichten.

Frischkäse verlockt zum Experimentieren

Wer mit der Eigenherstellung von Frischkäse auf den Geschmack ge-
kommen ist, lässt sich vielleicht von den auf diesen Seiten vorgestellten
Variationen verführen. Oder probiert einfach einmal neue Kreationen
nach eigenen Ideen aus, die sich bei einem Marktbummel am Kräuter-
und Gewürzstand oder bei der Sichtung eigener Vorräte einstellen.

Kulinarische Überraschungen mit Frischkäse

Auf allen Märkten finden sich heute Stände mit Produkten aus
dem Mittelmeerraum, mit vielen Sorten eingelegter Oliven und
Gemüse, wie Paprika und getrocknete Tomaten oder Kapern, mit
denen sich ein Frischkäse bereichern lässt. Tipp: Getrocknete
Früchte wie Aprikosen, Pflaumen, Datteln oder Feigen fein hacken,
unter den Frischkäse mischen und mit einem Gewürz wie Kardamom
oder Zimt abschmecken. Oder nur mit ungewöhnlichen Gewürzen
wie Zitronenpfeffer oder gehacktem Zitronengras, säuerlichen
Sumakpulver oder einer fertigen Gewürzpaste den Frischkäse
aromatisieren, zuvor jedoch an einer kleinen Portion ausprobieren,
ob die Mischung schmeckt.

Ricottakäse mit Mango

delikat – einfach
40 Min. + Zeit zum Abkühlen

**FÜR
4–5 PORTIONEN**

gekühlt
1–2 Tage haltbar

250 g Ricotta dolce
(ungesalzener Ricotta-
Frischkäse)
1 gut reife Mango
1 TL Blütenhonig
Cayennepfeffer nach
Geschmack
einige Blättchen
Zitronenmelisse zum
Garnieren

Außerdem:

Mulltuch

1. Ein Sieb mit einem Mulltuch auslegen, den Ricotta hineingeben und abtropfen lassen. Die Mango schälen, das Fruchtfleisch vom Kern schneiden und sehr klein würfeln.

2. Mango mit 3–4 EL Wasser ca. 10 Min. bei Mittelhitze garen. Honig und nach Geschmack 1 Prise Cayennepfeffer unterrühren (wenn Kinder mitessen, auf den Cayennepfeffer verzichten). Das Mangoragout erkalten lassen.

3. In einem breiten Glas oder mehreren Glasschüsselchen ca. 3 cm hoch Ricotta einfüllen. Darauf eine Schicht Mango, dann wieder Ricotta. Die letzte Schicht sollte Mango sein. Den Ricotta kalt stellen und zum Servieren mit Melisseblättchen garnieren.

Kräuterfrischkäse mit Oliven

frisch und würzig – ganz einfach
20 Min.

**FÜR
4–5 PORTIONEN**

haltbar 1–2 Tage
gekühlt

250 g nicht zu weicher
Frischkäse aus Kuh-,
Ziegen- oder
Schafsmilch (selbst
gemacht oder
gekauft)
30 g getrocknete
Tomaten (in Öl)
30 g grüne oder
schwarze Oliven
ohne Stein
1 kleine Knob-
lauchzehe
2 TL Provence-Kräuter
aus Thymian, Ros-
marin und Salbei
(frisch gehackt oder
getrocknet) · Salz
schwarzer Pfeffer
aus der Mühle

1. Den Frischkäse in eine Schüssel geben. Die Tomaten abtropfen lassen und mit den Oliven fein hacken und zufügen. Den Knoblauch schälen und durch die Knoblauchpresse dazupressen.

2. Die Provence-Kräuter sowie ein wenig Salz und reichlich Pfeffer darüberstreuen. Alles gründlich vermischen und abschmecken. Den Käse auf Rucola- oder Petersilienblättern anrichten.

Tipp Rund um den Käse einen Ring aus bunten Paprikastreifen und Gurkenscheiben anrichten. Dazu gibt es Baguettebrot.

Joghurtkäsekugeln in Olivenöl

mildsäuerlich und feinwürzig
ca. 45 Min. + mind. 3 Tage Abtropfen
+ ca. 4 Tage Durchziehen

**FÜR 2 GLÄSER
À 500 ML INHALT**

2 kg säuerlicher,
löffelfester Joghurt
(3,5 % Fett, Bulgara-
Joghurt oder
aus dem türkischen
Lebensmittelladen)
2 EL getrocknete
Minze · 1 EL getrock-
neter Thymian
1 EL Salz · ca. 500 ml
gutes Olivenöl
2 TL Schwarzkümmel
1 EL schwarze Pfeffer-
körner · 2 Lorbeer-
blätter · 2 getrocknete
Chilischoten (nach
Geschmack)

Außerdem:
großes Mulltuch
(ca. 60 x 60 cm)

◯ 1–2 Monate
haltbar

1. Joghurt mit Minze, Thymian und Salz
verrühren. Das Mulltuch in heißem Wasser
spülen, auswringen und ein großes Sieb
damit auslegen. Das Sieb auf einen hohen
Topf setzen. Die Tuchränder überhängen
lassen. Joghurt einfüllen und 24 Std. abtropfen lassen.

2. Die Tuchränder über dem Joghurt zusammenbinden, über einen Topf hängen
und an einem kühlen Ort 2–3 Tage weiter
abtropfen lassen, bis der Joghurt sehr fest
ist. Übrig sind jetzt nur noch ca. 700 g.

3. Den Joghurt in eine Schüssel geben. Die
Hände mit Olivenöl einreiben und aus je
ca. 1 TL Joghurt kleine Kugeln rollen und
in die sorgfältig gereinigten Gläser geben.

4. Gewürze dazugeben und alles mit Öl
bedecken. Gläser schließen. Die Kugeln an
einem kühlen Platz, aber nicht im Kühlschrank, 3–4 Tage durchziehen lassen.
Vor dem Servieren das Öl abtropfen lassen.

Feta mit Knoblauch

ein feiner Snack – einfach
20 Min. + mind. 1 Tag Durchziehen

**FÜR 1 GLAS MIT
500 ML INHALT**

400 g Feta
(griechischer Schafs-
milchkäse, 40 oder
45 % Fett i. Tr.)
3 mittelgroße
Knoblauchzehen
1 getrocknete
Chilischote
1 TL schwarze
Pfefferkörner
ca. 200 ml Olivenöl

◯ 2–3 Wochen
haltbar

1. Den Käse abtropfen lassen und in 4 cm
große Würfel schneiden. Den Knoblauch
schälen und halbieren oder vierteln. Von
der Chilischote den Stielansatz abschneiden, die Schote halbieren, die Kerne auskratzen. Die Schote in Stücke schneiden.
Vorsicht! Einmalhandschuhe tragen; die
Schärfe haftet an den Fingern.

2. Käse, Knoblauch, Chili und Pfeffer
in das Glas füllen und so viel Olivenöl
daraufgießen, dass der Käse bedeckt ist.
Das Glas schließen und den Käse 1–2 Tage
kühl durchziehen lassen.

Austausch-Tipp Statt Feta 400 g kleine
Mozzarellakugeln verwenden. 1 zerdrückte
Knoblauchzehe, 2 TL Kräuter der Provence,
1 TL schwarze Pfefferkörner, 1 TL Salz mit
dem Öl verrühren. Die Kugeln in ein Glas
schichten und mit dem Öl übergießen.
1–2 Tage durchziehen lassen und kühl aufbewahren.

Ziegenkäse in Weinblättern

eine Delikatesse – einfach
30 Min. + mind. 2 Std. Kühlen

gekühlt
2–3 Tage haltbar

FÜR CA. 260 G

200 g halbfester
Ziegenfrischkäse,
gekauft oder selbst
gemacht (S. 109)
30 g schwarze
Oliven ohne Stein
8 Basilikumblätter
schwarzer Pfeffer
aus der Mühle · Salz
8–10 eingelegte
Weinblätter
(gekauft oder selbst
gemacht S. 51)
1–2 TL Olivenöl

Außerdem:
1 Glasschüsselchen
von 11–12 cm Ø mit
abgerundetem Boden

1. Ziegenfrischkäse in eine Schüssel geben.
Oliven in Stücke schneiden, Basilikum aus-
einanderzupfen und mit Pfeffer und 1 Prise
Salz zum Käse geben. Alles vermischen.

2. Die Weinblätter kurz in warmem Wasser
entsalzen und trocken tupfen. Das Glasschüsselchen mit Öl auspinseln und mit
den Weinblättern auslegen, mit den Oberflächen nach unten. Sie sollen über den
Rand des Schüsselchens hinausragen.

3. Den Ziegenfrischkäse hineinfüllen, festdrücken und die überragenden Blättern
darüberdecken. Den Käse 2–3 Std. in den
Kühlschrank stellen, vor dem Servieren auf
einen Teller stürzen und mit einem spitzen,
scharfen Messer in Portionen teilen.

Tipp Den Käse mit roten und blauen
Weintrauben garnieren und als Vor- oder
Nachspeise servieren.

Harzer im Zwiebel-Apfel-Essigsud

deftig – ganz einfach
20 Min. + 12 Std. Durchziehen

gekühlt
2–3 Tage haltbar

FÜR 1 GLAS
À 300 ML

125 g kleine, runde
Harzer Käse (z. B. Ol-
mützer Quargel oder
den größeren Harzer
Käse, in mundgerech-
te Stücke geschnitten)
1 rote Zwiebel
1 kleiner
säuerlicher Apfel
1/4 TL Kümmelkörner
1/2 TL schwarze
Pfefferkörner
75 ml weißer
Balsamico-Essig
1/4 TL Salz
1 EL Raps- oder
Sonnenblumenöl

1. Die kleinen Käse in eine Schüssel legen.
Die Zwiebel schälen, vierteln und in Strei-
fen schneiden. Den Apfel schälen, vierteln,
Kerngehäuse herausschneiden und die
Apfelstücke in Scheibchen schneiden, mit
der Zwiebel zum Käse geben.

2. Die Gewürze aufstreuen. Den Essig
mit 100 ml Wasser und Salz verrühren.
Die Mischung über die Zutaten in der
Schüssel gießen und miteinander verrühren. Alles in ein breites Glas füllen und das
Öl daraufgießen. Das Glas verschließen
und den Käse über Nacht im Kühlschrank
durchziehen lassen.

Tipp Den kräftigen Käse mit Bauernbrot
anrichten oder zu Bratkartoffeln servieren.

Lachsbutter

superschnell – raffiniert
15 Min. + 30 Min. Kühlen

FÜR 2 ROLLEN
À 125 G

gekühlt etwa
2 Wochen haltbar

150 g zimmer-
warme Butter
100 g geräucherter
Lachs mit einem
möglichst langen
Haltbarkeitsdatum
5 Zweige frischer Dill
(oder Petersilie)
1 Bio-Zitrone
Salz · schwarzer
Pfeffer aus der Mühle

1. Die Butter in einen tiefen Teller geben und mit einer Gabel verkneten. Den Lachs sehr fein hacken, zur Butter geben und unterkneten.

2. Dill waschen und trocken schütteln, die Blättchen abzupfen und fein hacken. Die Zitrone waschen, abtrocknen und etwa ein Achtel der Schale fein abreiben. Zitrone halbieren und eine Hälfte auspressen.

3. Kräuter, Zitronenschale, 2 TL Zitronensaft, Salz und Pfeffer zur Butter geben und gründlich unterkneten. Die Butter 15 Min. in den Kühlschrank stellen. Dann in zwei Portionen auf Butterbrotpapier geben und zu Rollen formen. Die Butterrollen komplett in Papier wickeln und weitere 15 Min. kühlen. (im Bild unten)

Dazu passt's Die Lachsbutter schmeckt zu Ofenkartoffeln oder zu heißem Spargel.

Kräuterbutter

ein Klassiker – einfach
15 Min. + 30 Min. Kühlen

FÜR 250 G
KRÄUTERBUTTER

gekühlt
etwa 2 Wochen haltbar

200 g zimmer-
warme Butter
1 kleine
Frühlingszwiebel
1/2 Bund
glatte Petersilie
je 3 Zweige Estragon,
Thymian und Majoran
5–6 Blätter
Zitronenmelisse
Salz · schwarzer
Pfeffer aus der Mühle

1. Die Butter auf einem tiefen Teller mit der Gabel verkneten. Die Frühlingszwiebel waschen, putzen und das Weiße sehr fein würfeln.

2. Die Kräuter waschen und sorgfältig trocken schütteln, Blättchen von den Stielen streifen und sehr fein hacken. Kräuter, Zwiebelwürfel, Salz und Pfeffer zur Butter geben und unterkneten. In eine Schüssel füllen und vor dem Servieren 30 Min. kalt stellen. (im Bild Mitte links)

VARIANTE

Zitronenbutter

Unter 200 g zimmerwarme Butter die abgeriebene Schale von 1 Bio-Zitrone, 6 fein gehackte Zitronenmelisseblättchen, Salz und grob gemahlenen schwarzen Pfeffer kneten.

Roquefortbutter

sehr apart – superschnell
15 Min. + 30 Min. Kühlen

FÜR 250 G ROQUE-
FORTBUTTER

gekühlt
etwa 2 Wochen haltbar

150 g zimmer-
warme Butter
2 TL eingelegter
grüner Pfeffer,
abgetropft
100 g gut ge-
reifter Roquefort
1 EL Cognac
1 TL Zitronensaft · Salz

Außerdem:
Ausstechförmchen
reichlich Petersilie
zum Anrichten

1. Die Butter in einem tiefen Teller mit der Gabel zerdrücken. Grünen Pfeffer abtropfen lassen und mit dem Roquefort zur Butter geben und unterkneten.

2. Die Butter mit Cognac, Zitronensaft und Salz abschmecken. Roquefortbutter auf Butterbrotpapier zu einem Rechteck von ca. 1 1/2 cm Dicke ausstreichen und im Kühlschrank in 30 Min. fest werden lassen.

3. Aus der kalten Butter mit einem Ausstechförmchen kleine Formen ausstechen und die Butterstücke auf einem Petersilienbett servieren. (im Bild Mitte rechts)

Dazu passt's Die Roquefortbutter passt besonders gut zu Steaks und zu Folienkartoffeln.

Ghee – Butterschmalz

für die indische und
orientalische Küche – zum
Kochen, Braten und Backen
30 Min.

FÜR 1 GLAS
À 500 ML INHALT

gekühlt etwa
6 Monate haltbar

600 g Süßrahmbutter

1. Butter in Stücke schneiden und bei schwacher Hitze langsam schmelzen lassen.

2. Dann den Herd auf mittlere Hitze schalten und die Butter aufkochen. Dabei bildet sich eine Schaumschicht an der Oberfläche und es kann spritzen, wenn das in der Butter enthaltene Wasser verkocht. So lange kochen lassen, bis nichts mehr spritzt, sich die Eiweißpartikel abgesetzt haben und die Butter klar geworden ist. Aufpassen, dass die Butter dabei nicht braun wird!

3. Butter vom Herd nehmen und durch ein mit einem sauberen Geschirrtuch ausgelegtes Sieb in eine Schüssel gießen. Evtl. mehrmals durch das Tuch gießen, bis alle festen Bestandteile entfernt sind. Das Ghee in ein sauberes Glas füllen, abkühlen lassen, verschließen und im Kühlschrank aufbewahren. (im Bild oben)

Würzige Mischungen

Welche Kräuter und Gewürze passen zusammen oder ergänzen sich? Welche Aromakombinationen von Gemüse oder Früchten erzeugen überraschende Geschmacksnuancen? Auf den folgenden Seiten lassen sich Geschmackvariationen und Düfte aus vielen Regionen unserer Welt entdecken. Sei es bei einer Thai-Currypaste, bei Limetten-Mango-Relish, bei nach Minze und Ingwer duftendem Essig oder bei Zitronen-Orangen-Öl. Sie verleihen der Alltagsküche den gewissen Kick und regen zum Experimentieren an. So entstehen mit vertrauten Zutaten aus der eigenen Küche neue Kreationen. Selbermachen nach Rezepten oder Neues erfinden, darum geht es hier.

Mischen erlaubt

Gewürze und Kräuter raffiniert kombinieren

*Wenn die Gewürze beim Rösten ihre Aromen entfalten, die Kräuter beim Zerkleinern verführerisch in der Nase kitzeln, bekommt man schon **beim Mischen** Lust aufs Kochen. Denn in der richtigen Relation zusammengebracht, sorgen Gewürz- und Kräutermischungen für Würze und Harmonie im Kochtopf.*

*Kräuter- und Gewürzmischungen lassen sich gut nach **bewährten Rezepten** zusammenstellen – eine Auswahl finden Sie auf diesen Seiten. Und wer ein bisschen*

*Erfahrung gesammelt hat, wird sicherlich auch seine eigenen, **individuellen Kreationen** zusammenstellen.*

*Schenken Sie doch statt Schnittblumen einmal einen **getrockneten Kräuterstrauß:** Z. B. Thymian, Rosmarin, Salbei, Oregano, Majoran, Minze, Lavendel, Fenchelblüten aus dem Garten oder frisch vom Wochenmarkt zu Sträußen binden und kopfüber aufgehängt trocknen lassen. Besonders hübsch sind auch Kräuterkränze, die man dekorativ aufhängen kann.*

Herzhaftes pfiffig gewürzt

Vanillesalz

Dass Vanille gut zu herzhaften Speisen passt, haben uns schon Sterneköche vorgemacht. Für eigene Kreationen einfach 1 Vanillestange halbieren und aufschlitzen. Zusammen mit 200 g Meersalz in ein Glas geben und 2–3 Wochen durchziehen lassen.

Fünf-Gewürze-Pulver

Dieses Gewürz-Potpourri eignet sich für chinesische und vietnamesische Gerichte: 2 Zimtstangen, 6 Sternanis, 1 EL Gewürznelken, 1 EL Fenchelsamen und 1 EL Szechuan-Pfeffer vermischen und fein mahlen.

Barbecue-Gewürz

3 EL getr. Petersilie sowie je 1 EL getr. Thymian, Oregano und Knoblauch im Blitzhacker pulverisieren. Je 2 EL mildes Paprikapulver, Rauchsalz (aus dem Gewürzladen) und braunen Zucker sowie 1 gute Prise Cayennepfeffer und je 1 TL gem. schwarzen Pfeffer, Kreuzkümmel und Koriander untermischen. Das Fleisch einige Stunden vor dem Grillen in einer Mischung aus Öl und Barbecue-Gewürz marinieren.

Bouquet garni

Die in Lorbeerblätter wie Zigarren eingerollten Kräuter sind ideal für dunkle Bratensaucen, für Gulasch sowie für alles, was lange schmort und Kräuterwürze braucht. Für 10 Röllchen 30–40 große frische Lorbeerblätter und je 1 Bund frischen Thymian, Salbei, Oregano und Rosmarin besorgen. Jeweils 3–4 Lorbeerblätter mit den Blattspitzen nach oben überlappend auf die Arbeitsfläche legen. Je 3 Zweige Thymian und Oregano, 3–4 Salbeiblätter und 1 kleinen Zweig Rosmarin in die Mitte der Lorbeerblätter legen und diese von einer Seite her fest aufwickeln. Mit Küchengarn fixieren, die Spitzen mit der Küchenschere abschneiden und die Kräuterröllchen zum Trocknen an einen warmen, luftigen Ort hängen.

Kräuter der Provence

Für diese universal einzusetzende Mischung die Kräuter am besten im Sommer kurz vor der Blüte ernten; benötigt werden Oregano, Majoran, Thymian, Bohnenkraut, Rosmarin und – nach Belieben – Lavendel. Die Kräuter zu Sträußen gebunden kopfüber zum Trocknen aufhängen, an einem dunklen, warmen und luftigen Ort. Nach dem Trocknen die Kräuterblättchen von den Stielen streifen und zerrebeln. Für die Kräuter der Provence je 4 EL getrockneten Oregano, Bohnenkraut, Majoran und Thymian sowie 2 EL fein gehackte, getrocknete Rosmarinnadeln und nach Wunsch 1 EL getrocknete Lavendelblüten vermischen und – stilecht – in ein Terrakotta-Gefäß füllen.

Kräutersalz

Kräutersalz ist vor allem in der kalten Küche ein Alleskönner. Salaten, Quark, Dips und Eiern verleiht es im Nu die nötige Würze. Für die klassische Variante nach Geschmack 1 Knoblauchzehe schälen und sehr fein hacken. Mit 2 TL getrocknetem Oregano, 2 TL getrocknetem Basilikum, 3 TL getrockneter Petersilie, 1 TL getrocknetem Thymian, 1 TL getrocknetem Rosmarin und 150 g Meersalz im Blitzhacker sehr fein zerkleinern. Das Kräutersalz in Gläser füllen und diese gut verschließen. (im Bild)

Garam Masala

Wie von allen indischen Gewürzmischungen gibt es auch vom Masala unzählige Varianten, die je nach Verwendungszweck und Herkunft der Hausfrau variieren. Ein Klassiker ist Garam Masala, das relativ mild schmeckt und gut zu geschmorten Fleisch- und Gemüsegerichten passt. Dafür 5 EL Kreuzkümmelsamen, 5 EL Koriandersamen, 1 1/2 EL Kardamomsamen (aus dem Inneren der Kardamomkapseln), 2 Zimtstangen, 1 TL Gewürznelken, 3 EL schwarze Pfefferkörner und 4 zerkleinerte Lorbeerblätter in einer heißen Pfanne rösten, bis die Gewürze leicht dunkler werden und duften. Gewürze mahlen, mit 1 TL gemahlenem Macis vermischen und abfüllen.

Harissa – scharfe Paprikapaste

scharf und würzig – aus Nordafrika
30 Min. + 25 Min. Garen

FÜR 2 GLÄSER
À 210 ML INHALT

gekühlt
2–3 Monate haltbar

2 große rote
Paprikaschoten
2 Knoblauchzehen
5 frische Chilischoten
(ca. 50 g, nach Ge-
schmack auch mehr)
1 TL gemahlener
Kreuzkümmel
1/2 TL gemahlener
Koriander
Meersalz
ca. 100 ml Olivenöl

Außerdem:
Backpapier

1. Backofen auf 250° vorheizen. Paprika-
schoten waschen, halbieren und Stielansät-
ze und Kerne entfernen. Ein Backblech mit
Backpapier belegen, die Schoten mit den
Rundungen nach oben darauflegen und im
Ofen (Mitte, Umluft 220°) 25 Min. garen.

2. Ein nasses Küchentuch sofort auf die ge-
backenen Schoten legen und 5 Min. ruhen
lassen, die Schoten häuten und hacken.
Knoblauch schälen, durch die Knoblauchpresse drücken und zu den Schoten geben.

3. Die Chilischoten waschen, halbieren,
Stielansätze und Kerne entfernen und hacken. Paprika, Knoblauch, Chili, Gewürze
und 1 EL Meersalz mit 50 ml Öl im Mixer
zu einer Paste pürieren.

4. In sorgfältig gereinigte Gläser füllen und
festdrücken, damit keine Luftblasen bleiben. Die Oberfläche mit Olivenöl bedecken. Die Gläser schließen und im Kühlschrank aufbewahren.

Scharfe Thai-Curry-Paste

mit würziger Note – einfach
30 Min.

FÜR 2 GLÄSER
À 275 ML INHALT

gekühlt
2–3 Monate haltbar

8 frische rote
Chilischoten
8 TL Koriandersamen
4 TL Kreuz-
kümmelsamen
8 Stängel Zitronen-
gras · 1 Stück frische
Ingwerwurzel
(etwa daumengroß)
8 Schalotten
6 Knoblauchzehen
abgeriebene Schale
und Saft von 2 un-
behandelten Limetten
5 TL edelsüßes
Paprikapulver · Salz
3 EL Sonnenblumenöl

1. Die Chilischoten waschen, längs halbieren, Stielansätze und Kerne entfernen.
Die Schoten in Stückchen schneiden. Eine
Bratpfanne mittelstark erhitzen. Koriander
und Kreuzkümmel darin 5 Min. rösten
und im Mörser zu Pulver zerreiben.

2. Vom Zitronengras die äußeren Blätter
entfernen und das untere weiche Drittel
hacken. Den Ingwer schälen und würfeln.
Schalotten und Knoblauch schälen und
klein würfeln. Mit Chilischoten, Gewürzen,
Limettenschale, Limettensaft, 2 TL Salz
und 3 EL Öl in der Küchenmaschine zu
einer groben Paste verarbeiten. Diese in
vorbereitete Gläser füllen, verschließen
und kühl aufbewahren.

Tipp Die Paste eignet sich zum Würzen
von Saucen und asiatischen Fisch-, Fleisch-
und Geflügelgerichten. Man kann sie auch
in kleinen Portionen von je 2 EL einfrieren
und im heißen Gericht auftauen.

Sambal Oelek

scharfe indonesische Würzpaste
45 Min. + 30 Min. Garen

FÜR 2 GLÄSER
À 210 ML INHALT

○ gekühlt
3–4 Monate haltbar

500 g Tomaten
1 rote Paprikaschote
10 kleine rote Chili-
schoten (80–100 g,
nach Geschmack
mehr oder weniger)
1 kleine Zwiebel
3 Knoblauchzehen
2 EL Erdnuss- oder
Sonnenblumenöl
2 EL Galgantpulver
(aus dem Asialaden)
2 EL gemahlener
Koriander
1 EL Tamarindenpaste
(aus dem Asialaden)
1 TL Salz

1. Die Tomaten mit kochendem Wasser überbrühen und etwas ziehen lassen. Dann häuten und halbieren, Kerne und Saft entfernen und das Fruchtfleisch klein würfeln. Paprika- und Chili waschen. Die Paprikaschote halbieren und Stielansatz und Kerne entfernen. Die Schote würfeln.

2. Chilischoten längs halbieren, Stielansatz und einen Teil der Kerne entfernen, die übrigen mitverwenden. Die Schoten hacken.

3. Zwiebel und Knoblauch schälen und fein würfeln. Das Öl im Wok oder in der Pfanne mittelstark erhitzen, Zwiebel- und Knoblauchwürfel glasig dünsten. Paprika, Tomaten und Chili zugeben. 5 Min. unter Rühren bei schwacher Hitze dünsten.

4. Galgantpulver, Koriander, Tamarindenpaste und Salz unterrühren und alles 30 Min. zugedeckt dünsten. Durchrühren und mit dem Kochlöffelrücken das Gemüse musig drücken. Die Paste heiß in vorbereitete Gläser füllen und verschließen.

Gemüsewürzpaste

zum Würzen von Suppen und Saucen
45 Min.

FÜR 3 GLÄSER
À 210 ML INHALT

○ gekühlt 2–3 Monate, tiefgekühlt
6 Monate haltbar

je 200 g Zwiebeln und
Petersilienwurzeln
je 250 g Möhren und
Knollensellerie
50 g Sellerieblätter
je 100 g Petersilie und
Liebstöckel
150 g Tomaten
150 g Meersalz

1. Zwiebeln, Petersilienwurzeln, Möhren und Knollensellerie schälen. Alles in Würfel schneiden. Sellerieblätter, Petersilie und Liebstöckel waschen, trocken schütteln und die Blätter grob hacken. Die Tomaten waschen, halbieren, Kerne und Saft entfernen und das Tomatenfleisch würfeln.

2. Gemüse, Kräuter und Tomaten im Mixer fein zerkleinern. Alles in eine Schüssel geben und das Salz unterrühren. Das Gemüse fest in sorgfältig gereinigte Gläser füllen, verschließen und im Kühlschrank aufbewahren. Oder als kleine Portionen in Eiswürfelbehälter füllen, einfrieren, dann in Beutel füllen und tiefgekühlt aufbewahren.

Info Ob für eine herzhafte Suppe oder Bratensauce, die Gemüsepaste ist eine gesunde Alternative zu gekörnter Brühe oder zum Brühwürfel. Sie enthält keine Geschmacksverstärker und würzt doch kräftiger als fertig gekaufte Würzhilfen.

Süßer Senf

fein zum Würzen – ganz einfach
20 Min. + 30 Min. Kochen
+ 4 Wochen Durchziehen

gekühlt etwa
6 Monate haltbar

FÜR 6 GLÄSER À 300 ML INHALT

125 g braune Senfkörner
400 g gelbe Senfkörner
1 kg brauner Zucker
3 Zwiebeln
750 ml Weißweinessig (7 % Säure)
4 Lorbeerblätter
6 Gewürznelken
1 EL Senfkörner (die nicht gemahlen werden)
1 EL Salz

1. Die Senfkörner grob mahlen. Die beiden Senfmehlsorten und den Zucker in einer großen Schüssel vermischen. Die Zwiebeln schälen und in Würfel schneiden.

2. Den Essig mit 1,5 l Wasser, den Zwiebeln, den Lorbeerblättern, den Gewürznelken, den Senfkörnern und dem Salz aufkochen und zugedeckt 30 Min. bei mittlerer Hitze kochen lassen. Vom Herd ziehen und die Gewürze abseihen.

3. Den heißen Sud unter die Senfmehlmischung rühren und mit Salz abschmecken. Den fertigen Senf in die vorbereiteten Gläser füllen, verschließen und den Senf an einem dunklen und kühlen Ort 4 Wochen durchziehen und milder werden lassen.

VARIANTE

Fruchtiger Apfelsenf mit Honig

Senfkörner wie vorher beschrieben mahlen, in eine Schüssel füllen und 500 g flüssigen Honig dazugeben. 3 säuerliche, aromatische Äpfel schälen, entkernen und in Stücke schneiden. 3 Schalotten schälen und würfeln. Beides mit 750 ml Apfelessig, 1,5 l Wasser, 2 Lorbeerblättern und 4 Gewürznelken 30 Min. kochen und abseihen. Die Apfelstücke wieder in die Flüssigkeit geben. Die noch heiße Flüssigkeit zur Senfmehlmischung geben und alles mit dem Stabmixer gut durcharbeiten. In Gläser füllen, verschließen und 4 Wochen durchziehen lassen.

Senfkörner frisch gemahlen

Besonders aromatisch wird der Senf, wenn man die Körner vor der Senfzubereitung frisch vermahlt. Das geht in kleinen haushaltsüblichen Mengen gut in einer ausrangierten, gründlich gesäuberten elektrischen Kaffeemühle oder auch im Blitzhacker. Für ein besonders feines Senfmehl größere Partikel durch ein feines Sieb aussieben.

Achtung! Scharf!

Senfpulver entwickelt seine Schärfe, sobald es mit Wasser oder anderen Flüssigkeiten vermischt wird. Mit kaltem Wasser angerührt wird der Senf schön scharf, je heißer das zugefügte Wasser oder auch andere Flüssigkeiten sind, umso milder wird der Senf. Rührt man den Senf mit einem glühenden Eisenstab um (z. B. ein auf der Kochplatte zum Glühen gebrachter Wetzstahl mit Holzgriff), wird der Senf besonders mild.

Kräutersenf

fein zum Würzen – ganz einfach
30 Min. + 2 Wochen Durchziehen

FÜR 4 GLÄSER
À 150 ML INHALT

gekühlt
etwa 6 Monate haltbar

250 g gelbes Senfmehl
aus geschälten
Senfkörner
150 ml Weißweinessig
(7 % Säure)
2 Schalotten
4 Handvoll gemischte
frische Kräuter wie
Zitronenthymian,
Thymian, Majoran,
Oregano, Rosmarin,
Minze, Petersilie
und/oder Estragon
2 EL Salz
je 1 gute Msp.
gemahlener Piment
und gemahlene
Kurkuma
1 TL gemahlener
Koriander
1 EL Zucker

1. Das Senfmehl in eine Schüssel geben und mit 200 ml kochendem Wasser aufgießen. Mit dem Essig verrühren. 5 Min. quellen lassen.

2. Inzwischen die Schalotten schälen und fein würfeln. Die Kräuter abbrausen und trocken schütteln, die Blättchen von den Stielen zupfen und ebenfalls fein hacken.

3. Schalottenwürfel, Kräuter, Salz, Gewürze und den Zucker zum Senfansatz geben und alles mit dem Stabmixer 3 Min. kräftig durcharbeiten, bis der Senf glatt und geschmeidig ist. Sollte der Senf zu fest sein, noch etwas heißes Wasser zugeben.

4. Den Senf mit Salz und Essig abschmecken und in die sehr sorgfältig gereinigten Gläser füllen. Den Senf gut verschließen und mindestens 2 Wochen durchziehen und reifen lassen.

Scharfer feiner Senf

ganz schnell – superleicht
30 Min. + 2 Wochen Durchziehen

FÜR 3 GLÄSER
À 210 ML INHALT

etwa 6 Monate
haltbar

200 g helle, milde
Senfkörner (ersatzwei-
se helles Senfmehl)
100 g dunkle,
scharfe Senfkörner
(ersatzweise dunkles
Senfmehl)
50 g Maisstärke
150 ml trockener
Weißwein
150 ml Weißwein-
essig (7 % Säure)
2 1/2 EL Salz
2 TL Zucker

1. Die Senfkörner sehr fein mahlen und durch ein Haarsieb in eine Schüssel sieben. Senfmehl und Maisstärke vermischen. 150 ml Wasser aufkochen, mit dem Weißwein und dem Essig vermischen.

2. Die Flüssigkeit unter die Senfmehlmischung in der Schüssel rühren, bis eine homogene, cremige Paste entstanden ist. Die Paste mit Salz und Zucker würzen.

3. Den Senf in die sehr sorgfältig gereinigten und mit kochend heißem Wasser ausgespülten Gläser füllen. Vor dem ersten Probieren mindestens 2 Wochen durchziehen lassen.

Mildes Mango-Chutney

exotisch – ganz einfach
30 Min. + 30 Min. Einkochen + mind. 4 Wochen Reifen

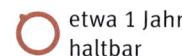 etwa 1 Jahr haltbar

**FÜR 6 GLÄSER
À 210 ML INHALT**

1,5 kg vollreife,
aromatische Mangos
2 Schalotten
1 Knoblauchzehe
70 g frische Ingwer-
wurzel · 1 frische
rote Chilischote
1 EL Sonnenblumenöl
1 TL gemahlenes Zitro-
nengras · 1 TL gemah-
lener Koriander
gemahlene Nelken
100 g brauner Zucker
Salz · 80 ml Apfelessig

1. Mangos schälen, das Fruchtfleisch von den Steinen schneiden und klein würfeln. Schalotten und die Knoblauchzehe schälen und fein würfeln. Ingwer schälen und fein reiben. Chilischote waschen und halbieren, ohne Stielansätze und Kerne in feine Streifen schneiden.

2. Das Öl in einem großen Topf erhitzen, Schalotten und Knoblauch darin glasig werden lassen. Mangowürfel, Ingwer, Chilischote, Zitronengras, Koriander und 1 Prise Nelken hinzugeben und alles unter Rühren kurz anschmoren. Den Zucker und 200 ml Wasser unterrühren und das Ganze zugedeckt unter gelegentlichem Rühren 30 Min. einkochen.

3. Das Chutney mit Salz und Essig herzhaft abschmecken und in die Gläser füllen, sofort verschließen. Auf den Deckeln stehend 5 Min., dann richtig herum vollständig abkühlen lassen.

4. Das Chutney vor dem Verzehr mindestens 4 Wochen lagern und reifen lassen. (im Bild vorne links)

VARIANTE

Chutney aus grünen Tomaten

1,5 kg grüne Tomaten häuten und würfeln. 2 Knoblauchzehen und 2 weiße Zwiebeln, geschält und fein gewürfelt, in 1 EL Sonnenblumenöl dünsten. 50 g Ingwer, geschält und gewürfelt, 1 TL gemahlenen Koriander, 1/4 TL gemahlenen Kardamom, je 1/2 TL gemahlenen Piment und 1/2–1 TL Chiliflocken kurz mit andünsten. Tomaten kurz mitdünsten. 300 g Zucker, 100 ml Essig und 1 TL Salz zugeben, unterrühren und das Chutney zugedeckt unter gelegentlichem Rühren 30 Min. einkochen. Wie nebenstehend beschrieben fertigstellen.

Chutney aus Trockenfrüchten

köstlich zu Gegrilltem – schön scharf
30 Min. + 30 Min. Ruhen + 30 Min. Einkochen + mind. 4 Wochen Reifen

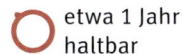 etwa 1 Jahr
haltbar

FÜR 6 GLÄSER À 210 ML INHALT

400 g getrocknete Datteln ohne Stein
250 g ungeschwefelte Trockenpflaumen
250 g getrocknete Aprikosen
200 g Rosinen
400 ml Orangensaft
300 g Möhren
2 weiße Zwiebeln
1 Bio-Orange
50 g frische Ingwerwurzel
2 Stängel Zitronengras
1 EL Sonnenblumenöl
1/2 TL gemahlene Gewürznelken
1 TL Chiliflocken
100 ml Rotweinessig
Salz

1. Datteln, Pflaumen und Aprikosen in Stücke schneiden. Das Trockenobst in eine Schüssel geben, mit dem Orangensaft begießen und 30 Min. stehen lassen. Möhren schälen und grob raspeln. Die Zwiebeln schälen und fein würfeln. Die Orange waschen, abtrocknen und die Schale fein abreiben. Orangensaft auspressen und zum Trockenobst geben.

2. Den Ingwer schälen und fein reiben. Vom Zitronengras die äußeren harten Blätter und die Enden abschneiden, die zarten Teile quer in sehr feine Streifen schneiden. Das Öl in einem großen Topf erhitzen, Zwiebeln darin glasig dünsten. Möhren, Ingwer, Zitronengras und Gewürze zugeben, kurz mitschmoren. Trockenobst mit Saft, Essig und 1 TL Salz dazugeben, unterrühren. Alles 30 Min. offen einkochen lassen.

3. Das Chutney mit Salz und evtl. etwas Essig abschmecken und heiß in die Gläser füllen, sofort verschließen. Auf den Deckeln stehend 5 Min., dann richtig herum komplett abkühlen lassen. Das Chutney vor dem Verzehr mindestens 4 Wochen lagern und reifen lassen. (im Bild vorne rechts)

Aprikosen-Limetten-Relish

fein zu Geflügel – für das BBQ und zum Fondue
50 Min.

FÜR 5 GLÄSER À 210 ML INHALT

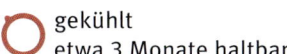 gekühlt
etwa 3 Monate haltbar

5 Bio-Limetten · Salz
1 kg aromatische Aprikosen
4 Schalotten
1 Knoblauchzehe
1 EL Sonnenblumenöl
4 kleine getrocknete rote Chilischoten
1 TL mildes Currypulver
1 TL gemahlener Piment
1 TL Kreuzkümmel
100 g Zucker
100 ml Weißweinessig

1. Limetten waschen, die Schalen dünn abschälen und den Saft auspressen. Limettenschalen in leicht gesalzenem Wasser 15 Min. vorgaren, abgießen und abtropfen lassen. Inzwischen Aprikosen waschen, entsteinen und in kleine Stücke schneiden. Schalotten und Knoblauch schälen und fein würfeln.

2. Das Öl in einem großen Topf erhitzen, Schalotten und Knoblauch darin glasig dünsten. Aprikosen, Limettenschalen, Chilischoten und Gewürze zugeben, mit Zucker, Limettensaft, Essig und Salz würzen. Das Relish unter Rühren offen ca. 10 Min. einkochen lassen, es soll noch etwas flüssig sein.

3. Das Relish abschmecken und kochend heiß in die vorbereiteten Gläser füllen. Zuerst 5 Min. auf den Deckeln stehend, dann richtig herum komplett abkühlen lassen. (im Bild hinten rechts)

Paprika-Koriander-Relish

fruchtig-herb – ganz einfach
50 Min.

FÜR 6 GLÄSER À 210 ML INHALT

gekühlt
etwa 3 Monate haltbar

1 kg rote und gelbe Paprikaschoten
2 weiße Zwiebeln
2 Knoblauchzehen
50 g frische Ingwerwurzel
2 Bund Koriandergrün
1 EL Sonnenblumenöl
1 TL Kreuzkümmelkörner
100 g brauner Zucker
Salz · 100 ml Balsamico-Essig
1/2–1 TL Chiliflocken

1. Die Paprikaschoten waschen, halbieren, Stielansätze und Kerne entfernen und in 1 cm große Würfel schneiden. Die Zwiebeln schälen und fein würfeln. Knoblauch und Ingwer schälen und fein hacken. Koriander waschen und trocken schütteln, die Blättchen abzupfen und hacken.

2. In einem großen Topf das Öl erhitzen, Zwiebeln darin glasig dünsten. Knoblauch und Ingwer zugeben und kurz mit andünsten. Paprika zugeben, untermischen und 5 Min. mit andünsten. Den Kreuzkümmel überstreuen, unterrühren und alles mit Zucker, Salz und Balsamico-Essig abschmecken. Das Relish zugedeckt 15 Min. dünsten. Dann den Koriander unterrühren und 5 Min. mitschmoren.

3. Das Paprika-Relish mit Salz, Essig und Chiliflocken abschmecken und kochend heiß in die vorbereiteten Gläser füllen. Zuerst 5 Min. auf den Deckeln stehend, dann richtig herum komplett abkühlen lassen. (im Bild hinten links)

Tomatenketchup

extra würzig – einfach
40 Min. + 1 Std. Kochen

FÜR 3 FLASCHEN
À 250 ML INHALT

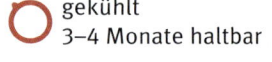 gekühlt
3–4 Monate haltbar

1 kg reife Eier- oder
Strauchtomaten
250 g Schalotten
3 Knoblauchzehen
1 Stück frische
Ingwerwurzel
(ca. 20 g)
1 Stück Sellerieknolle
(ca. 50 g) · Salz
1 Msp. geriebene
Muskatnuss
1 Msp. Piment
1/2 TL gemahlener
Koriander
1 TL edelsüßes
Paprikapulver
80 ml Apfelessig
40 g brauner Zucker

1. Die Tomaten mit kochendem Wasser überbrühen, häuten und halbieren, Stielansätze und Kerne entfernen und das Fruchtfleisch würfeln. Schalotten und Knoblauch schälen und klein würfeln. Ingwer und Sellerie schälen und ebenfalls klein würfeln.

2. Alles in einen Topf geben. 1 gehäuften TL Salz und Gewürze unterrühren, aufkochen, dann 30 Min. zugedeckt und 30 Min. offen bei schwacher Hitze köcheln lassen. Gelegentlich durchrühren.

3. Die Ketchupmasse mit dem Pürierstab durcharbeiten. Essig und Zucker unterrühren und das Ketchup nochmals 5 Min. kräftig aufkochen (Vorsicht, Spritzgefahr!), abschmecken und kochend heiß in vorbereitete Flaschen füllen und verschließen.

Tipp Für »Hot Ketchup« 2 Chilischoten waschen, entkernen, hacken, zum Gemüse geben und mitkochen.

Kürbis-Ketchup

pikant – leicht scharf
45 Min. + 60 Min. Kochen

FÜR 3 FLASCHEN
À 250 ML INHALT

3–4 Monate
haltbar

700 g Hokkaido-
Kürbis
500 g vollreife
Strauchtomaten
2 Zwiebeln
2 Knoblauchzehen
1 Stück frische
Ingwerwurzel
(ca. 10 g)
4 EL Zucker · Salz
je 1/2 TL gemahlener
Piment und Koriander
1 gute Msp.
Cayennepfeffer
Pfeffer aus der Mühle
5 EL Weißweinessig

1. Das Kürbisfleisch würfeln. Die Tomaten mit kochendem Wasser überbrühen, häuten und halbieren, Stielansätze und Kerne entfernen und das Fruchtfleisch würfeln. Mit dem Kürbis in einen Topf geben.

2. Zwiebeln, Knoblauch und Ingwer schälen, alles klein würfeln und zu Kürbis und Tomaten geben. Zucker, 1 gehäuften TL Salz und Gewürze unterrühren und zugedeckt bei schwacher Hitze 45 Min. kochen.

3. Alles mit dem Mixstab pürieren. Den Essig unterrühren und das Ketchup mit Salz und Zucker pikant abschmecken. Weitere 15 Min. bei schräg aufgelegtem Deckel kochen (Vorsicht, Spritzgefahr!). Sofort in vorbereitete Flaschen oder Gläser füllen und verschließen.

Tipps Für Würstchen, Hamburger und Grillgerichte. Auch lecker zu Feta-Käse.

Paprika-Auberginen-Paste »Ajvar«

mild-aromatisch – einfach
30 Min. + 40 Min. Garen

FÜR 3 GLÄSER
À 210 ML INHALT

gekühlt
2–3 Monate haltbar

600 g rote
Paprikaschoten
600 g Auberginen
3–4 Knoblauchzehen
2 EL Rotweinessig
1 TL Salz
1/2 TL Zucker
1 1/2 TL mildes oder
scharfes Paprikapulver
50 ml Olivenöl und
Olivenöl zum Über-
gießen
Außerdem:
Backpapier

1. Backofen auf 250° vorheizen. Gemüse kalt abspülen, mit dem Knoblauch auf ein mit Backpapier ausgelegtes Blech legen. Paprikaschoten und Knoblauch 20 Min. im Ofen garen, dann vom Blech nehmen, Auberginen erst nach 40 Min.

2. Paprika rasch kalt abspülen, häuten und Stielansatz und Kerne entfernen. Die Schoten grob hacken. Den Knoblauch auf ein Brett legen und mit der breiten Klinge eines großen Messers ausdrücken. Die Auberginen kalt abschrecken, häuten, entkernen und hacken.

3. Das Gemüse und den Knoblauch im Mixer pürieren und in eine Schüssel füllen. Den Essig und die Würzzutaten unter- mischen und das Öl langsam unterrühren. Ayvar in vorbereitete Gläser füllen. Die Oberflächen mit Öl bedecken, die Gläser schließen und kalt stellen.

Apfel-Zwiebel-Ketchup

säuerlich mild – gelingt leicht
30 Min. + ca. 55 Min. Kochen

FÜR 3 FLASCHEN
À 250 ML INHALT

gekühlt
2–3 Monate haltbar

500 g säuerliche Äpfel
200 g Zwiebeln
1 Stück Knollen-
sellerie (ca. 50 g)
250 g Tomaten
2 EL Tomatenmark
4 EL Weißwein
(oder Apfelsaft)
50 ml Weißweinessig
1 EL Salz
2 EL Honig
(oder Zucker)
1 TL gemahlener
Ingwer
gemahlener Piment
Zimtpulver
Pfeffer aus der Mühle

1. Die Äpfel schälen, vierteln, Stiele und Kerngehäuse entfernen. Das Fruchtfleisch würfeln. Die Zwiebeln schälen und wür- feln. Den Sellerie schälen und in kleine Würfel schneiden. Die Tomaten mit ko- chendem Wasser überbrühen, häuten und halbieren, Stielansätze herausschneiden und das Fruchtfleisch würfeln.

2. Gemüse mit Tomatenmark und Wein bei Mittelhitze zugedeckt 30–40 Min. kochen, bis die Zwiebeln weich sind. Mit dem Mixstab pürieren. Essig, Salz, Honig, Ingwer und je 1 gute Prise Piment und Zimt unterrühren und 15 Min. bei schräg aufgelegtem Deckel kochen (Vor- sicht, Spritzgefahr!). Das Ketchup ab- schmecken, kochend heiß in sorgfältig ge- reinigte Flaschen füllen und verschließen.

Nusssauce für Pasta

FÜR 2 GLÄSER
À 125 ML INHALT
(JEWEILS
3 PORTIONEN)

250 g Walnusskerne
(möglichst frische,
ersatzweise
getrocknete)
1/2 Bund glatte
Petersilie
1 kleine
Knoblauchzehe
100 ml Walnussöl
(ersatzweise Olivenöl)
4 EL Balsamico-Essig
Salz
Pfeffer aus der Mühle

für die schnelle Pasta-Küche
1 Std.

gekühlt
1–2 Wochen haltbar

1. Von den frischen Walnüssen die feinen Häutchen abziehen. Getrocknete Walnüsse in der Pfanne unter ständigem Rühren rösten. Die gerösteten Kerne auf ein großes Tuch schütten, zudecken und rubbeln, damit sich die Häutchen lösen. Die Nüsse in ein Sieb geben, das Tuch ausschütteln und den Vorgang wiederholen.

2. Die Petersilie waschen und trocken schütteln, die Blätter abzupfen und hacken. Ein Viertel davon beiseitestellen. Den Knoblauch schälen und würfeln. Nüsse grob hacken, mit Knoblauch im Blitzhacker sehr fein zerkleinern. Zuletzt den größeren Teil der Petersilie mithacken.

3. Die Masse in eine Schüssel geben. Das Öl in feinem Strahl mit dem Schneebesen unterrühren. Den Essig löffelweise unterrühren, dann 1 TL Salz, 1 gute Prise Pfeffer und die übrige Petersilie. Abschmecken, in vorbereitete Gläser füllen und im Kühlschrank aufbewahren. (im Bild unten rechts)

Steinpilzsauce für Pasta

FÜR 2 GLÄSER
À 125 ML INHALT
FÜR JE
3 PORTIONEN

300 g frische
Steinpilze
1 Schalotte
1 kleine
Knoblauchzehe
100 ml Olivenöl
1 EL abgezupfte
Thymianblättchen
Salz
Pfeffer aus der Mühle
1 TL Zitronensaft

Aroma vom Feinsten
1 Std. + Zeit zum Abkühlen

gekühlt
1–2 Wochen haltbar

1. Die Steinpilze mit einem Pinsel säubern, falls nötig kurz kalt abbrausen und mit Küchenpapier trocknen. Die Pilze in Stückchen schneiden. Schalotte und Knoblauch schälen und fein würfeln.

2. 3 EL Olivenöl in der Pfanne mittelstark erhitzen. Schalotte und Knoblauch darin glasig dünsten. Die Pilze unterrühren und 5 Min. dünsten, gelegentlich durchrühren. Alles erkalten lassen und im Blitzhacker sehr fein pürieren.

3. Das Pilzpüree in eine Schüssel geben und ganz langsam das übrige Olivenöl unterrühren, sodass eine homogene Paste entsteht. Den Thymian fein hacken und unterrühren. Die Paste mit 1 1/2 TL Salz, Pfeffer und Zitronensaft abschmecken und in die vorbereiteten Gläser füllen. Im Kühlschrank aufbewahren. (im Bild oben links)

Mojo grün

FÜR 1 GLAS
À 500 ML INHALT

3 Knoblauchzehen
1 grüne
Peperonischote
2 Bund Koriandergrün
1 Bund glatte
Petersilie
2 Scheiben Toskana-
oder Ciabattabrot
Salz · schwarzer
Pfeffer aus der Mühle
8 EL Olivenöl
4–6 EL guter
Weißweinessig

schön pikant – für Urlaubsstimmung
auf dem Tisch
30 Min.

gekühlt
1–2 Monate haltbar

1. Den Knoblauch schälen und fein hacken. Die Peperoni halbieren, Stiel und Kerne entfernen und die Schotenhälften ausspülen. Peperoni fein hacken. Die Kräuter abbrausen und trocken schütteln, die Blättchen abzupfen fein hacken. Das Brot entrinden und in kleine Stücke zupfen.

2. Knoblauch, Kräuter und Brot in einen großen Mörser geben und zu einer mittelfeinen Paste verarbeiten. Alles in eine Schüssel geben. 1/2 TL Salz, Pfeffer, Öl und Essig dazugeben, alles gründlich verrühren. Die Sauce in ein verschließbares Glas füllen und bis zum Servieren im Kühlschrank aufbewahren. (im Bild oben rechts)

Gut zu wissen Auf den Kanaren isst man die Sauce zu sehr salzigen Mini-Kartoffeln, die man mit Schale verzehrt.

Stachelbeersauce süßsauer

FÜR 5 GLÄSER
À 210 ML INHALT

600 g rosa
Stachelbeeren
2 Schalotten
1 kleine
Knoblauchzehe
6 cm frische
Ingwerwurzel
1 Stängel Zitronen-
gras · 2 EL Öl
150 ml milder
Weißweinessig
(6–7 % Säure)
250 g Gelier-
zucker 1 : 1
Salz · Cayennepfeffer

raffiniert – ganz einfach
50 Min.

ungeöffnet mindestens
1 Jahr haltbar

1. Die Stachelbeeren waschen, putzen und vierteln. Die Schalotten, den Knoblauch und die Ingwerwurzel schälen und fein hacken. Das Zitronengras waschen, die äußeren harten Blätter entfernen und das untere Drittel quer in feine Streifen schneiden.

2. Das Öl in einem Topf erhitzen, Schalotten, Knoblauch und Ingwer darin andünsten. Stachelbeeren und Zitronengras dazugeben, kurz mit andünsten. 150 ml Wasser und den Essig angießen und die Beeren bei mittlerer Hitze 10 Min. weich kochen.

3. Den Gelierzucker unter die Stachelbeersauce rühren und alles sprudelnd 4–5 Min. kochen. Dann mit Salz und Cayennepfeffer abschmecken und in die vorbereiteten Gläser füllen. Mit den Deckeln verschließen. Erst 5 Min. auf den Deckeln stehend, dann richtig herum abkühlen lassen. (im Bild unten links)

Pikante Tomatenkonfitüre

mit feiner Schärfe
45 Min. + 1 Std. Einweichen + 30 Min. Kochen

○ ungeöffnet 3 Monate haltbar

FÜR 3 GLÄSER À 210 ML INHALT

150 g getrocknete Aprikosen · je 50 ml Rum und Orangensaft	1 Stück frische Ingwerwurzel (ca. 10 g)
500 g gut reife Tomaten	1 kleine Chilischote
1 weiße Zwiebel	1 TL abgeriebene Bio-Zitronenschale
1 Knoblauchzehe	3 EL weißer Balsamico-Essig · Salz · Pfeffer

1. Die Aprikosen hacken, mit Rum und Orangensaft übergießen und 1 Std. einweichen. Die Tomaten mit kochendem Wasser überbrühen, häuten und halbieren, Stielansätze und Kerne entfernen und das Fruchtfleisch hacken. Mit Aprikosen und Rum in einen Topf geben.

2. Zwiebel und Knoblauch schälen. Die Zwiebel auf der feinen Gemüsereibe zu den Zutaten im Topf reiben. Den Knoblauch mit der breiten Seite eines großen Messers anquetschen und zufügen.

3. Den frischen Ingwer schälen und hacken. Die Chilischote halbieren, Stielansatz und Kerne entfernen und die Schote hacken. Alles zusammen mit der Zitronenschale unter die Zutaten im Topf rühren und zugedeckt 30 Min. bei mittlerer Hitze kochen.

4. Alle Zutaten pürieren. Balsamico-Essig, 1/2 TL Salz und eine gute Prise Pfeffer unterrühren. Nochmals aufkochen, abschmecken und in vorbereitete Gläser füllen. (im Bild vorne links)

Info Schmeckt lecker zu Pommes frites, zu Hacksteaks und gegrillten Würstchen.

Süßsaure Gemüse-Konfitüre

ideal auch als Mitbringsel
45 Min. + 20 Min. Durchziehen

FÜR 3 GLÄSER
À 300 ML INHALT

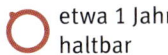 gekühlt
etwa 3 Monate haltbar

500 g Möhren
250 g Kohlrabi
1/2 Bund
Frühlingszwiebeln
2 Orangen
125 ml weißer
Balsamico-Essig
1/4 TL helle
Senfkörner
1/2 TL helles
Senfpulver
1 Msp. gemahlener
Piment · 1 TL gemah-
lener Ingwer · Salz
Pfeffer aus der Mühle
1 TL edelsüßes
Paprikapulver
250 g Gelier-
zucker 2 : 1

1. Möhren und Kohlrabi schälen, würfeln und in der Küchenmaschine fein zer-kleinern (reiben oder mit dem Schlag-messer hacken). Von den Frühlingszwie-beln Wurzeln und das Grüne abschneiden. Die Zwiebeln waschen, längs vierteln und in dünne Streifchen schneiden. Die Oran-gen wie Äpfel schälen. Die Orangenfilets zwischen den Trennwänden herausschnei-den, dabei den Saft auffangen.

2. Gemüse, Orangenfilets und -saft in ei-nen Topf geben. Essig, Senfkörner und Senfpulver, Piment, Ingwer, 1 TL Salz, eine gute Prise Pfeffer und das Paprikapulver unterrühren. Den Gelierzucker aufstreuen und alles mischen, 20 Min. stehen lassen und durchrühren. Die Konfitüre unter Rühren aufkochen und 10 Min. sprudelnd kochen lassen.

3. Etwa ein Viertel der Masse abnehmen und pürieren. Zurück in den Topf geben und nochmals kurz aufkochen. In Gläser füllen und verschließen. Die Gläser 15 Min. auf den Deckeln stehend, dann richtig herum abkühlen lassen.

Cranberrys mit Orangen

supereinfach – köstlich zu Wild und Käse
40 Min.

FÜR 6 GLÄSER
À 210 ML INHALT

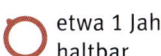 etwa 1 Jahr
haltbar

900 g frische
Cranberrys
2 Bio-Orangen
500 ml frisch gepress-
ter Orangensaft
1 Msp. gemahlene
Nelken
1300 g Gelier-
zucker 1 : 1

1. Die Cranberrys abbrausen, verlesen und abtropfen lassen. Die Orangen waschen, abtrocknen und die Schale in feinen Zesten dünn abschneiden.

2. Cranberrys, Orangenschale, Orangen-saft, Nelken und Gelierzucker in einen großen Topf geben und verrühren. Den Konfitürenansatz aufkochen und bei guter Mittelhitze sprudelnd 4–5 Min. kochen.

3. Die Gelierprobe (s. S. 19) nehmen, die Konfitüre abschäumen und in die vorbere-iteten Gläser füllen. Die Gläser verschließen und zuerst 5 Min. auf den Deckeln stehend, dann richtig herum abkühlen lassen.

Aprikosen-Senf-Konfitüre

fruchtig pikant – gut zu Käse
50 Min. + 12 Std. Durchziehen

FÜR 10 GLÄSER
À 210 ML INHALT

etwa 1 Jahr
haltbar

1,5 kg vollreife,
aromatische
Aprikosen
1 kg Gelierzucker 1 : 1
1/4 Päckchen
Gelierpulver aus
dem Bioladen (8 g)
200–250 g Senfkörner
Salz

1. Aprikosen waschen, halbieren, entstei-nen und in Stücke schneiden. 1,3 kg Apri-kosen abwiegen und mit dem Gelierzucker und dem Gelierpulver in einen großen Topf geben, gut vermischen und zugedeckt über Nacht Saft ziehen lassen.

2. Die Senfkörner im Blitzhacker oder mit dem Stabmixer fein schroten. Die Aprikosen mit dem Stabmixer grob zer-kleinern und aufkochen. Unter ständigem Rühren offen 5 Min. kochen lassen, dann die Gelierprobe nehmen (s. S. 19). Die geschroteten Senfkörner und das Salz nach Geschmack zufügen, unterrühren und noch 2 Min. mitkochen.

3. Dann den Aprikosensenf in die Gläser füllen und sofort verschließen. 5 Min. auf den Deckeln stehend, dann richtig herum abkühlen lassen. (im Bild hinten links)

Pflaumen-Schalotten-Confit

raffiniert kombiniert – gut zu Braten
50 Min. + 20 Min. Kochen

FÜR 6 GLÄSER
À 210 ML INHALT

etwa 1 Jahr
haltbar

500 g Schalotten
500 ml trockener
Rotwein · Salz
1 kg Pflaumen
(oder Zwetschgen)
1 1/2 TL gemahlener
Szechuan-Pfeffer
1 TL gemahlener
Piment
150 ml Balsa-
mico-Essig
1 kg heller Rohrzucker
2 Päckchen Gelier-
pulver (aus dem
Bioladen)

1. Die Schalotten schälen und in dünne Ringe schneiden. Mit dem Rotwein und 1 TL Salz in einen Topf geben und zuge-deckt bei mittlerer Hitze 20 Min. weich ko-chen. Anschließend den Wein offen einko-chen lassen. Den Topf vom Herd nehmen.

2. Die Pflaumen waschen, vierteln und entsteinen. Mit dem Szechuan-Pfeffer und dem Piment, dem Balsamico-Essig und den Schalotten in einen großen Topf geben. Zucker und Gelierpulver in einer Schüssel vermischen, zu den Zutaten im Topf geben und unterrühren.

3. Alles aufkochen und bei guter Mittel-hitze sprudelnd 4–5 Min. kochen. Das fertige Confit (Gelierprobe s. S. 19) in die vorbereiteten Gläser füllen. Gläser verschließen und zuerst 5 Min. auf den Deckeln stehend, dann richtig herum abkühlen lassen. (im Bild vorne rechts)

Weinessig selbst herstellen
Unentbehrlich: Wein und Essigmutter

Essigkulturen zum Wein geben

Erster Schritt: Essigsäurebakterien für Essigmutter in der Apotheke bestellen, 100 ml reichen für einen Ansatz von 1 Liter verdünntem Wein. 750 ml guten Rot- oder Weißwein, möglichst gering geschwefelt, in einen Topf gießen und mit 250 ml Wasser auf 26 bis 28° erwärmen. Das Wein-Wasser-Gemisch in ein so großes Glasgefäß gießen, dass es nur zu drei Viertel gefüllt ist. Das Gefäß sollte eine möglichst große Öffnung haben, damit Sauerstoff ins Glas kommt. 100 ml flüssige Essigsäurebakterien unterrühren.

Luftig unter Stoff

Zweiter Schritt: Der Weinansatz braucht Sauerstoff, damit der Alkohol mithilfe der Essigsäurebakterien in Essig umgewandelt werden kann. Deshalb das Glas mit einem feinmaschigen, luftdurchlässigen Stoff, z. B. einem Mulltuch zubinden. Das Glas an einen warmen Platz stellen und hin und wieder bewegen bzw. sanft schütteln. Dafür sorgen, dass der Ansatz immer warm steht bei 22 bis 26° Raumtemperatur. Das kann in der Nähe des Ofens, auf einer warmen Fensterbank oder auf einem hohen Küchenregal sein.

Die Essigmutter

Dritter Schritt: Nach 1–2 Wochen bildet sich auf der Oberfläche des Essigansatzes eine dünne weißliche, zusammenhängende Schicht, die Kahmhaut, erstes »Lebenszeichen« der entstehenden Essigmutter. Diese Kolonie der Essigbakterien sollte vorsichtig mit einem Holzstiel untergetaucht werden, damit weiter Sauerstoff an die Flüssigkeit gelangt. Jetzt kann mehr, mit etwas Wasser verdünnter Wein zugegossen werden. Nach weiteren 2 Wochen sollte der Wein in Essig umgewandelt sein.

Guter Wein, guter Essig

Weinessig ist so gut wie der Wein, aus dem er gemacht wurde. Denn der **Charakter des Ursprungweins** kommt auch beim Essig zur Geltung. Und natürlich noch alles, was sonst im Wein an gesunden Stoffen vorhanden war. Bei der eigenen Essigproduktion also nicht mit einem Billigwein arbeiten, doch der teuerste muss es auch nicht sein. Am besten einen guten Tischwein verwenden, den man selber gerne genießt. Süße Weine sind weniger geeignet.

Kostbar: die fertige Essigmutter Ist sie einmal entstanden, kann man immer wieder Weinreste zugießen und weiteren Essig produzieren. Mit rotem oder weißem Trauben- und Apfelwein oder Sherry entstehen entsprechende Essigsorten. Den Alkoholgehalt des Weins ggf. durch Verdünnen mit Leitungswasser auf ca. 6 % heruntersetzen – ein zu hoher Alkoholgehalt tötet die zuckervergärenden Hefen in der Essigmutter ab. Damit besitzt auch der fertige Essig um die 6 % Säure (und kaum noch Alkohol). Weitere Garantie für gutes Gelingen: eine möglichst konstante Wärme.

Essig aus der eigenen Küche – einfach hergestellt, individuell aromatisiert

→ **Gefäße und alles andere,** was für die Essigherstellung im kleinen Rahmen benötigt wird, findet sich meist in der eigenen Küche oder im Keller. Das Wichtigste ist ein großes **Glasgefäß,** möglichst eines mit weiter Öffnung, etwa ein großes Gurkenglas oder ein Einmachglas. Es wird mit einem **luftdurchlässigen Stoff** zugebunden, einem Mulltuch oder einem Tüllrest. Doch Vorsicht, um den entstehenden Essig tummeln sich schnell Fruchtfliegen, die nicht durch den Stoff hindurchschlüpfen dürfen. Ein Ballonglas ist auch geeignet. Hat es einen engen Hals, darf es nicht mit einem Korken sondern muss mit einem **Wattebausch** geschlossen werden, damit Luft an den Essigansatz kommt.

→ **Achtung:** Die Essigbakterien dürfen nicht mit Metall in Berührung kommen, deshalb diese nicht unterrühren, wenn der Wein noch im Kochtopf ist, sondern erst wenn er in das Glas zum Ansetzen gegossen wurde.

→ **Essig-Variationen** Wer seinen Essig selbst macht, hat vielfältige Möglichkeiten, sich eine eigene Essigkollektion aufzubauen, indem man dem Essig Kräuter, Gewürze, Blüten und andere aromatische Zusätze beigibt. Hier als Beispiel das Rezept für feinen **Minze-Essig mit Ingwer:** Ein Stück Ingwer (ca. 20 g) schälen und in Stifte schneiden. 4 Kumquats waschen, abtrocknen und in 1 cm dicke Scheiben schneiden oder längs halbieren. 3 Stängel frische Minze kalt abspülen und mit Küchenpapier trocken tupfen. Die Minzestängel in eine gut gereinigte Flasche stecken, dazu Ingwer und Kumquats einfüllen. 750 ml Essig aufgießen, die Flasche verschließen und 1 Woche bei Raumtemperatur stehen lassen (Bild rechts). Gelegentlich die Flasche bewegen, damit sich die Aromastoffe verteilen können. Der duftende, feinwürzige Essig gibt gemischten Blattsalaten, wie auch mit Olivenöl beträufeltem Orangensalat oder Salat aus Meeresfrüchten exquisite Würze. Weitere Essig-Ideen finden Sie auf S. 135.

Gut zu wissen

→ Die Essigherstellung ist auch ein bisschen Glücksache, und sie gelingt nicht immer. Wenn sich nach 2 Wochen noch keine Kahmhaut an der Oberfläche zeigt, nicht aufgeben, sondern dem Essig weitere 2 Wochen eine Chance geben. Vielleicht war der Wein zu sehr geschwefelt oder die Temperatur zu niedrig.

→ Riecht der Essigansatz nach Aceton, also nach Nagellackentferner, oder auch medizinisch, ist das weder giftig noch schädlich. Mit der Zeit entweichen diese »duftenden« Nebenprodukte von selbst.

→ Der Essig wird umso besser, je länger man ihn lagert. Er ist praktisch unbegrenzt haltbar.

Apfel-Estragon-Essig

mit fruchtigem Aroma
30 Min. + 8 Tage Durchziehen

FÜR 1 FLASCHE
À 500 ML INHALT

○ mindestens 6 Monate haltbar

15 g Bio-Apfelchips
(getrocknete
Apfelscheiben;
gekauft oder selbst
getrocknet)
1 TL schwarze
Pfefferkörner
500 ml naturtrüber
Apfelessig
2–3 Zweige frischer
Estragon

1. Die Apfelchips in die gut gesäuberte Flasche schieben, Pfefferkörner daraufgeben. Den Apfelessig darübergießen, leicht schütteln. Die Flasche verschließen und die Chips 12 Std. durchziehen und quellen lassen. Gelegentlich leicht schütteln.

2. Die Estragonzweige, falls nötig, kalt abspülen und zwischen zwei sauberen Küchentüchern trocken tupfen. Die Zweige in die Flasche schieben, wieder verschließen und den Essig an einem warmen Platz, z. B. auf der Fensterbank, 1 Woche durchziehen lassen. Dann kann er bereits verwendet werden. (im Bild vorne links)

Info Bei einem üppigen Blattsalat, Sellerie- oder Möhrensalat oder Kartoffel-Apfelsalat entfaltet der Essig sein feines Aroma. Auch eine Sauce Bearnaise lässt sich wunderbar damit abschmecken.

Rosa Stachelbeeressig

für raffinierte Salate – superschnell
20 Min. + 4 Wochen Durchziehen

FÜR 2 WEITHAL-
SIGE FLASCHEN
À 500 ML INHALT

○ ungeöffnet mindestens 1 Jahr haltbar

400 g rosa
Stachelbeeren
4 cm frische
Ingwerwurzel
1 Vanilleschote
700–800 ml milder
Weißweinessig
(6–7 % Säure)

1. Die Stachelbeeren waschen, abtrocknen und halbieren. Die Beeren auf die zwei Flaschen verteilen.

2. Die Ingwerwurzel schälen und in 6 Stücke schneiden. Die Vanilleschote längs halbieren, aufschlitzen und das Vanillemark herausschaben. Ingwer und Vanilleschote auf die Flaschen verteilen.

3. Den Essig in eine Schüssel geben und das Vanillemark mit einem Schneebesen darunter rühren, bis es sich aufgelöst hat. Den Vanilleessig auf die Stachelbeeren gießen und die Flaschen fest verschließen.

4. Den Essig 4 Wochen durchziehen lassen, dabei gelegentlich schütteln. Dann nach Wunsch durch ein feines Sieb abgießen und in saubere Flaschen füllen. (im Bild hinten links)

Roter Johannisbeeressig

leicht süßlich – ganz einfach
30 Min. + ca. 3 Wochen Durchziehen

FÜR 2 FLASCHEN
À 500 ML INHALT

○ ungeöffnet mindestens 1 Jahr haltbar

500 g rote
Johannisbeeren
700–800 ml Weiß-
weinessig
3 EL flüssiger
Blütenhonig
6–8 Minzeblättchen
6–8 Zitronenmelisse-
blättchen
12 schwarze
Pfefferkörner

1. Die roten Johannisbeeren waschen, abtropfen lassen und die Beeren von den Rispen streifen. Die Beeren in ein großes Bügelglas mit 1 l Inhalt füllen.

2. Den Essig in einen Rührbecher gießen und den Honig unterrühren, bis er sich aufgelöst hat. Den Essig auf die Beeren gießen und das Glas verschließen. Den Essigansatz 2–3 Wochen bei Raumtemperatur durchziehen lassen.

3. Den Essigansatz durch ein feines Sieb abgießen, die Beeren leicht andrücken und gut abtropfen lassen. Die Kräuterblättchen waschen, trocken tupfen und mit den Pfefferkörnern in die sorgfältig gereinigten Flaschen verteilen.

4. Den Essig in die Flaschen füllen, gut verschließen und noch einige Tage durchziehen lassen. (im Bild ganz rechts)

Tipp Der rote Johannisbeeressig schmeckt besonders gut zu feinen Blattsalaten, zu Linsensalat oder zu fruchtigen Reissalaten.

Rosenblüten-Essig

ausgefallen – fein duftend
ca. 20 Min.
+ mind. 2 Wochen Durchziehen

FÜR 1 WEIT-
HALSIGE FLASCHE
À 750 ML INHALT

○ 3–4 Monate haltbar

40 g frische duftende
Rosenblütenblätter
(s. Tipp)
600 ml Weißweinessig

1. Die Rosenblütenblätter gleich nach der Ernte auf ein großes Tablett streuen und nach Ungeziefer, z. B. kleinen Käfern, durchsuchen und diese entfernen. Die Blütenblätter in eine Flasche füllen und den Essig darübergießen. Mit einem Kochlöffelstiel im Essig verrühren. Die Flasche mit einem dicken Korken oder mit einem doppelt gelegten Stück Frischhaltefolie und Gummiring verschließen.

2. Die Flasche 2–3 Wochen an einen warmen Platz stellen, am besten auf die Fensterbank, gelegentlich durchschütteln. Den Essig durch eine Kaffeefiltertüte oder ein Mulltuch filtern, in eine Flasche gießen und zustöpseln. (im Bild vorne Mitte)

Info Duftrosen sind im Handel schwer zu finden. Zu den wenigen und wenig beachteten Duftrosen zählen aber auch die Heckenrosen, die an Wegrändern, in Anlagen und Parks frei wachsen.

Knoblauch-Basilikumöl

für mediterrane Salate
30 Min. + 1 Woche Durchziehen

○ 2–3 Monate
haltbar

FÜR 2 FLASCHEN
À 500 ML INHALT

10–12 Basilikum-
zweige
1 Bio-Zitrone
8–10 Knoblauchzehen
2 TL schwarze
Pfefferkörner
2 Chilischoten
1 l gutes Olivenöl

1. Basilikum trocken säubern und in sorgfältig gereinigte Flaschen stecken. Die Zitrone waschen, abtrocknen und mit dem
Sparschäler 2 dünne Streifen abschneiden.
Den Knoblauch schälen, anquetschen, mit
Zitronenschale, Pfefferkörnern und Chilischoten in die Flaschen verteilen.

2. Die Flaschen mit Olivenöl auffüllen, verschließen und sanft durchschütteln. Das Öl
an einem dunklen, kühlen Platz 1 Woche
durchziehen lassen. Gelegentlich sanft
durchrütteln. Verbrauchtes Öl kann über
1–2 Monate immer wieder durch frisches
aufgefüllt werden. (im Bild ganz hinten)

VARIANTE

Gartenkräuteröl

Von Garten- oder Balkonkräutern wie
Zitronenthymian, Majoran, Salbei, Rosmarin, Estragon, Minze, Zitronenmelisse oder
Zitronengeranie Zweige einzelner oder
mehrerer Kräutersorten mit Pfefferkörnern
in Flaschen stecken, mit neutralem Öl aufgießen und 2–3 Wochen ziehen lassen.

Gewürzöl

raffiniert – für die schnelle Küche
20 Min. + 2 Wochen Durchziehen

○ etwa 1 Jahr
haltbar

FÜR 2 FLASCHEN
À 500 ML INHALT

2 Knoblauchzehen
4 Zweige frischer
Thymian
2 getrocknete
Lorbeerblätter
2 TL schwarze
Pfefferkörner
1 TL Pimentkörner
2 getrocknete
Chilischoten
1 l gutes
Sonnenblumenöl

1. Die Knoblauchzehen schälen und längs
halbieren. Den Thymian abbrausen und
mit Küchenpapier sorgfältig trocken tupfen. Knoblauch, alle Gewürze und die
Chilischoten in ein großes Einmachglas
geben und das Öl daraufgießen.

2. Das Gewürzöl an einem dunklen, kühlen
Ort 2 Wochen durchziehen lassen. Dann
durch ein feines Sieb die Gewürze abseihen
und den Knoblauch entfernen.

3. Die Gewürze in zwei Flaschen verteilen
und das aromatisierte Öl darübergießen.
Die Flaschen verschließen und an einem
kühlen Ort aufbewahren. (im Bild Mitte)

Waldpilzöl

pikant – etwas Besonderes
15 Min. + 2 mind. Wochen Durchziehen

○ 2–3 Monate
haltbar

FÜR 2 FLASCHEN
À 250 ML INHALT

30 g verschiedene
getrocknete, aromati-
sche Waldpilze wie
Pfifferlinge, Stein-
pilze, Morcheln
(selbst getrocknet
oder gekauft)
500 ml Sonnen-
blumenöl
2 TL schwarze
Pfefferkörner
2 Muskatblüten

1. Die Pilze in die beiden Flaschen verteilen
und mit dem Öl auffüllen. Die Pfefferkörner im Mörser leicht zerstoßen und mit
den Muskatblüten in die Flaschen füllen
und verschließen.

2. Das Öl 2–3 Wochen bei Raumtemperatur ziehen lassen, gelegentlich vorsichtig
schütteln. Das Öl durch eine Filtertüte laufen lassen und in saubere Flaschen füllen.
(im Bild links)

Info   Nach dem Abgießen können Sie ein
zweites Mal Öl zu Pilzen und Gewürzen
gießen und durchziehen lassen, auch wenn
das Aroma dann nicht so kräftig wird.

Tipp   Nudeln mit etwas Pilzöl vermischen
und mit Käse bestreut servieren. Oder
dünne Kartoffelscheiben mit dem Öl beträufeln, mit Salz und Pfeffer bestreuen
und im Ofen backen.

Orangenöl

ganz schnell – für raffinierte Salate
20 Min. + 3 Wochen Durchziehen

○ etwa 1 Jahr
haltbar

FÜR 2 WEITHAL-
SIGE FLASCHEN
À 500 ML INHALT

6 Bio-Orangen
1 l gutes Olivenöl
**Außerdem nach
Belieben:**
1 TL schwarze oder
bunte Pfefferkörner
oder 2 kleine
getrocknete
Chilischoten

1. Die Orangen heiß abwaschen und abtrocknen. Mit einem sehr scharfen Messer
die Schale dünn abschneiden, dabei möglichst das Weiße der Schale nicht mit abschneiden.

2. Die Orangenschalen in die Flaschen verteilen. Das Olivenöl auf die Orangenschalen gießen und die Flaschen verschließen.
Das Orangenöl 3 Wochen an einem kühlen
und dunklen Ort durchziehen lassen, dabei
die Flaschen gelegentlich schütteln.

3. Anschließend das Öl durch ein feines
Sieb abseihen und in saubere Flaschen
füllen. Wer mag, gibt noch schwarze oder
bunte Pfefferkörner oder getrocknete
Chilischoten mit ins Öl. (im Bild rechts)

Austausch-Tipp   Statt der Orangenschale
Zitronenschale mit dem Olivenöl aufsetzen
und wie im Rezept beschrieben verfahren.

Getränke

Der Geist in der Flasche, wer kennt ihn nicht von Omas Fensterbank. Johannisbeeren oder Himbeeren, die wochenlang in Flaschen mit rosa Flüssigkeit ruhten umgab eine Aura von Geheimnis. »Nur für Erwachsene« hieß es beim »Aufgesetzten«. Spätestens beim Kaffeekränzchen in fröhlicher Damenrunde wurde eine der Flaschen entkorkt und der »Geist« herausgelassen. Nüchtern betrachtet bringt das Haltbarmachen in Alkohol viel Gutes: Nicht nur wunderbar aromatische Liköre entstehen, sondern auch prickelnder Holunderblütensekt. Früchte aus dem Rumtopf oder Pflaumen in Rotwein erfreuen als Dessert, fruchtiger Sirup, mit Wasser oder Sekt aufgegossen als erfrischender Longdrink; eingelegte Kumquats oder Ingwer bereichern Kuchen. Und als Geschenke sind diese aromatischen Küchenschätze sowieso immer willkommen.

Früchte in Alkohol

Im Ganzen eingelegt oder zu köstlichem Likör veredelt

In Steinzeug gereift

Im **Steinzeugtopf** reifen Rumtopffrüchte und andere in Alkohol eingelegte Obstsorten lichtgeschützt bis zu ihrer Vollendung. Der Deckel liegt nur auf, mit einem Stück Frischhaltefolie zwischen Deckel und Topf schließt er besser. Den Topf vor dem Befüllen sehr sorgfältig mit Essigwasser reinigen, damit Schimmel keine Chance hat. Zum Verschenken kleine Steinzeug- oder Keramiktöpfe besorgen und den Rumtopf hineinfüllen.

In Glas präsentiert

Schöne **Flaschen** zum Abfüllen von Likör und Aufgesetztem finden sich fast überall. Am besten das Jahr über sammeln, was einem auf dem Flohmarkt, in der Haushaltsabteilung oder auf Reisen ins Auge fällt. Sehr gut lassen sich auch Getränkeflaschen umfunktionieren oder kleine, als Blumenvasen gedachte Flaschen zweckentfremden. So kommt man in den Besitz einer bunten Flaschenparade für jede Gelegenheit.

Kreativ beschriftet

Kleine Hersteller machen es uns vor: Durch nostalgische Flaschen mit Bügelverschluss und liebevoll gestaltete **Etiketten** wird bei ihnen beispielsweise die Limonade zum Nobelgetränk. Das können Sie auch: Veredeln Sie den selbstgemachten Sirup mit einem handgemachten Etikett? Einfach Motive mit Aquarell- oder anderen Farben auf Papier entwerfen und farbig auf wiederablösbare Klebeetiketten kopieren.

Welcher Alkohol wofür?

Am reinsten und ganz geschmacksneutral ist **reiner Alkohol,** den es in der Apotheke gibt. Es ist allerdings nicht immer ganz leicht, diesen 96-prozentigen Alkohol auch wirklich zu bekommen. Denn viele Apotheken sind sehr vorsichtig mit dem Verkauf von »reinrassigem Sprit«, um Missbrauch vorzubeugen. Wenn Sie allerdings dazusagen, dass Sie selber Likör machen wollen, ist der Einkauf meist kein Problem mehr. Ein Wermutstropfen bleibt trotzdem: Reiner Alkohol ist in Deutschland ziemlich teuer, weil er mit hohen Steuern belegt ist.

Reiner Alkohol wird in der Genießer-Vorratsküche zur Herstellung von Likör verwendet: Er entzieht beispielsweise Zitrusschalen oder Kräutern, wenn man sie darin einlegt, ihr intensives Aroma und wird nach einer gewissen Reifezeit mit Wasser auf Trinkstärke verdünnt und mit Zucker zum Likör.

Fast geschmacksneutral und preiswert sind **Wodka und Korn,** die gern für aufgesetzte Liköre Verwendung finden. Dafür z. B. aromatische Johannisbeeren oder Himbeeren mit Zucker und Schnaps »aufsetzen« und mindestens 2 Monate an einem sonnigen, nicht zu heißen Ort durchziehen lassen.

Wenn mit Alkohol versetzte Früchte die Hauptrolle spielen sollen, diese mit **Rum, Cognac oder Armagnac** aufsetzen, die sich geschmacklich gut einordnen. Obstbrände wie Kirschwasser oder Slivovitz schmecken sehr dominant und finden daher nur in Ausnahmefällen Verwendung. **Süßweine** wie Vin Santo, Portwein oder auch ein aromatischer trockener Rotwein passen vor allem gut zu dunklen, herbstlichen Früchten, etwa Zwetschgen. Die Weine werden mit würzenden Zutaten aufgekocht und über die Früchte gegossen. Vom Alkohol bleibt bei dieser Methode kaum noch etwas erhalten, vom Aroma der zugesetzten Flüssigkeit dafür umso mehr.

Beschwipste Früchte – herbfruchtig oder aromatisch-süß

Alle weichen Früchte, etwa Beeren und Kirschen, geben ihr Aroma bereitwillig an Wodka oder Korn ab, wenn man sie nur lange genug im Alkohol durchziehen lässt. Dann haben sie allerdings ihre Pflicht getan und werden entsorgt, zum Verzehr eignen sie sich nach dem Abseihen nicht mehr.
Äpfel, Wassermelonen, Bananen hingegen am besten alkoholfrei genießen, sie eignen sich nicht zum Einlegen in Wodka, Rum und Co.

➔ Neben dem Alkohol ist es der **Zucker,** der die Früchte über lange Zeit konserviert und für Geschmack sorgt. **Festere, aromatische Früchte** wie Aprikosen, Ananas, Pfirsiche, Feigen, Zwetschgen, nicht zu weiche Birnen, Trockenfrüchte und Mangos werden zur köstlichen Nascherei, wenn man sie einige Zeit mit Zucker in Alkohol reifen lässt. Das hochprozentige Obst schmeckt gut zum Dessert oder auch pur, immer mit etwas von der Einlegeflüssigkeit als »Sauce« dazu.

Raffiniertes mit Likör und Fruchtpüree
Feine Beerenliköre schmecken besonders gut als Aperitif auf Eiswürfeln. Auch lassen sie sich wunderbar mit Prosecco oder einem trockenen, leichten Weißwein aufgießen. Gefrorene Fruchtpürees werden im Handumdrehen im Mixer zu köstlichen Limes, wenn man ihnen Tequila oder Wodka zugibt.

Ob feiner Haushaltszucker, weißer oder brauner Kandis, Rohrrohrzucker oder Honig, hängt von den Früchten und den persönlichen Geschmacksvorlieben ab. Besonders neutral schmeckt weißer Kandis, der durch seine scharfkantige Struktur dünnhäutige Beeren zerplatzen lässt und ihnen so ihren Saft entlockt. Brauner Kandis verleiht dem angesetzten Likör zusätzlich ein leichtes Karamellaroma. Feiner Haushaltszucker löst sich ebenso wie Kandis durch gelegentliches Schütteln und Rühren auf, er kommt hauptsächlich bei den festeren Früchten zum Einsatz. Und wer es besonders karamellig und rund mag, der verwendet Rohrrohrzucker für dunkle, in Alkohol eingelegte Früchte.

Alkoholfrei mixen mit Sirup Einfach, aber immer wieder köstlich: hausgemachten Sirup mit eisgekühltem Mineralwasser aufgießen und mit Minze- oder Melisseblättchen garnieren. Sirup eignet sich aber auch hervorragend zum Verfeinern von eisgekühltem Schwarz- oder Kräutertee und ist so ein willkommener Drink zum alkoholfreien Anstoßen und Feiern.

Likör ansetzen leicht gemacht

➔ Die meisten Liköre machen es uns leicht: einfach Obst oder Kräuter und Gewürze, Zucker oder Honig und Alkohol in ein großes Gefäß geben (»aufsetzen«), stehen lassen, abseihen, fertig! Zum Abseihen von Aufgesetztem den Likör am besten in ein großes Spitzsieb gießen, die Beeren darin auffangen und leicht ausdrücken, so kommt noch mehr Aroma in die Flasche.

➔ Sollte sich beim Liköransatz mit der Zeit ein trüber Bodensatz bilden, wie beim Bärenfang etwa (Rezept S. 145), den Likör durch eine große Kaffeefiltertüte seihen. Sind die Poren verstopft, die Filtertüte gegen eine neue austauschen.

➔ Besonders hübsch macht es sich, wenn man in den fertig abgefüllten Likör einige Kräuterzweige, wie beim Kräuterlikör, oder in den Bärenfang ein Stückchen Zimtrinde und 1/2 Vanilleschote gibt.

Himbeer-Likör mit Waldmeister

köstlich auf Eis – ganz einfach
40 Min. + 2 Monate Durchziehen

FÜR 3 FLASCHEN
À 500 ML INHALT

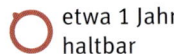 etwa 1 Jahr
haltbar

700 g frische oder
TK-Himbeeren
4 Zweige getrockneter
Waldmeister
1 l Wodka
200 g Zucker

1. Frische Himbeeren verlesen, tiefgekühlte Himbeeren antauen lassen. Die Beeren und den Waldmeister in ein großes Glas mit 1,7 l Inhalt füllen. Den Wodka daraufgießen, alles an einem mäßig warmen, leicht sonnigen Ort 2 Monate durchziehen lassen. Das Glas täglich einmal durchschütteln.

2. Nach zwei Monaten den Zucker mit 200 ml Wasser aufkochen, bis sich der Zucker gelöst hat. Abkühlen lassen. Den Himbeerschnaps durch ein Sieb abgießen. Die Himbeeren gut ausdrücken, damit möglichst viel vom Saft in den Likör gelangt.

3. Den Zuckersirup unter den Liköransatz rühren. Den Likör in die sorgfältig gereinigten Flaschen füllen. Gut verschließen. (im Bild vorne)

Cassis mit Rotwein und Korn

ganz einfach – ein fruchtiger Aperitif
1 Std. + gut 3 Monate Durchziehen

FÜR 3 FLASCHEN
À 500 ML INHALT

etwa 2 Jahre
haltbar

800 g schwarze
Johannisbeeren
(möglichst mit einigen
Johannisbeerblättern)
700 g brauner
Kandiszucker
250 ml trockener
Rotwein
1 l Kornbrand (54 %)

1. Die schwarzen Johannisbeeren abbrausen, verlesen und gut abtropfen lassen. Die Beeren mit einer Gabel von den Rispen streifen und in 2–3 große Einmachgläser mit je mind. 1 l Inhalt verteilen. Die Johannisbeerblätter dazugeben.

2. Den Kandis auf die Beeren geben und leicht andrücken. Wein und Kornbrand aufgießen, sodass die Beeren und der Zucker gut bedeckt sind.

3. Die Gläser sorgfältig verschließen und den Likör an einem sonnigen Platz 1 Woche durchziehen lassen. Dann an einem dunklen, kühlen Ort weitere 3 Monate durchziehen lassen. Die Gläser währenddessen mehrmals leicht drehen und schwenken, damit sich der Zucker komplett auflösen kann.

4. Den fertigen Likör durch ein feines Sieb oder ein Mulltuch abgießen und in die sorgfältig gereinigten Flaschen füllen. Gut verschließen und dunkel lagern. (im Bild linke Flasche)

Kräuterlikör

wohltuend – supereinfach
40 Min. + 4 Monate Durchziehen

FÜR 3 FLASCHEN
À 500 ML INHALT

etwa 2 Jahre
haltbar

2 Zweige frischer
Rosmarin
8 Salbeiblätter
10 kleine Zweige
frischer Thymian
4 Zweige Minze
4 Duftgeranien-Blätter
3 Espresso-
Kaffeebohnen
1 TL grob zerstoßene
Fenchelsamen
1/2 TL getrocknete
Kamille
1 l Wodka
300 g Zucker

1. Die Kräuter falls nötig waschen, abtrocknen und mit allen Gewürzen in ein großes Einmachglas mit 1,5 l Inhalt geben. Den Wodka daraufgießen, sodass alle Kräuter mit der Flüssigkeit bedeckt sind.

2. Den Kräuteransatz 2 Monate an einem leicht sonnigen Platz durchziehen lassen, zwischendurch mehrmals durchschütteln.

3. Nach 2 Monaten den Zucker mit 200 ml Wasser aufkochen, bis er sich aufgelöst hat, dann abkühlen lassen. Den Kräuteransatz durch ein feines Sieb oder durch ein Mulltuch abgießen, die Kräuter wegwerfen. Den abgekühlten Sirup zum Kräuterschnaps geben und unterrühren.

4. Den Likör in die vorbereiteten Flaschen füllen. Flaschen gut verschließen und den Likör weitere 2 Monate an einem dunklen, kühlen Ort nachreifen lassen. (im Bild ganz links)

Holunderblüten-»Sekt«

FÜR 8 FLASCHEN
À 1 L INHALT MIT
BÜGELVERSCHLUSS
ODER KORKEN (ODER
MEHRERE KLEINERE
FLASCHEN)

als sommerlicher Aperitif
1 Std. + 24 Std. Durchziehen
+ 6 Wochen Ruhen

ungeöffnet und gekühlt
2–3 Monate haltbar

14 große Holunder-
blütendolden ohne
Schmutz und Ungeziefer
1 kg Zucker
30 g Zitronensäure
(aus der Apotheke)
2 Bio-Zitronen

Außerdem:

Mulltuch

1. Holunderblütendolden säubern, möglichst ohne waschen. Stiele abschneiden. Blüten in eine große Schüssel geben und 7 l kaltes Wasser zugießen. Zucker und Zitronensäure zugeben und so lange rühren, bis sie sich aufgelöst haben. Zitronen waschen, in dünne Scheiben schneiden und in die Schüssel geben. Zugedeckt 24 Std. kühl stellen. Gelegentlich durchrühren.

2. Ein großes Sieb mit einem Mulltuch auslegen, auf einen großen Behälter setzen und den Blütensud darin abtropfen lassen. Das Tuch leicht ausdrücken. Die gut gereinigten Flaschen mit dem Holunderblütensud füllen, fest verschließen. Bis zur Gärung stehend an einen kühlen Platz stellen, am besten auf eine dicke Lage Zeitungspapier, falls beim Gären Flüssigkeit ausläuft. Immer wieder kontrollieren. Nach 6 Wochen sollte die Gärzeit abgeschlossen und der Sekt trinkfertig sein. (im Bild rechts)

Zimtlikör

20 Min. + 6 Wochen Ruhen

**FÜR 1 FLASCHE
MIT 750 ML INHALT**

◯ unbegrenzt
haltbar

150 g brauner
Kandiszucker
3 große Zimtstangen
3 TL Zimtpulver
2 Gewürznelken
600 ml Wodka (40 %)

1. Den Kandiszucker in eine große Flasche füllen. Zimtstangen, Zimtpulver und Gewürznelken zufügen. Wodka aufgießen.

2. Flasche gut verschließen und mindestens 6 Wochen an einen warmen Platz, auf eine Fensterbank oder in Ofennähe stellen. Gelegentlich durchschütteln.

3. Nach der Ruhezeit den Zimtlikör durch eine Filtertüte in eine sorgfältig gereinigte Flasche gießen.

VARIANTE

Espressolikör

Für 750 ml Likör 150 g braunen Kandiszucker in eine Flasche füllen. 2 Kardamomkapseln und 1/2 aufgeschlitzte Vanilleschote daraufgeben. 300 ml kalten Espresso mit 300 ml Grappa (40 %) über den Zucker gießen, verschließen und wie beim Zimtlikör weiter verfahren.

Eierlikör

ein Klassiker
ca. 40 Min. + 30 Min. Abkühlen
lassen + 1 Tag Durchziehen

**FÜR 3 FLASCHEN
À 350 ML INHALT**

◯ gekühlt
etwa 4 Wochen haltbar

1 Vanilleschote
250 g Zucker
500 ml Vollmilch
8 sehr frische Eigelb
350 ml Rum (54 %)

Außerdem:
Silikonspatel

1. Vanilleschote längs aufschneiden, das Mark herausschaben. 125 g Zucker, Milch, Vanillemark und -schote in einem Topf aufkochen, dann vom Herd ziehen.

2. Eigelbe und übrigen Zucker in einer Metallschüssel auf dem siedenden Wasserbad mit dem Schneebesen langsam weißschaumig aufschlagen. Die Milch erneut aufkochen, unter die Eigelbmischung rühren.

3. Alles mit einem Silikonspatel so lange auf dem Wasserbad rühren, bis sie dicklich wird. Dann den Spatel in die Masse tauchen, herausziehen und leicht auf eine Seite pusten. Bilden sich Wellen, die nicht in sich zusammenfallen und an eine Rosenblüte erinnern, hat die Creme die richtige Konsistenz. Vom Herd nehmen, durch ein feines Sieb gießen und abkühlen lassen.

4. Rum unterrühren. Den Schaum abschöpfen. In Flaschen füllen, verschließen und im Kühlschrank aufbewahren.

Bärenfang Honiglikör

unkompliziert – aus Schlesien
20 Min. + 2 Monate Durchziehen

**FÜR 3 FLASCHEN
À 500 ML INHALT**

mindestens 1 Jahr
haltbar

1 Bio-Zitrone
500 g flüssiger
Akazien-, Blüten- oder
Orangenblütenhonig
1 l Wodka
1/2 Zimtstange
1/2 Vanillestange
1 Gewürznelke

1. Die Zitrone waschen, abtrocknen und die Schale der halben Zitrone in einer Spirale ca. 1 cm breit abschneiden, ohne die weiße Haut mit abzuschneiden. Den Honig in einen Topf geben, auf 40° erwärmen und richtig flüssig werden lassen. Vom Herd nehmen und in eine Schüssel füllen.

2. Den Wodka nach und nach unterrühren. Zitronenschale und Gewürze dazugeben und den Liköransatz in ein großes, hohes Glas füllen. Verschlossen an einem kühlen, dunklen Ort 2 Monate durchziehen lassen.

3. Anschließend den Likör durch eine Kaffeefiltertüte filtrieren und in die sorgfältig gereinigten Flaschen füllen. Die Flaschen verschließen und nach Wunsch den Likör noch 2 Wochen nachreifen lassen.

Dazu passt's Der Bärenfang passt besonders gut nachmittags zu einer Tasse starkem schwarzem Tee.

Limoncello

Italo-Klassiker – ein feiner Digestif
30 Min. + Zeit zum Abkühlen
+ mind. 2 Wochen Durchziehen

**FÜR
CA. 3 FLASCHEN
MIT 500 ML INHALT**

mindestens 1 Jahr
haltbar

8 Bio-Zitronen
500 ml reiner Alkohol
aus der Apotheke
(96 %)
450 g Zucker

Außerdem:

großes Glas
(750 ml Inhalt) mit
Bügelverschluss

1. Die Zitronen gründlich waschen. Die gelbe Schale dünn abschneiden, ohne weiße Schalenteile mit abzuschneiden, damit der Likör nicht bitter wird. Die Schalenstreifen in das Bügelverschlussglas geben.

2. Den Alkohol auf die Schalenstreifen gießen und das Glas gut verschließen. An einem dunklen, kühlen Ort 2–3 Wochen durchziehen lassen, dabei den Glasinhalt hin und wieder durchschütteln.

3. Den Zucker mit 700 ml Wasser aufkochen, bis er sich aufgelöst hat. Die Zuckerlösung abkühlen lassen.

4. Den aromatisierten Alkohol durch ein feines Sieb in eine Schüssel gießen, die Schalen wegwerfen. Die kalte Zuckerlösung unterrühren und den Likör in die gut gereinigten Flaschen füllen. Kühl und dunkel aufbewahren. Den Likör vor dem Servieren einige Stunden ins Gefrierfach stellen.

Rumtopf

für die Weihnachtszeit – ein Klassiker
1 Std. + pro Obstsorte mind. 3 Wochen
Durchziehen

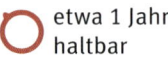 etwa 1 Jahr
haltbar

FÜR 1 GROSSEN RUMTOPF
MIT 5 L INHALT

500 g makellose Erdbeeren
ca. 3 kg Zucker
5–6 Flaschen brauner Rum (54 %)
500 g aromatische Aprikosen
500 g Kirschen
700 g aromatische gelbe Pfirsiche
2 vollreife Mangos
1 vollreife Ananas und/oder
500 g Weintrauben
600 g Zwetschgen

1. Im Juni mit dem Ansetzen des Rumtopfs beginnen: Die Erdbeeren waschen, putzen und sorgfältig trocken tupfen. Große Früchte halbieren. Die Erdbeeren in den sehr sorgfältig gereinigten Rumtopf geben und 1 kg Zucker daraufüllen. Die Früchte 2 Std. Saft ziehen lassen, dann so viel Rum daraufgießen, dass die Erdbeeren zweifingerhoch bedeckt sind. 3–4 Wochen durchziehen lassen, dabei zwischendurch mit einem Edelstahllöffel umrühren, damit sich der Zucker auflöst.

2. Die weiteren oben genannten Früchte in ihrer jeweiligen Saison vorbereiten und mit je 250 g Zucker zum Rumtopfansatz geben: Die Aprikosen waschen, trocken tupfen, vierteln und entsteinen. Die Kirschen waschen, trocken tupfen und entsteinen. Die Pfirsiche mit kochendem Wasser überbrühen, häuten und in mundgerechte Stücke schneiden, Pfirsichsteine dabei entfernen.

3. Die Mangos schälen, das Fruchtfleisch in mundgerechten Stücken von den Steinen schneiden. Die Ananas schälen, den harten Strunk in der Mitte herausschneiden. Ananas in Stücke schneiden. Die Zwetschgen waschen, halbieren, Stiele und Steine entfernen.

4. Immer so viel Rum angießen, dass die Früchte zweifingerhoch damit bedeckt sind. Den Rumtopf nach alter Tradition bis zum ersten Advent stehen lassen, dann darf zum ersten Mal probiert werden.

Dazu schmeckt's Den Rumtopf entweder pur oder zu Vanilleeis servieren. Köstlich schmeckt auch ein getränkter Hefekuchen, ein Baba, mit Rumtopffrüchten.

Damit der Rumtopf gelingt

Das Gefäß für den Rumtopf muss aus Steinzeug oder Keramik sein und einen gut schließenden Deckel besitzen. Glasgefäße sind nicht geeignet, da sie lichtdurchlässig sind. Den Topf mit kochend heißem Wasser mit einigen Spritzern Essigessenz ausspülen und umgedreht auf einem sauberen Geschirrtuch trocknen lassen. Den Rumtopf, nachdem er einmal befüllt ist, immer an einem dunklen, kühlen Ort aufbewahren. Regelmäßig kontrollieren, damit nichts schimmelt. Früchte, die nach oben steigen mit einem sorgfältig gereinigten Teller beschweren.

Pannenhilfe

Bilden sich kleine Bläschen an der Oberfläche des Rumtopfs, hat er angefangen zu gären. In diesem Fall 150 ml reinen Weingeist darunterrühren. Der hochprozentige Alkohol unterbricht den Gärungsprozess. Bildet sich bereits Schaum an der Oberfläche und riecht der Rumtopf gärig, dann den Inhalt einmal aufkochen und alsbald verbrauchen.

Rumrosinen

supereinfach – zum Backen oder pur Genießen
15 Min. + 1 Monat Durchziehen

**FÜR 2 GLÄSER
À 500 ML INHALT**

mindestens 2 Jahre
haltbar

500 g ungeschwefelte
Rosinen oder dunkle
Weinbeeren
1 Bio-Zitrone
1 Vanilleschote
2 Gewürznelken
700 ml brauner Rum
(54 %)

1. Die Rosinen in ein Sieb geben, kalt abspülen und zwischen Küchenpapier trocken tupfen. Rosinen in die Gläser verteilen. Die Zitrone waschen, abtrocknen und die Schale von einer Hälfte in 1 cm breiten Streifen dünn abschneiden. Restliche Zitrone anderweitig verwenden.

2. Die Vanilleschote längs aufschlitzen und halbieren. Zitronenschale, Vanilleschote und Gewürznelken in die Gläser verteilen. So viel Rum aufgießen, dass Rosinen und Gewürze damit 2 cm hoch bedeckt sind.

3. Die Gläser verschließen und die Rosinen an einem kühlen, dunklen Ort 4 Wochen durchziehen lassen.

Dazu passt's Rumrosinen entweder pur oder in einem starken ostfriesischen Tee genießen. Die beschwipsten Früchte passen auch gut zu Eis, Pudding oder Cremes, auf Apfel- oder in Rührkuchen.

Dörrpflaumen in Armagnac

ein Klassiker – für raffinierte Desserts
30 Min. + 12 Std. Einweichen + Zeit zum Abkühlen + 1 Monat Durchziehen

**FÜR 3 GLÄSER
À 500 ML INHALT**

abgefüllt mindestens 1 Jahr
haltbar

250 ml Zwetschgen-
wasser
800 g ungeschwefelte
Dörrpflaumen
200 g brauner
Kandiszucker
750 ml Armagnac
(ersatzweise Cognac)

1. Das Zwetschgenwasser mit den Dörrpflaumen und 750 ml Wasser in einen Topf geben und aufkochen. Den Topf vom Herd ziehen und die Dörrpflaumen im Sud über Nacht einweichen lassen.

2. Die Pflaumen abtropfen lassen, die Flüssigkeit dabei auffangen. Die Pflaumen in die Gläser schichten. Die Pflaumenflüssigkeit mit dem Kandiszucker aufkochen, bis sich der Kandis aufgelöst hat, dann alles abkühlen lassen.

3. Den Armagnac zu der Pflaumenflüssigkeit gießen und unterrühren. Die Flüssigkeit über die Pflaumen bis 1 cm unter die Gläserränder gießen und die Gläser verschließen. Die Armagnac-Pflaumen 1 Monat an einem kühlen und dunklen Ort durchziehen lassen.

Feigen in Portwein

raffiniert – einfach
35 Min. + Zeit zum Abkühlen

FÜR 2 GLÄSER
À 700 ML INHALT

⭕ haltbar 2–3 Monate an einem kühlen Platz

800 g nicht zu reife blaue oder grüne Feigen
500 ml Portwein
2 Bio-Orangen
1 Bio-Zitrone
4 Gewürznelken
100 g Gelierzucker 1 : 1

1. Die Feigen waschen und abtropfen lassen. Die Stiele abschneiden und dort, wo sie saßen, die Früchte kreuzweise 1 1/2 cm tief einschneiden. Den Portwein in einen Topf mit breitem Boden gießen.

2. 1 Orange waschen und mit dem Zestenreißer ca. 10 lange Streifen abziehen. Orangen und Zitrone auspressen. Zesten, Zitrussaft und Gewürznelken zum Portwein geben. Den Gelierzucker unterrühren und alles 1 Min. aufkochen. Den Topf beiseiteziehen und die Feigen, mit den Einschnitten nach oben in den Sud setzen. Zugedeckt 1–2 Min. kochen und im Sud abkühlen lassen.

3. Die abgekühlten Früchte, Orangenzesten und Gewürznelken mit einem Löffel aus dem Sud heben und in die sorgfältig gereinigten Gläser setzen. Den Sud kräftig aufkochen und über die Feigen gießen. Die Gläser sofort mit Twist-off-Deckeln verschließen, kühl stellen.

Aprikosen in Aprikosengeist

Dessert auf Vorrat – braucht Zeit
1 Std. + 30 Min. Einkochen

FÜR 2 GLÄSER
À 500 ML INHALT

⭕ etwa 1 Jahr haltbar

150 g Zucker
Saft von 1 Limette
3 EL Cranberrys
1 Stück Ingwer (3 cm) geschält in Scheiben
1 Vanillestange
125 ml Grand Marnier
125 ml Aprikosengeist
750 g feste aromatische Aprikosen
2 dünne Scheiben einer unbehandelten Limette

1. 250 ml Wasser mit Zucker und Limettensaft unter Rühren aufkochen. Vanillestange der Länge nach aufschlitzen, Cranberrys und Ingwer zugeben. Mit Grand Marnier und Aprikosengeist unter das Zuckerwasser rühren. Beiseitestellen.

2. Aprikosen waschen. 3–4 Aprikosen beiseitelegen. Übrige mit der Gabel rundum mehrmals einstechen und in die vorbereiteten Gläser füllen. Restliche Aprikosen halbieren, die Steine herausnehmen und knacken. Die Häutchen der Kerne abstreifen. Fruchthälften in die Gläser geben.

3. Kerne, Limettenscheiben und Vanillestangen zwischen die Aprikosen schieben. Die Alkoholmischung aufkochen, heiß über die Aprikosen gießen und die Gläser schließen. In eine mit warmem Wasser halb gefüllte Form stellen. Ofen auf 160° stellen und die Aprikosen auf dem Rost in Ofenmitte 30 Min. einkochen (s. S. 66). Herausnehmen und erkalten lassen.

Birnen in Vin Santo

für Italien-Fans – einfach
40 Min. + 20 Min. Garen +
mind. 3 Tage Durchziehen

**FÜR 2 GLÄSER
À 500 ML INHALT**

○ 1–2 Monate
haltbar

1 kg reife, möglichst
kleine Birnen
2 Gewürznelken
2 EL Zitronensaft
50 g große Sultaninen
750 ml Vin Santo

1. Die Birnen schälen, die Stiele nicht abschneiden. In 2 Birnen je 1 Gewürznelke
stecken. 1 l Wasser mit Zitronensaft aufkochen und die Birnen darin – je nach
Dicke – 15–20 Min. garen. Sie dürfen
nicht zerfallen. In der Zwischenzeit die
Sultaninen in warmem Wasser 15 Min.
einweichen und abtropfen lassen.

2. Den Vin Santo mit den Sultaninen in
einem Topf kurz aufkochen. Die heißen
Birnen und Sultaninen in Gläser füllen.
Mit Vin Santo bis 1 1/2–2 cm unter den
Rand auffüllen, bei zu wenig Flüssigkeit
etwas Birnenkochwasser zugeben. Die
Gläser sofort verschließen und erkalten
lassen. 3–4 Tage durchziehen lassen.

Tipp Die Birnen mit Sultaninen pur mit
etwas Wein aus dem Einmachglas genießen
oder zu Schokoladen-Mousse oder Nusseis
als Dessert reichen.

Zwetschgen in Rotwein

ein Geschenk – auch pur ein Genuss
40 Min. + 3 Wochen Durchziehen

**FÜR 3 GLÄSER
À 400 ML INHALT**

○ ungeöffnet etwa 1 Jahr
haltbar

1 kg aromatische
Zwetschgen
100 g abgezogene
Mandeln
1 l trockener Rotwein
250 g brauner Zucker
1 Zimtstange
1 TL Pimentkörner
3 kleine Stücke
getrockneter Ingwer

1. Die Zwetschgen waschen und trocken
reiben. Die Früchte längs einmal einschneiden. Die Steine aus den Zwetschgen lösen
und an ihrer Stelle jeweils 1 Mandel in die
Zwetschgen stecken.

2. Den Rotwein mit dem Zucker und den
Gewürzen aufkochen. Die Zwetschgen in
den Wein geben und 5 Min. bei mittlerer
Hitze kochen. Die Zwetschgen anschließend kochend heiß in die sorgfältig gereinigten Gläser füllen und den heißen Sud
daraufgießen.

3. Die Gläser verschließen und die
Zwetschgen auf den Deckeln stehend
5 Min. abkühlen lassen. Dann richtig
herum stellen und komplett abkühlen
lassen. Die Zwetschgen kühl und dunkel
aufbewahren. 3 Wochen ziehen lassen.

Saison August bis Oktober

Honig-, Zucker- und Teemischungen
Für Genießerstündchen

Wohltuende Getränke und Honig mit ausgefallenen Geschmacksrichtungen versüßen den Alltag. Und dass auch Zucker mehr kann als nur süß machen, zeigen Mischungen, die man in kurzer Zeit individuell zusammenstellen, genießen und verschenken kann.

Pistazienhonig: 30 g Pistazien ohne Häutchen in einer Pfanne ohne Fett anrösten, ohne dass sie braun werden. Nach dem Erkalten die Pistazien im Mixer zu Pulver zerkleinern und unter 100 g cremigen Honig mischen.

Nusshonig: 30 g geschälte Haselnüsse in einer Pfanne ohne Fett anrösten, ohne dass sie braun werden, pulverfein zerkleinern und mit 1 TL Kakaopulver und 1 Prise Zimtpulver unter 100 g cremigen Honig mischen.

Vanillezucker: 1 ausgeschabte Vanilleschote (die z. B. beim Backen übrig geblieben ist) in Stücken in einem Glas mit 500 g Zucker 2–3 Wochen durchziehen lassen. Dieser selbst gemachte Vanillezucker wird genauso wie gekaufter verwendet. *Orangenzucker:* Dünn abgeschälte Bio-Orangenschale in 500 g Zucker im Glas durchziehen lassen und Desserts damit süßen.

Bunter Zucker: 100 g normalen Zucker oder Hagelzucker auf einem flachen Teller ausbreiten, mit einigen Tropfen Speisefarbe vermischen und auf diese Weise gleichmäßig einfärben. Den Zucker trocknen lassen, gelegentlich durchrühren, um Klumpen zu verhindern. Luftdicht verschlossen aufbewahren.

Aromatischer Tee in selbst gemachten Teebeuteln

Dafür Tee-Filtertüten mit 2,5–3 g selbst hergestellter Teemischung (Rezepte auf der rechten Seite) füllen und auf 6–7 cm Länge kürzen. Oben zuerst beide Ecken schräg zur Mitte hin umschlagen, dann die entstandene Spitze zweimal knapp nach unten hin einschlagen, mit einer Heftklammer fixieren. Gleichzeitig einen nicht zu dünnen Baumwollfaden mit einklemmen. Aus schönem Papier ein Schildchen schneiden und auf die Hälfte falten, an das Fadenende binden. So lassen sich zum Verschenken die unterschiedlichsten Teesorten, die es sonst nirgendwo gibt, zusammenstellen. Anregungen und Rezepte dafür auf der nächsten Seite.

→ **Anregend und voller Duft** Den berühmten Nachmittagstee **Earl Grey,** benannt nach Charles Grey (1764–1845), briti-
scher Premierminister, kann man mit natürlichen Zutaten, mit
Zitronen- und Bergamotteöl selbst herstellen. Dafür 50 g Dar-
jeeling-Tee, z. B. First Flush, mit 1/2 TL fein abgeriebener Bio-
Zitronenschale und 3–4 Tropfen natürlichem Bergamotteöl
vermischen, in einer Dose 2–3 Tage aromatisieren, mehrmals
durchschütteln. Eine Neuheit ist **Lady Grey.** Dafür Rooibos-
Tee wie Earl Grey aromatisieren. Für **Tee mit Rosenduft** unter
50 g indischen, leichten schwarzen Tee 10 g duftende, getrocknete
Rosenblätter oder 3–4 Tropfen reines Rosengeranienöl mischen.

→ **Für Weihnachtstee** 50 g grünen Tee mit 1 EL getrockneter, gehackter Bio-Orangenschale, je 1 TL zerstoßenen Fenchelsamen, Zimtstückchen und 1/2 TL grob gemahlenem Kardamom vermischen, in einer Teefiltertüte aufbrühen.

→ **Kräutertee zum Relaxen** Für **Apfeltee mit Zitronenverbene** 100 g getrocknete Apfelschalen und 5–6 trockene
Zitronenverbene-Blätter hacken und vermischen; für **Gute-
Nacht-Tee** 30 g Hopfen mit 1 EL getrocknete Melisse und
1 TL Lavendelblüten. Für **Gute-Laune-Tee** 20 g getrocknetes
Johanniskraut mit je 15 g getrockneter Melisse und Minze vermischen; für **Fieses-Wetter-Tee** je 15 g getrocknete Rosmarin-
blüten oder -nadeln, 25 g Zitronenthymianblätter und 6 Salbeiblätter. Für 1 Becher Tee jeweils 1 knappen TL einer dieser
Mischungen mit heißem Wasser aufgießen und 3–5 Min. ziehen lassen. Originell: Selbst kreierten Tee in einer Dose oder
in selbst gemachten Teebeuteln verschenken (s. links).

→ **Gewürzmischungen für heiße Getränke** Aus gemahlenen oder im Mörser zerstoßenen Gewürzen lassen sich wohltuende Mischungen herstellen. Für **Tschai Latte** je 8–9 g zerstoßenen Anis, Fenchel, Kardamom, Zimt, Ingwer und zerstoßene Nelken mischen. Davon je 2,5 g in Teebeutel packen
(Beschreibung s. links) und im Becher mit Wasser oder heißer,
geschäumter Milch aufgießen, das weckt die Lebensgeister.
Für **orientalischen Gewürztee** 1 TL Ingwerpulver, je 3 Gewürznelken und Kardamomkapseln, 1 Messerspitze geriebenen
Muskat sowie 1 Stück Zimtrinde mit 50 g Lindenblüten vermischen. Zum Aufbrühen pro Glas 1 TL dieser Mischung mit
der entsprechenden Menge Wasser und 1 TL Zucker aufkochen,
10 Min. köcheln lassen, durch ein Sieb ins Glas gießen.

→ **Fein aromatisierter Kandis** gibt Tee oder Kaffee ein beson-
deres Aroma. Für **Rosenkandis** 100 g Zucker in 80 ml Rosenwasser auflösen. In ein Glas mit 170 ml Inhalt 130 g weißen
Kandis füllen. Mit dem Rosenblütensirup auffüllen und verschließen. Nach Wunsch den Rosenkandis mit einem Tropfen
Speisefarbe rosa einfärben. Das Glas zum Verschenken mit
üppigen Rosen und einem pastellfarbenen Etikett dekorieren.
Dazu ein Tütchen mit passendem schwarzem Tee verschenken.
Für **Rumkandis** in ein Glas mit 170 ml Inhalt 130 g braunen
Kandis füllen. 2 Gewürznelken, 1 Sternanis, 1/2 Zimtstange und
ein 2 cm großes Stück getrockneten Ingwer dazugeben. Alles mit
braunem oder weißem Rum auffüllen. 1–2 Wochen stehen und
durchziehen lassen, dann zum Aromatisieren von schwarzem
Tee oder heißer Schokolade verwenden.

Kumquats in Sirup

exotisch – ganz einfach
50 Min. + Zeit zum Abkühlen + 1 Monat Durchziehen

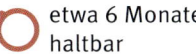 etwa 6 Monate
haltbar

**FÜR 4 GLÄSER
À 250 ML INHALT**

600 g Kumquats
1 Sternanis
1 Zimtstange
250 g Zucker
200 ml frisch
gepresster
Orangensaft
2 EL Zitronensaft
50 g Glukosesirup
(z. B. aus dem Online-
Shop, s. S. 191)
4 Gewürznelken
12 schwarze
Pfefferkörner
100 ml Grand Marnier

1. Die Kumquats in kochendem Wasser 3 Min. blanchieren, in Eiswasser abschrecken. Die Früchte trocken tupfen und mit einer sorgfältig gereinigten dünnen Nähnadel rundum mehrmals einstechen. Den Sternanis und die Zimtstange in je 4 Stücke brechen.

2. Den Zucker mit 100 ml Wasser aufkochen und offen bei starker Hitze ca. 5 Min. einkochen lassen. Den Orangensaft durch ein feines Sieb dazugießen, nochmals aufkochen und in 5–7 Min. zu einem dicklichen Sirup einkochen lassen. Dabei ständig umrühren, damit nichts überschäumt.

3. Den Sirup vom Herd nehmen, den Zitronensaft durch ein Sieb dazugießen, den Glukosesirup und die Gewürze zugeben und unterrühren, alles auf Körpertemperatur abkühlen lassen.

4. Die Kumquats in die sorgfältig gereinigten Gläser füllen. Den Likör unter den abgekühlten Sirup rühren und alles auf die Früchte gießen, die Gewürze dabei gleichmäßig verteilen. Die Gläser gut verschließen und die Kumquats an einem kühlen, dunklen Orte mindestens 1 Monat durchziehen lassen. Nach Anbruch im Kühlschrank aufbewahren. (im Bild links)

Tipp Die Kumquats schmecken nicht nur gut zum Dessert, sondern auch zu dunklem Braten mit Rotwein oder geschmorter Ente.

Saison Dezember bis Februar

Ingwerwurzeln in Sirup

mit viel Aroma – scharf
1 Std. + 1 1/2 Std. Kochen + Zeit zum Abkühlen

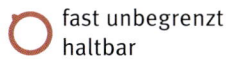 fast unbegrenzt
haltbar

**FÜR 1 GLAS MIT
350 ML INHALT**

300 g frische
Ingwerwurzel
500 g Zucker
1 Vanilleschote
1 EL Glukosesirup
(z. B. aus dem Online-
Shop, s. S. 191)

1. Die Ingwerwurzeln waschen, schälen und in etwa walnussgroße Stücke schneiden. Die Schalen mit dem Zucker und 600 ml Wasser in einen Topf geben. Die Vanilleschote aufschneiden und zufügen. Alles aufkochen.

2. Die Ingwerstücke ebenfalls in die Zuckerlösung geben und bei sanfter Hitze ca. 1 1/2 Std. offen einkochen lassen, bis die Flüssigkeit als Sirup wie ein langer Faden vom Rührlöffel läuft. Dabei immer wieder durchrühren.

3. Den Ingwersirup etwas abkühlen lassen. Den Glukosesirup unterrühren, die Lösung darf jetzt nicht mehr kochen. Mit einem langen Löffel die Ingwerstücke aus dem Topf fischen und in das vorbereitete Glas legen. Den Sirup durch ein kleines Sieb bis 1 cm unter den Rand auf die Ingwerstücke gießen. Das Glas verschließen und 15 Min. auf den Deckel stellen. Dann umdrehen und erkalten lassen. (im Bild rechts)

Tipp Übrig gebliebenen Ingwersirup in ein kleines Glas füllen. Zum Aromatisieren von Eiscreme oder Obstsalat verwenden.

VARIANTE

Ingwer als Konfekt oder zum Backen

Ingwerstücke aus dem Sirup heben, abtropfen und über Nacht trocknen lassen. In geschmolzene dunkle Kuvertüre tauchen. Oder klein würfeln, in Rührkuchen geben oder für Weihnachtsplätzchen verwenden.

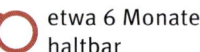

Kräutersirup

für erfrischende Drinks – raffiniert
30 Min. + 20 Min. Durchziehen
+ 40 Min. Kochen

FÜR 2 FLASCHEN
À 500 ML INHALT

etwa 6 Monate
haltbar

8 Zweige
arabische Minze
8 Zweige Thymian
8 Zweige Melisse
4 Zweige Salbei
3 Handvoll frische
Blätter von
Zitronenverbene
2 EL grüner Tee
900 g Zucker

1. Die Kräuter verlesen, falls nötig abbrausen und trocken schütteln. Die Blätter von den Zweigen streifen und mit dem grünen Tee in einen hohen Topf geben. 900 ml Wasser aufkochen und über die Kräuter gießen, sodass alle Kräuter mit Wasser bedeckt sind. Falls nötig die Blätter etwas unter Wasser drücken. Den Kräutersud 20 Min. durchziehen lassen

2. Den Kräutersud abgießen und den Zucker unterrühren. Alles aufkochen und bei mittlerer Hitze 30–40 Min. auf zwei Drittel der Flüssigkeit einkochen lassen, bis der Sirup dicklich vom Löffel tropft. Dabei immer wieder rühren.

3. Den Sirup kochend heiß in die vorbereiteten Flaschen füllen und sofort mit den Deckeln verschließen. Nach Möglichkeit 5 Min. auf den Deckeln stehend, dann richtig herum abkühlen lassen.

Schwarzer Johannisbeer-Sirup

für kühle Limonaden – lecker zu Eis
30 Min. + ca. 40 Min. Kochen +
Zeit zum Abtropfen

FÜR 3 FLASCHEN
À 500 ML INHALT

etwa 6 Monate
haltbar

1,5 kg schwarze
Johannisbeeren
5–6 Johannis-
beerblätter
3–4 Wacholderbeeren
1,5 kg Zucker
Außerdem:
Mulltuch

1. Johannisbeeren abbrausen, von den Rispen streifen und in einen großen Topf geben. Knapp mit Wasser bedecken und aufkochen, bis die Beeren geplatzt sind. Vom Herd nehmen und 10 Min. stehen lassen. Beeren samt Flüssigkeit in ein mit einem Mulltuch ausgelegtes Sieb gießen und am besten über Nacht abtropfen lassen. Nicht ausdrücken, damit der Saft klar bleibt.

2. Wacholderbeeren leicht andrücken. Vom Johannisbeersaft 1 l abmessen und mit Johannisbeerblättern und Wacholderbeeren in einen Topf geben. Zucker unterrühren und alles aufkochen. Bei mittlerer Hitze 30–40 Min. kochen, bis der Saft dicklich wird. Dabei immer wieder rühren.

3. Die Johannisbeerblätter und Wacholderbeeren aus dem Topf fischen. Den Sirup kochend heiß in die vorbereiteten Flaschen füllen und die Flaschen sofort mit den Deckeln verschließen.

Holunderblütensirup

für Longdrink oder Cocktail – einfach
1 Std. + Zeit zum Abkühlen
+ 2 Tage Durchziehen

**FÜR 4 FLASCHEN
À 500 ML INHALT**

1,5 kg Zucker
2 Bio-Zitronen
50 g Zitronensäure
(aus der Apotheke)
25 Holunderblüten-
dolden ohne Schmutz
und Ungeziefer
Außerdem:
Mulltuch

⭕ ungeöffnet mindestens 6 Monate
haltbar

1. 1 l Wasser in einen Topf geben und
den Zucker unterrühren, 10 Min. kochen
und abkühlen lassen. Die Zitronen in
1 cm dicke Scheiben schneiden und
zur Zuckerlösung geben, Zitronensäure
unterrühren.

2. Von den Blütendolden die Stiele abschneiden. Die Blüten ungewaschen in
ein großes Glasgefäß oder in eine Schüssel
geben. Die Zuckerlösung darübergießen,
umrühren und zugedeckt an einem kühlen
Platz 2 Tage stehen lassen. Gelegentlich
durchrühren.

3. Ein Sieb mit einem Mulltuch auslegen,
über eine Schüssel stellen, alles durchseihen und die Blüten leicht ausdrücken. Den
Sirup 20 Min. sprudelnd kochen lassen,
sofort in heiß ausgespülte Flaschen füllen
und verschließen. Kühl aufbewahren.

Granatapfelsirup

fein für Getränke und Süßspeisen
30 Min. + ca. 40 Min. Kochen

**FÜR 2 FLASCHEN
À 500 ML INHALT**

1 kg Granatäpfel,
möglichst klein
1 Zitrone
ca. 900 g Zucker

⭕ ungeöffnet mindestens 6 Monate
haltbar

1. Die Granatäpfel und die Zitrone halbieren und auf der Zitruspresse wie Orangen
auspressen. Den gesamten Saft abmessen
(ca. 600 ml) und in einen Topf geben.

2. Die 1 1/2-fache Menge (in Gramm
gemessen) Zucker unterrühren und den
Saft aufkochen. Bei Mittelhitze 30–40 Min.
kochen, bis der Saft dicklich vom Löffel
tropft. Dabei immer wieder rühren.

3. Den Saft kochend heiß in vorbereitete
Flaschen füllen und sofort mit den Deckeln
verschließen.

Tipp Geöffnete Flaschen im Kühlschrank
aufbewahren und den Sirup innerhalb von
3–4 Wochen verbrauchen.

Vielseitiger Sirup Für ein erfrischen-
des Getränk etwas Sirup mit Mineralwasser
oder gekühltem Prosecco auffüllen.
Oder Pudding, Grießbrei oder Vanilleeis
mit etwas Sirup übergießen.

Limonadensirup

für erfrischende Limonade – über
Eis ein Genuss
40 Min. + Zeit zum Abkühlen

FÜR 4 FLASCHEN
À 500 ML INHALT

○ ungeöffnet etwa 6 Monate
haltbar

15 Bio-Zitronen
1,5 kg Zucker
20 g Zitronensäure
(aus der Apotheke)
4 Stängel
Zitronengras

1. Zitronen heiß abwaschen, die gelbe
Schale von 5 Zitronen sehr dünn abschnei-
den, ohne das Weiße mit abzuschneiden.
Zitronenschalen mit 500 ml Wasser in
einen Topf geben und aufkochen. Vom
Herd nehmen und abkühlen lassen.

2. Den Zucker mit 500 ml Wasser in einen
Topf geben und aufkochen, bis sich der
Zucker aufgelöst hat. Vom Herd nehmen
und abkühlen lassen.

3. Die Zitronen auspressen, den Saft durch
ein Sieb in eine große Schüssel gießen. Das
Zitronenschalenwasser durch das Sieb zum
Zitronensaft gießen. Zuckerwasser und
Zitronensäure dazugeben und verrühren,
bis sich die Zitronensäure aufgelöst hat.

4. Zitronengras waschen und die Stängel-
enden abschneiden. Das Zitronengras
etwas flach klopfen, damit die Fasern auf-
brechen. Die Stängel in die Flaschen geben.
Den Sirup darauffüllen und verschließen.
Am besten im Kühlschrank aufbewahren.
(im Bild hinten rechts)

Passionsfruchtpüree

mit Wodka für Limes
30 Min. + mind. 6 Std. Gefrieren

FÜR
10 PORTIONEN

○ etwa 3 Monate
haltbar

20 reife, schrumpelige
Passionsfrüchte
4 vollreife Pfirsiche
150 g Puderzucker
2 Stängel
Zitronenmelisse

Außerdem:
Eiswürfelbehälter für
40 große Eiswürfel,
ersatzweise 2 Einweg-
Eiswürfelbeutel

1. Passionsfrüchte halbieren, das Fruchtfleisch mitsamt den Kernen aus den Schalen lösen und in eine Schüssel geben.
Mit dem Handmixer kurz verquirlen, um
das Fruchtfleisch von den Kernen zu lösen.
Dabei die Kerne nicht verletzen, sonst
wird das Püree bitter. Alles durch ein feines
Sieb streichen und den Saft auffangen.

2. Die Pfirsiche mit kochendem Wasser
übergießen, häuten, in Stücken von den
Steinen schneiden und das Fruchtfleisch
fein pürieren. Fruchtfleisch, Passions-
fruchtmus und Puderzucker in einer
Schüssel verrühren. Die Zitronenmelisse-
blätter waschen, trocken tupfen und fein-
streifig schneiden, unter das Fruchtpüree
mischen. Alles in Eiswürfelbehälter füllen
und gefrieren lassen. (im Bild vorne rechts)

Tipp Für einen exotischen Limes 4 geeiste
Passionsfrucht-Würfel mit 4 cl weißem
Rum, weißem Tequilla oder Wodka pürieren und den Drink sofort in einem eisgekühlten Glas servieren.

Erdbeerpüree für Limes

Basis für coole Drinks – auch für
Desserts
30 Min. + 6 Std. Gefrieren

FÜR
10 PORTIONEN

○ etwa 3 Monate
haltbar

600 g aromatische
Erdbeeren
200 g Puderzucker
4 EL Orangen-
blütenwasser
1 Handvoll
Minzeblättchen

Außerdem:
Eiswürfelbehälter für
40 große Eiswürfel,
ersatzweise 2 Einweg-
Eiswürfelbeutel

1. Die Erdbeeren waschen, trocken tupfen
und die Stiele und Blättchen entfernen.
Erdbeeren halbieren, mit Puderzucker
bestreuen, untermischen und 15 Min. Saft
ziehen lassen.

2. Orangenblütenwasser zu den Erdbeeren
geben und alles fein pürieren. In Eiswürfelbehälter füllen und auf jedes Eiswürfelfach
ein Minzeblatt legen. Im Tiefkühlfach gefrieren lassen. (im Bild zweites von links)

Tipp Für einen Limes 4 Erdbeerpüree-
Würfel mit 4 cl Wodka pürieren und sofort
in einem eisgekühlten Glas servieren.

Mangopüree

Limes mal anders – köstlich
zum Dessert
30 Min. + 6 Std. Gefrieren

FÜR
10 PORTIONEN

○ etwa 3 Monate
haltbar

4 vollreife Mangos
4 Bio-Limetten
200 g Puderzucker
gemahlener Ingwer

Außerdem:
Eiswürfelbehälter für
40 große Eiswürfel,
ersatzweise
2 Einweg-
Eiswürfelbeutel

1. Die Mangos schälen, das Fruchtfleisch
von den Steinen schneiden und in eine
Schüssel geben.

2. Die Limetten heiß abwaschen, von einer
Limette die Schale in feinen Zesten ab-
schneiden. Die Limetten auspressen, den
Saft mit dem Puderzucker und 1 guten
Prise Ingwer zu den Mangos geben.

3. Alles mit dem Stabmixer pürieren,
anschließend die Limettenschale untermischen. Das Fruchtpüree in Eiswürfelbehälter füllen und im Tiefkühlfach gefrieren lassen. (im Bild ganz links)

Tipp Für einen Drink 4 Mangowürfel mit
4 cl Wodka oder Tequilla pürieren und in
einem eisgekühlten Glas servieren.

Süßes und Knabbereien

Ohne sie, die süßen Hightlights, die wir uns genüsslich auf der Zunge zergehen lassen, wäre unser Leben ärmer. Zu Geburtstagen, Kinderfesten, zu Kaffee- und Teestunden oder an Weihnachten auf dem süßen Teller sind sie unverzichtbar: Pralinen und Schoko-Nuss-Kreationen, Marzipan und Bonbons, Toffees und Karamellen, kandierte Früchte und Gebäck. Mit haltbarem Kuchen im Glas sind ein Sonntag oder ein Picknick gerettet. Nicht nur in Süßem sondern auch in den salzigen, herzhaften Knabbereien steckt Verführungs-potenzial. Salzmandeln und würzig-scharfe Nüsse, rauchig schmeckende Kürbiskerne, zum Aperitif oder zum Bier knabbern sich ratzfatz weg.

Zucker und Schokolade

Tausendsassas in der Süßigkeitenküche

Zuckersirup kochen: rühren, warten
Zum Zuckerkochen eine Edelstahl- oder Kupfer-Kasserolle mit gut leitendem, dickem Boden verwenden. Darauf achten, dass der Griff beim Kochen nicht heiß wird! Beschichtete Töpfe eignen sich nicht. Den Zuckersirup so lange mit einem Kunststoffkochlöffel rühren, bis sich der Zucker aufgelöst hat, dann ohne Rühren weiterkochen. In dieser Phase schäumt die Lösung stark und kocht sprudelnd hoch, darum eine reichlich große Kasserolle wählen.

»Großer Ballen«
Ein Zuckerthermometer mit Drahtgehäuse in den kochenden Zucker hängen oder gelegentlich mit dem digitalen Zuckerthermometer die Temperatur prüfen. Ist die Zuckerlösung 125° heiß, spricht man vom »großen Ballen« oder »großen Bruch«. In diesem Stadium ist die Zuckerlösung noch hell und klar, beim Abkühlen wird sie recht fest, bleibt aber noch geschmeidig. Zum großen Ballen gekochter Zucker wird für Turron, Karamellbonbons, Toffees und italienische Meringuen verwendet.

»Großer Bruch«
Wer Bonbons kochen möchte, muss die Zuckerlösung auf 145° erhitzen. In diesem Stadium spricht man vom »großen Bruch«. Der erkaltete Zucker bricht wie Glas und klebt nicht an den Zähnen. Dieser Zucker wird auch für Krokant, gesponnenen Zucker und glasierte Früchte verwendet. Ab 150° fängt der Zucker an zu karamellisieren. Je heißer er wird, umso dunkler und intensiver im Geschmack wird er jetzt. Die dunkelste, noch genießbare Färbung ist bei 180° erreicht, bei 190° ist der Zucker verbrannt.

Farben und Aromen

Zuckersirup für Bonbons kann nach Belieben eingefärbt werden. Am besten eignen sich **Lebensmittelfarben** in Pulverform, aber auch stark konzentrierte flüssige Farben bringen ein gutes Ergebnis. Pulverisierte Farbe in wenig reinem Alkohol oder Cognac auflösen. Vorsicht mit der Dosierung! Flüssige Farbe nur tropfenweise, Farbpulver nur messerspitzenweise verwenden, um schrittweise das gewünschte Farbergebnis zu erhalten. Die Lebensmittelfarbe am besten in den 140° heißen Zuckersirup einrühren oder in die auf die Marmorplatte gegossene Zuckermasse. Um den Zucker zum Arbeiten weich und knetbar zu halten, ihn am besten unter eine Rotlichtlampe stellen.

Aromen erst zugeben, wenn der Zucker auf der Marmorplatte etwas abgekühlt ist, sie verfliegen sonst oder verändern ihren Geschmack. Natürliche ätherische Öle, etwa Zitronenöl oder Pfefferminzöl sorgen für den guten Geschmack, die nötige Säure bekommen die Bonbons durch Ascorbinsäure, also Vitamin C in Pulverform. Gut machen sich aber auch Zimtpulver, Vanilleessenz, Ingwer oder gemahlene Süßholzwurzeln. Um einen Lakritzgeschmack mit etwas Schärfe zu erhalten, zum Süßholz noch 1 Prise Salmiakpulver und 2–3 Tropfen Anisöl geben.

Wichtige Geräte zum Herstellen süßer Naschereien

→ Zum Temperieren von Schokolade und Zuckersirup ein **Zuckerthermometer** verwenden, das bis 200° misst. Entweder ein mit einem Drahtgitter ummanteltes oder ein digitales Thermometer verwenden. Darauf achten, dass immer in der Flüssigkeit, nicht am Boden gemessen wird. Als Ersatz eignet sich übrigens auch ein genau messendes **Bratenthermometer!**

→ Zum Kneten und Bearbeiten von Zucker und Schokolade benötigen Sie eine **Marmorplatte** von etwa 70 x 40 cm, **Spachtel** und **Paletten.**

Silikonformen benötigen Sie, damit Schokolöffel und Pralinen gelingen. Die Formen müssen absolut fettfrei und sauber sein, sie daher am besten mit einem **Microfasertuch** reinigen.

→ Fürs Wasserbad eine **halbkugelförmige Metallschüssel** verwenden, in der sich Schokolade schmelzen, aber auch Teig aufschlagen lässt.

→ Zum Überziehen von Pralinen ist eine langstielige **Pralinengabel** ein willkommener Helfer, ebenso ein **großes Gitter,** auf dem die Pralinen abtropfen und trocknen können. Pralinensets werden oft günstig in der Vorweihnachtszeit angeboten.

→ Eine **eckige Brownies-Form** mit herausnehmbarem Boden erleichtert die Arbeit bei der Herstellung von Karamellbonbons und Marshmallows, denn sie lässt sich gut mit Backpapier auskleiden, und die erstarrte Karamell- oder Zuckerschaum-Masse ist einfach herausheben.

→ Für 15-minütige Rühraktionen bietet eine **Küchenmaschine** mit starkem Motor hilfreiche Unterstützung. Die Schüssel der Maschine sollte aus Edelstahl sein, damit auch sehr heißer Zuckersirup eingerührt werden kann, der eine Kunststoffschüssel beschädigen würde.

Kleine Spritzbeutel formen Aus einem 15 x 15 cm großen Quadrat aus Back- oder Pergamentpapier zwei gleich große Dreiecke schneiden. Jedes Dreieck so eindrehen, dass eine kleine Tüte entsteht. Die Ränder so einschlagen, dass die Tüte nicht auseinander fällt. Flüssige Schokolade oder Zuckerguss einfüllen, die Öffnung oben schließen durch zweimaliges Umknicken und Falten. Die Spitze ganz fein abschneiden, fertig ist der Einweg-Spritzbeutel.

Glukose abwiegen Die zähe, kristallklare Masse lässt sich nur schwer portionieren. Zum Entnehmen kleiner Mengen (z. B. 80 g) einen Esslöffel wiegen, Schüssel oder Kasserolle mit den übrigen Zutaten wiegen. Eine großzügige Portion Glukose mit dem Löffel entnehmen und in Schüssel oder Topf geben. Nun einfach das Gewicht des Löffels abziehen. Auf ein oder zwei Gramm mehr oder weniger kommt es hier glücklicherweise nicht an.

Schokolade richtig schmelzen

Schokolade hacken und auf dem Wasserbad schmelzen, dabei das Wasser nie heißer als kurz vor dem Siedepunkt werden lassen. Die Schokolade langsam schmelzen lassen, dabei gelegentlich mit einem Holzspatel rühren. Die Temperatur regelmäßig überprüfen, die Schokolade soll 45° heiß werden. Vom Herd nehmen und zwei Drittel der heißen Schokolade auf eine absolut saubere Marmorplatte geben. Mit einer Palette etwa 3 Min. hin und her verstreichen, bis die Masse andickt. Die erstarrende Schokolade zur übrigen Schokolade ins Wasserbad geben und alles auf 30 bis 32° bei Zartbitterschokolade und 29° bei Vollmilch- und weißer Schokolade erhitzen. Dann wie im Rezept beschrieben verarbeiten.

Whiskytrüffel

für Geübte – braucht etwas Muße
1 Std. + Zeit zum Abkühlen

○ kühl aufbewahrt
1–2 Wochen haltbar

FÜR 60 STÜCK

Für die Creme:

200 ml Sahne
200 g beste Vollmilchschokolade
200 g beste Zartbitterschokolade
80 g weiche Butter
50 g Puderzucker · 60 ml Whisky

Für den Überzug:

300 g beste Zartbitterschokolade

Außerdem:

Backpapier
Pralinengitter, -spirale und -gabel

1. Ein für den Kühlschrank passendes Tablett mit Backpapier auslegen. Die beiden Schokoladensorten hacken. Die Sahne erwärmen und darin die Schokolade schmelzen.

2. Die Butter mit dem Puderzucker und dem Whisky cremig rühren. Nach und nach die geschmolzene Schokolade unterrühren und alles 30–60 Min. kalt stellen, bis die Masse zähflüssig ist.

3. Die Whiskytrüffelmasse in einen Spritzbeutel mit mittlerer Lochtülle füllen und 60 Tupfen auf das Backpapier setzen (Bild 1). Für 1–2 Std. kalt stellen.

4. Die Zartbitterschokolade für den Überzug hacken und auf dem 45° heißen Wasserbad schmelzen. Die Trüffelportionen mit den Händen zu Kugeln rollen (Bild 2), nochmals kurz kalt stellen.

5. Die Trüffelkugeln kurz in die geschmolzene Schokolade tauchen, mit der Pralinenspirale herausnehmen und auf dem Pralinengitter leicht antrocknen lassen (Bild 3). Dann mehrmals hin und her rollen, sodass das typische Trüffelmuster entsteht. Die Trüffeln zum Abkühlen auf Backpapier setzen, anschließend kühl in einer Dose oder Schachtel aufbewahren.

VARIANTEN

Für Espressotrüffel 50 ml sehr starken, abgekühlten Espresso oder Espressolikör statt dem Whisky unter die Trüffelmasse mischen. Oder die Trüffelmasse mit Cointreau, Marc de Champagne oder Rum aromatisieren. Anstelle von Zartbitter- und Vollmilchschokolade kann auch nur eine der beiden Sorten verwendet werden. Oder aber die Trüffelmasse mit Zartbitterschokolade zubereiten und die Trüffel mit 250 g weißer Schokolade, die mit 40 g Kokosfett geschmolzen wurde, überziehen.

Gut zu wissen Für Pralinen wie aus der Confiserie kann man sich im Fachhandel aus Schokolade gegossene Pralinenhohlkörper besorgen (Adressen s. S. 191). Die Hohlkörper gibt es in dunkler, Vollmilch- und weißer Schokolade in den unterschiedlichsten Formen, beispielsweise auch als Ostereier. Die aromatisierte Schokoladencreme wird mit einem Spritzbeutel in die Öffnung der Hohlkörper gefüllt. Mit einem guten Tropfen leicht temperierter, gerade eben geschmolzener Schokolade werden die Pralinen dann geschlossen. Zum Schluss kann man sie noch mit dünn aufgespritzten Linien aus andersfarbiger Schokolade überziehen, mit Blattgold oder Nüssen verzieren. Damit die Pralinen keine Fingerabdrücke bekommen, die empfindlichen Köstlichkeiten vorsichtig mit einer Pralinengabel oder einer Gebäckzange aufnehmen und beim direkten Kontakt mit Latexhandschuhen arbeiten.

Schokolöffel

gelingt leicht – schön als Mitbringsel
30 Min. + 4 Std. Kühlen

○ **luftdicht verpackt
mindestens 3 Monate haltbar**

FÜR 12 STÜCK

500 g Zartbitter-
kuvertüre
50 g kandierter Ingwer
1/2 TL gemahlener
Ingwer

Außerdem:
Silikonform mit
12 runden Mulden
à 45 ml Inhalt
12 Einweg-
Holzlöffel/Holzspatel
12 Zellophantütchen

1. Die Zartbitter-Kuvertüre in kleine Stücke schneiden und auf dem ca. 45° heißen Wasserbad langsam schmelzen. Inzwischen den Ingwer grob hacken. Den gemahlenen Ingwer sorgfältig ohne Klümpchen unter die geschmolzene Kuvertüre rühren.

2. Eine Silikonform mit 12 runden Mulden à 45 ml Inhalt bereitstellen. Die Kuvertüre in die Mulden füllen und den Ingwer darüberstreuen. Die Kuvertüre leicht anziehen lassen, dann in jede Mulde einen Holzlöffel stecken. Aufpassen, dass diese nicht umfallen! 4 Std. kühl stellen.

3. Die Kuvertüre an einem kühlen, dunklen Ort fest werden lassen, dann vorsichtig aus den Silikonmulden herausdrücken. Einzeln in Zellophantütchen verpacken und bis zur Verwendung kühl und dunkel aufbewahren. (im Bild hinten links)

Schokoladentaler mit Nüssen und Früchten

sehr edel – ganz einfach
30 Min. + mind. 3 Std. Kühlen

○ **luftdicht verpackt
etwa 1 Monat haltbar**

FÜR CA. 30 STÜCK

5 kandierte
Orangenscheiben
100 g Mandelstifte
je 200 g beste
Vollmilch- und Zart-
bitterschokolade
1 gute Msp. gemahle-
ner Kardamom
Zimtpulver
gemahlener Koriander
50 g getrocknete
Kirschen
50 g ungesalzene
geschälte
Pistazienkerne
nach Wunsch
Blattgold zum
Verzieren

Außerdem:
Backpapier

1. Die Orangenscheiben in tortenstück-förmige, kleine Stücke schneiden. Die Mandelstifte in der trockenen Pfanne goldgelb rösten, herausnehmen und abkühlen lassen. Inzwischen die Arbeitsfläche mit mehreren Bögen Backpapier auslegen.

2. Die beiden Schokoladensorten grob hacken und getrennt auf dem ca. 45° heißen Wasserbad langsam schmelzen. Die Vollmilchschokolade mit Kardamom aromatisieren, die Zartbitterschokolade mit je 1 Prise Zimt und Koriander.

3. Von jeder Schokoladensorte je 1 guten EL voll in leicht zerlaufenden Kreisen mit Abstand auf das Backpapier setzen, Kirschen und Pistazien oder Orangenstücke und Mandelstifte darüberstreuen. Die Schokoladentaler in 3–4 Std. fest werden lassen. (im Bild vorne rechts)

Eiskonfekt

ganz einfach – wie im Tante-Emma-Laden
30 Min. + 30 Min. abkühlen
+ 2 Std. Kühlen

○ **luftdicht verpackt und gekühlt
etwa 2 Monate haltbar**

FÜR 300 G

100 g Vollmilch-
schokolade
100 g Kokosfett
100 g Puderzucker
1 EL dunkles
Kakaopulver
1 Päckchen
Vanillezucker
bunte Zucker- und
Schokoladenstreusel
zum Garnieren
(nach Belieben)

Außerdem:
ca. 70 bunte
Stanniol-Kapseln

1. Die Schokolade in Stücke brechen, das Kokosfett in Stücke schneiden und beides in eine Metallschüssel geben. Auf dem fast siedenden Wasserbad schmelzen.

2. Die Metallschüssel vom Wasserbad nehmen und den Puderzucker, das Kakaopulver und den Vanillezucker zur Schokoladenmasse geben und unterrühren.

3. Die Eisschokoladenmasse in die Stanniol-Kapseln füllen und 30 Min. abkühlen lassen. Dann nach Belieben mit Zucker- oder Schokoladenstreuseln garnieren. Die Eisschokolade im Kühlschrank in 2 Std. fest werden lassen und kalt genießen. (im Bild vorne links und hinten rechts)

Marzipan mit Rosenwasser

unwiderstehlich – einfach
1 Std.

FÜR
1 KG MARZIPAN

○ eingepackt
1–2 Monate frisch

500 g Mandeln
3–4 Tropfen
Bittermandelöl
500 g Puderzucker
5–6 EL Rosenwasser
(aus der Apotheke
oder dem orien-
talischen Lebens-
mittelladen)

1. Die Mandeln in Wasser aufkochen.
5–10 Min. ziehen lassen, in einem Sieb
kalt abschrecken und häuten.

2. Die geschälten Mandeln auf einem
Tuch ausbreiten und trocknen reiben.
Portionsweise im Blitzhacker sehr fein
zerkleinern und in eine Schüssel geben.

3. Mandeln mit Bittermandelöl, Puderzucker und Rosenwasser zu einem glatten
Teig verkneten. Zu einer dicken Rolle
formen. Das Marzipan in Frischhaltefolie
einpacken, damit es nicht austrocknet.

Ideen für Leckereien aus Marzipan
Kleine Brote formen und mit geschmol-
zener Schokolade überziehen.
Für **Marzipankartöffelchen** kleine Por-
tionen in den Händen zu Kugeln rollen.
In einer Schüssel mit Kakaopulver die
Kugeln rollen, sodass sie braun werden.
(im Bild hinten links)

Macadamia-Krokant

raffiniert – erfordert Sorgfalt
50 Min. + Zeit zum Abkühlen

FÜR 400 G

○ 1–2 Monate
haltbar

1–2 TL Sonnen-
blumen- oder Rapsöl,
200 g Zucker
200 g ungesalzene
Macadamia-Nüsse

Außerdem:
Backpapier

1. Ein Backblech mit Backpapier belegen
und mit Öl einpinseln. Den Zucker mit
40 ml Wasser in einem Topf mit dickem
Boden bei Mittelhitze unter Rühren auflösen und zum Kochen bringen. Während
des Kochens nicht umrühren, da sich sonst
Kristalle auf dem Löffel bilden. Kristalle
am Topfrand mit einem in kaltes Wasser
getauchten Backpinsel entfernen.

2. Den Zucker bis auf 160° erhitzen, dann
beginnt er zu karamellisieren und zu bräunen. Vorsicht, das geht sehr schnell! Ist eine
goldbraune Farbe erreicht, den Topf sofort
vom Herd nehmen und den Topfboden in
kaltes Wasser im Spülbecken setzen.

3. Die Nüsse in den Karamell mischen,
alles schnell auf das Backpapier gießen,
die Nüsse mit zwei Gabeln von einander
trennen und abkühlen lassen. Erkaltete,
zusammenhängende Teile auseinanderbrechen. Luftdicht verschlossen aufbewahren. (im Bild vorne)

Schokolierte Trockenfrüchte

fruchtig-süßes Konfekt
45 Min. + Zeit zum Trocknen

FÜR 250 G

○ etwa 1 Monat
haltbar

100 g Edelbitter-
kuvertüre
je 100 g Trocken-
pflaumen, Aprikosen,
Süßkirschen, Datteln
ohne Stein, kandierte
Ingwerstücke

Außerdem:
Backpapier

1. Die Kuvertüre im Wasserbad schmelzen.
Backpapier auf einer Platte auslegen.
Die Früchte einzeln ganz oder bis zur
Hälfte in die Kuvertüre tauchen, abtropfen
lassen und auf das Backpapier legen.

2. Wenn die Kuvertüre richtig fest ist, die
Früchte einzeln wie Bonbons in Zellophan
einwickeln und in hübsche Gläser oder
Dosen füllen.

Varianten Abwechslung bieten exotische
Trockenfrüchte wie Ananas, Mango oder
Papaya. Kinder lieben Schokorosinen, Er-
wachsene auch Kaffeebohnen in dunkler
Schokolade. (im Bild Mitte links)

Nussbruch

raffiniert – einfach
40 Min. + Zeit zum Abkühlen

FÜR 300 G
NUSSBRUCH

○ 2–3 Monate
haltbar

100 g Haselnusskerne
200 g Zartbitter-
kuvertüre
3 TL Zimtpulver
1 TL gemahlener
Koriander

Außerdem:
Backpapier

1. Die Nüsse in der Pfanne ohne Fett bei
Mittelhitze leicht anrösten. Die Nüsse auf
ein sauberes Küchentuch schütten und mit
einem zweiten Tuch bedecken. Die Nüsse
zwischen den Tüchern rubbeln, damit die
Häutchen größtenteils abfallen.

2. Die Kuvertüre in einer Schüssel im Wasserbad langsam schmelzen und die Gewürze unterrühren. Die Nüsse darin wenden.
Eine Platte mit Backpapier belegen und
die Schoko-Nussmischung daraufgießen.
Etwas verteilen. Richtig erkalten und fest
werden lassen. Die Nussmischung in mittelgroße Stücke brechen und in Zellophantütchen verpacken. (im Bild hinten rechts)

Wasabi-Erdnüsse

raffiniert – leicht scharf
15 Min. + ca. 15 Min. Backen

○ 2–3 Wochen
haltbar

FÜR CA. 150 G
4 TL Klebereismehl
aus dem Asienladen
2 TL Weizenmehl
Type 405
1 TL Puderzucker
1/2 TL Salz
4 TL Wasabipulver
aus der Dose
1 1/2 TL Walnuss-
oder Sonnenblumenöl
100 g ungesalzene
Erdnüsse
Außerdem:
Backpapier

1. Den Backofen auf 150° vorheizen. In einem Schüssel-chen Klebereismehl, Weizenmehl, Puderzucker, Salz und Wasabipulver vermischen und nach und nach 25 ml (6 TL) kaltes Wasser und 1 TL Öl unterrühren, sodass ein dicker, geschmeidiger Brei entsteht.

2. Ein großes Blech mit Backpapier auslegen und mit 1/2 TL Öl einpinseln. Mit 2 Gabeln die Erdnüsse in dem Brei wenden und auf das Backpapier legen, mög-lichst so, dass sie nicht zusammenkleben (man kann sie aber auch nach dem Backen auseinanderbrechen).

3. Die Erdnüsse in der Ofenmitte 10–15 Min. backen, bis die Teighüllen fest geworden sind. Einige Minuten im ausgeschalteten Backofen lassen, herausnehmen, auf eine Platte schütten und erkalten lassen. Nüsse in einer gut schließenden Dose aufbewahren. (im Bild hinten links)

Tipp Da sich die Senföle und damit die Schärfe des Wasabipulvers durch die Backofenhitze größtenteils verflüchtigen, kann man nach Geschmack die noch warmen Nüsse mit etwas Wasabipulver überpudern. Oder man gibt dem Teig bei der Zubereitung 1 gute Msp. Cayennepfeffer zu.

Kürbiskerne mit Rauchsalz

Knabberspaß – delikat
15 Min.

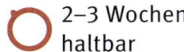 2–3 Wochen
haltbar

FÜR 200 G

1 TL Olivenöl
200 g Kerne vom Öl-
kürbis mit dunkel-
grünen Häutchen
1–1 1/2 TL Rauchsalz
(auch unter Hickory-
Salz aus dem
Gewürzregal)

1. Eine Pfanne mit Olivenöl einpinseln
und die Kürbiskerne darin verteilen.
Auf mittlere Hitze schalten und die Kürbiskerne unter ständigem Wenden rösten,
bis sie zu knispern beginnen, hoch hüpfen
und sich leicht bräunen.

2. Den Herd ausschalten. Das Rauchsalz
über die Kürbiskerne streuen und dabei
wenden, sodass alle Kerne Salz abbekom-
men. Noch kurz in der Pfanne lassen und
zum Abkühlen auf einen großen Teller
streuen. Nach dem Erkalten in einer gut
schließenden Dose aufbewahren. (im Bild
hinten rechts)

Tipp Die Kürbiskerne mit ihrem feinen
Rauchgeschmack knabbern sich zu Wein
oder Bier schnell weg. Köstlich schmecken
sie auch auf einer Kürbis-, Kartoffel- oder
Gelben Linsensuppe oder auf einem
frischen Salat.

Scharfe Paprikanüsse

für Kenner – pikant
40 Min. + ca. 20 Min. Backen

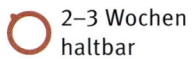 2–3 Wochen
haltbar

FÜR 400 G

2 EL Paprikaflocken
aus dem türkischen
Lebensmittelladen
1/2 TL gemahlener
Ingwer
1 1/2 TL Zucker
1 1/2 TL Meersalz
3 Eiweiß
400 g gemischte
Nüsse wie Haselnuss-,
Macadamianuss- und
Pecannusskerne
Außerdem:
Backpapier

1. Den Backofen auf 150° vorheizen.
Ein großes Blech mit Backpapier auslegen.
Die Gewürze mit Zucker und Salz vermischen. Die Eiweiße in eine große Schüssel geben und mit dem Handrührer zu
einem geschmeidigen, jedoch nicht allzu
festen Schnee schlagen.

2. Nüsse auslegen und von allen Seiten mit
Eiweiß einpinseln. Mit der Würzmischung
bestreuen oder leicht darin wenden.

3. Die Nüsse auf dem Blech verteilen
und 15–20 Min. im Ofen (Mitte) knusprig
rösten, auf dem Blech erkalten lassen
und in einer Dose aufbewahren. (im Bild
vorne und rechts)

Tipp Die gerösteten Nüsse nicht lange
offen liegen lassen, da das Salz Feuchtigkeit anzieht. In einer gut schließenden
Dose bleiben sie bis zu 2 Wochen knusprig,
falls sie bis dahin nicht zu einem Bier
oder spannendem Movie vernascht sind.

Kichererbsen, eine fettarme Alternative

Kichererbsen werden in den östlichen Mittelmeerländern nicht
nur als Eintopf, Suppe oder als Paste geliebt, sondern auch als
Knabberspaß zu Wein, Bier oder einem Anisgetränk oder auch
zum Tee. In jeder Bar wird ein Schälchen mit gerösteten Nüssen
und Kichererbsen zum Getränk serviert. Kichererbsen sind gesund,
eiweißreich und fettarm. Auch bei uns sind in türkischen Lebensmittelgeschäften geröstete Kichererbsen im Angebot. Sie werden
im Herstellungsbetrieb zuerst gekocht und dann geröstet, sonst
wären sie zum Knabbern zu hart.

Mit Gewürzen experimentieren

Geröstete Kichererbsen kann man entweder so knabbern oder
verfeinern, z. B. in der Pfanne mit wenig Olivenöl und Salz noch
einmal rösten. Oder wie im Rezept für Wasabi-Nüsse statt den
Teig mit Wasabipulver mit einer Prise Kreuzkümmel und Paprikapulver würzen, die Erbsen darin wenden und auf dem Blech im
Ofen backen. Dem Experimentieren mit anderen Gewürzen sind
keine Grenzen gesetzt.

Salzmandeln

Klassiker – beliebt
40 Min. + 15 Min. Rösten

2–3 Wochen
haltbar

FÜR 400 G

400 g geschälte
Mandeln
1 Eiweiß
1 1/2 TL feines
Meersalz
Außerdem:
Backpapier

1. Den Backofen auf 180° vorheizen.
Ein Backblech mit Backpapier auslegen
und die Mandeln darauf ausbreiten. In
Backofenmitte 8–10 Min. hellgelb rösten.

2. In der Zwischenzeit das Eiweiß leicht
aufschlagen und das Salz unterrühren.
Die heißen Mandeln darin wenden und
in einem Sieb abtropfen lassen.

3. Die Mandeln erneut auf das Blech
geben, aber so, dass sie sich nicht berühren, und 5 Min. backen. Herausnehmen
und erkalten lassen. In einer Dose gut verschlossen aufbewahren. (im Bild Mitte)

VARIANTE

Für Salzmandeln auf spanische Art in einer
großen Pfanne 3 EL Olivenöl mittelstark
erhitzen und die geschälten Mandeln unter
ständigem Wenden darin hellbraun rösten.
Die Pfanne beiseiteziehen. Mit 2 TL Meersalz oder Rauchsalz bestreuen und unter
die Mandeln mischen, bis sie damit über-
zogen sind. Die Mandeln mit dem Sieblöffel aus der Pfanne heben und auf Küchenpapier erkalten lassen. In eine Dose füllen.

Zitronen-Bonbons

machen Kinder froh – wie aus dem Tante-Emma-Laden
50 Min.

luftdicht verpackt
1–2 Monate haltbar

FÜR CA. 350 G BONBONS
300 g Zucker
150 g Traubenzucker
2 TL Ascorbinsäure
15 Tropfen naturreines Zitronenöl
3 Tropfen gelbe Lebensmittelfarbe
1 gute Msp. Talkumpulver
geschmacksneutrales Öl
für die Marmorplatte

Außerdem:
Zuckerthermometer
große Marmorplatte (ca. 50 x 35 cm)

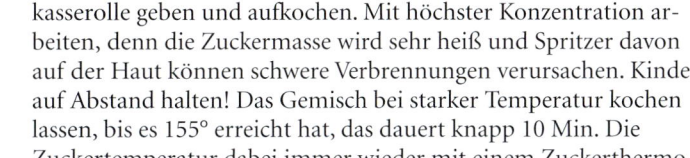

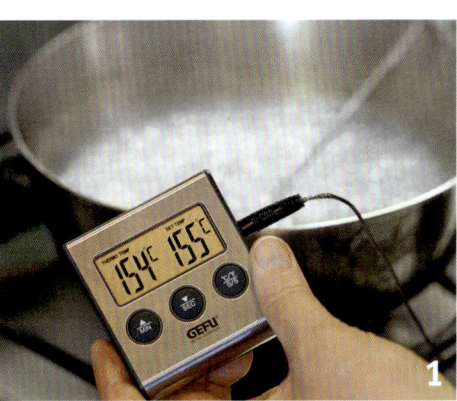

1. Alle Zutaten abwiegen und bereithalten. Eine große Marmorplatte (50 x 35 cm) dünn mit Öl einstreichen.

2. Den Zucker mit Traubenzucker und 100 ml Wasser in eine Stielkasserolle geben und aufkochen. Mit höchster Konzentration arbeiten, denn die Zuckermasse wird sehr heiß und Spritzer davon auf der Haut können schwere Verbrennungen verursachen. Kinder auf Abstand halten! Das Gemisch bei starker Temperatur kochen lassen, bis es 155° erreicht hat, das dauert knapp 10 Min. Die Zuckertemperatur dabei immer wieder mit einem Zuckerthermometer messen (Bild 1).

3. Ab jetzt arbeitet man am besten zu zweit: Die heiße Zuckermasse auf die Marmorplatte gießen. Dabei aufpassen, dass am Rand nichts herunterfließt. Gleichzeitig zügig mit einem Spachtel die Zuckermasse von der Marmorplatte lösen und durchkneten. Ascorbinsäure, Zitronenöl und Lebensmittelfarbe gleichmäßig auf der Zuckermasse verteilen und schnell unterkneten (Bild 2).

4. Sobald man die Bonbonmasse anfassen kann, sie zu dünnen Strängen ziehen und mit der Haushaltsschere kissenförmige Bonbons abschneiden (Bild 3). Abgekühlte Bonbons mit dem Talkum-Pulver in einen Gefrierbeutel geben, verschließen und gut durchschütteln, damit die Bonbons nicht aneinander kleben. Die fertigen Bonbons in einer luftdicht schließenden Dose aufbewahren.

VARIANTE

Statt mit Zitronenöl und gelber Lebensmittelfarbe kann man auch mit Orangen- oder Mandarinenöl und orangefarbener Lebensmittelfarbe Orangen- oder Mandarinenbonbons nach diesem Rezept zubereiten.

Gut zu wissen Damit die Bonbons nicht aneinanderkleben, wendet man sie in Talkumpulver. Talkum, eine andere Bezeichnung für Speckstein, ist wasserabweisend und fühlt sich leicht fettig, seifig an. Das daraus gewonnene Pulver, auch Talkumpuder genannt, kommt in der Lebensmittelindustrie als Trennmittel zum Einsatz, hier findet man es unter der Bezeichnung E 553 b auf der Zutatenliste. Mit einer hauchdünnen Talkum-Beschichtung lassen sich Tabletten besser schlucken, und Bonbons kleben nicht zusammen. Die Bonbons trotz dieser Behandlung luftdicht verschlossen aufbewahren, denn über kurz oder lang zieht der in ihnen enthaltene Zucker Feuchtigkeit aus der Luft und macht die Bonbons klebrig.

Schokoladen-Fudge

schön zart – gelingt leicht
50 Min. + Zeit zum Abkühlen

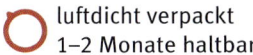 luftdicht verpackt
2–3 Wochen haltbar

FÜR
CA. 100 STÜCK

100 g Butter
1 Vanilleschote
350 g Zucker
150 g Traubenzucker
50 g dunkles
Kakaopulver
300 ml Vollmilch
geschmacksneutrales
Öl für die Form

Außerdem:
Backpapier
Zuckerthermometer

1. Die Butter schmelzen und abkühlen lassen. Inzwischen eine rechteckige Form von 20 x 20 cm mit passend zurechtgeschnittenem Backpapier auskleiden. Mit dem Öl einfetten, überschüssiges Öl mit Küchenpapier abwischen. Die Vanilleschote längs aufschneiden, das Mark herausschaben und unter die abgekühlte Butter rühren.

2. Zucker und Traubenzucker in einer Stielkasserolle mit dem Kakaopulver vermischen, die Milch darunterrühren und alles aufkochen. Bei knapp mittlerer Hitze offen einkochen lassen, bis die Zucker-Schokoladen-Masse 114° heiß ist.

3. Den Topf vom Herd ziehen, die geschmolzene Butter unter die Fudgemasse ziehen. Mit den Schneebesen des elektrischen Handmixers solange rühren, bis die

Masse nicht mehr glänzt. Dann in die Form füllen und erkalten lassen.

4. Nach dem Erkalten die Fudgemasse in 2 x 3,5 cm große Stücke schneiden. Das Fudge lagenweise durch Butterbrotpapier getrennt oder einzeln in Zellophanpapier gewickelt luftdicht in einer Blechdose aufbewahren. (im Bild vorne)

Sahnekaramellen

ein süßer Genuss – preiswert
50 Min. + 40 Min. Kochen
+ Zeit zum Abkühlen

FÜR
CA. 100 STÜCK

luftdicht verpackt
2–3 Wochen haltbar

1 Vanillestange
120 g ungesalzene
Macadamianüsse
300 g Schlagsahne
50 g Butter
300 g Puderzucker
150 g Traubenzucker
geschmacksneutrales
Öl für die Form

Außerdem:
Backpapier
Zuckerthermometer
Butterbrotpapier oder
Zellophanpapier

1. Eine Metallform von 20 x 30 cm mit passend zurechtgeschnittenem Backpapier auslegen und das Backpapier dünn mit Öl bestreichen. Die Vanillestange längs aufschneiden und das Vanillemark herausschaben. Die Macadamianüsse grob hacken.

2. Schlagsahne, Butter, Zucker, Traubenzucker und Vanillemark in eine hohe Pfanne mit dickem Boden geben und aufkochen. Vorsicht, anfangs kocht die Masse hoch und man muss die Pfanne immer mal wieder von der Herdplatte ziehen und sich setzen lassen! Unter gelegentlichem Rühren bei knapp mittlerer Hitze 30–40 Min. einkochen lassen, bis die Karamellmasse 125° heiß ist, dann die Macadamianüsse untermischen.

3. Die Sahne-Zucker-Masse in die Form gießen, abkühlen und fest werden lassen. Anschließend in ca. 2 x 3 cm große Stücke schneiden. Die Sahnekaramellen entweder schichtweise durch Butterbrotpapier getrennt oder einzeln in Zellophanpapier gewickelt in eine Dose setzen und luftdicht verschlossen aufbewahren. (im Bild hinten links)

Zimtlutscher

nicht ganz einfach – für
kalte Wintertage
50 Min.

FÜR CA.
350 G LUTSCHER,
CA. 35 STÜCK

luftdicht verpackt
1–2 Monate haltbar

300 g Zucker
150 g Traubenzucker
1 TL Ascorbinsäure
1 EL Zimtpulver
1 gute Msp.
Talkumpulver
geschmacksneutrales
Öl für die Marmor-
platte

Außerdem:
große Marmorplatte
(ca. 50 x 35 cm)
Zuckerthermometer
ca. 35 breite Holz-
stäbchen oder hölzer-
ne Pommes-Gabeln

1. Alle Zutaten abwiegen und bereithalten. Die Marmorplatte dünn mit Öl einstreichen. Zucker und Traubenzucker mit 100 ml Wasser in einer Stielkasserolle aufkochen. Das Gemisch bei starker Temperatur kochen lassen, bis es 155° erreicht hat.

2. Die heiße Zuckermasse auf die Marmorplatte gießen. Dabei aufpassen, dass am Rand nichts herunterfließt. Gleichzeitig zügig mit einer Spachtel die Zuckermasse von der Marmorplatte lösen und durchkneten. Ascorbinsäure und Zimt gleichmäßig auf der Zuckermasse verteilen und schnell unterkneten.

3. Sobald man die Bonbonmasse anfassen kann, zu dicken Strängen ziehen, ca. 4 cm große Kugeln formen und in jede ein Holzstäbchen stecken. Nach Wunsch die Lutscher noch etwas platt drücken. Hauchdünn mit Talkumpuder bestreuen und luftdicht aufbewahren.

4. Die Candysticks hauchdünn mit Talkum überpudern und luftdicht verschlossen aufbewahren. (im Bild hinten rechts)

Turron – weißer Nugat

mit Mandeln – eine Delikatesse aus Spanien ○ luftdicht verpackt
50 Min. + 12 Std. Abkühlen · 2–3 Wochen haltbar

FÜR CA. 90 STÜCK
300 g Mandeln
10 große eckige
Oblaten
100 g Honig
80 g Glukosesirup
250 g Zucker
2 sehr frische Eiweiß
(von Eiern Größe S)
1/2 TL Zimtpulver
1 TL Vanillearoma
Puderzucker zum
Arbeiten

1. Die Mandeln mit kochendem Wasser überbrühen, kurz stehen lassen und dann häuten. Die Mandeln in der trockenen Pfanne oder bei 200° im Backofen hellgelb rösten, abkühlen lassen. Ein Backblech dicht an dicht mit den Oblaten auslegen.

2. Honig, Glukose und Zucker mit 100 ml Wasser in eine Stielkasserolle geben, verrühren und aufkochen. Die Honigmasse offen bei knapp mittlerer Hitze einkochen und auf 125° erhitzen.

3. Die Eiweiße in einer Metallschüssel mit der Küchenmaschine sehr steif schlagen, Zimt und Vanilleessenz darunter mischen. Die heiße Honigmasse in kleinen Portionen, unter ständigem, langsamem Rühren in den Eischnee einlaufen lassen, bis alles untergerührt ist. Die Masse dann 25 Min. bei höchster Stufe aufschlagen und dabei abkühlen lassen. Zum Schluss die gerösteten Mandeln unterarbeiten.

4. Die Turronmasse mit zwei Esslöffeln auf den Oblaten verteilen. Mit einer Schicht aus Oblaten abdecken, dabei etwas andrücken. Ein Blech darauflegen, mit Konservendosen beschweren und das Turron über Nacht abkühlen und fest werden lassen.

5. Am nächsten Tag das Turron in 3 x 5 cm große Stücke schneiden und nebeneinander in eine luftdicht schließende Blechbüchse schichten. (im Bild vorne)

VARIANTE

Statt mit Mandeln kann man das Turron auch mit gerösteten und gehäuteten Haselnüssen, mit Pinienkernen, Pistazien, kandierten Kirschen und/oder Orangenschalenstücken zubereiten. Dunkles Kakaopulver, Kaffeepulver, Rosenwasser und Orangenblütenwasser verleihen der Eischnee-Honig-Masse zusätzliches Aroma.

Marshmallows

für Geübte – Klassiker aus USA ○ luftdicht verpackt
50 Min. + 12 Std. Abkühlen · 1–2 Wochen haltbar

**FÜR
CA. 150 STÜCK**
14 Blatt weiße
Gelatine
400 g Zucker
200 g heller Sirup
(z. B. Golden Syrup)
Salz · 2 TL Vanille-
extrakt (ersatzweise
2 Päckchen
Vanillezucker)
100–150 g Puder-
zucker
100–150 g Stärkemehl
Öl für die Form
Außerdem:
Backpapier

1. Eine quadratische Form mit herausnehmbarem Boden mit Backpapier auskleiden und dünn mit Öl auswischen. Die Gelatine in kaltem Wasser einweichen.

2. Den Zucker, 100 g Sirup und 100 ml Wasser in eine Stielkasserolle geben und aufkochen. Die Mischung so lange kochen, bis sie 115° heiß ist.

3. Inzwischen den restlichen Sirup in die Schüssel einer Küchenmaschine geben und mit dem Schneebesen langsam rühren. Die Gelatine gut ausdrücken, in einen kleinen Topf geben und bei schwacher Hitze schmelzen lassen. Flüssige Gelatine in einem dünnen Strahl in den Sirup einlaufen lassen, dabei und darüber hinaus die Maschine ständig laufen lassen.

4. Sobald die Zuckermasse 115° erreicht hat, den Topf vom Herd ziehen. Die Küchenmaschine auf höchste Geschwindigkeit stellen und langsam die heiße Zuckermischung in die Gelatine-Sirup-Mischung laufen lassen.

5. Sobald alles untergerührt ist, auf mittlere Geschwindigkeit herunterschalten und die Küchenmaschine 8–10 Min. laufen lassen. Die Masse wird dabei weiß und schaumig. Zum Schluss 1 Prise Salz und Vanille zugeben und die Maschine noch einmal für 1 Min. auf höchste Stufe herauf schalten.

6. Die Marshmallowmasse in die Form füllen und die Oberfläche glatt streichen. Puderzucker und Stärke mischen, etwas davon über die Marshmallowmasse stäuben. Über Nacht abkühlen und fest werden lassen.

7. Am nächsten Tag die Marshmallowmasse vorsichtig auf ein dick mit der Puderzucker-Stärke-Mischung bestäubtes Brett stürzen und vorsichtig die Form lösen. Die Masse zuerst in Streifen, dann in ca. 2 1/2 cm große Würfel schneiden und rundum in der Puderzucker-Stärke-Mischung wälzen. In einer luftdicht verschließbaren Dose aufbewahren. (im Bild hinten)

VARIANTE

Wer mag, gibt den Marshmallows mit Lebensmittelfarbe noch eine sanfte Färbung. Dafür 1–2 Tropfen Farbe zum Schluss in die fertig geschlagene Masse geben und gleichmäßig unterrühren.

Kandierte Kirschen

brauchen etwas Zeit – zum Naschen
oder Backen
1 Std. + 5 Tage Durchziehen

 luftdicht verpackt
mindestens 3 Monate haltbar

FÜR GUT 500 G

500 g Sauerkirschen
900 g Zucker
100 g Glukosesirup

Außerdem:
Zuckerthermometer

1. Die Kirschen waschen, entstielen und mit
einer Nadel mehrmals einstechen. Kirschen
in ein Spitzsieb aus Metall geben und dieses in
eine hohe Edelstahlschüssel hängen.

2. In einer großen Stielkasserolle 1 l Wasser
mit dem Zucker und der Glukose aufkochen.
Die Zuckermischung offen bei mittlerer Hitze
einkochen lassen, bis sie eine Temperatur von
105° erreicht hat (mit dem Zuckerthermometer messen!).

3. Die Zuckerlösung über die Kirschen gießen,
sie müssen vollständig bedeckt sein, und die
Kirschen darin 24 Std. ziehen lassen.

4. Anschließend das Sieb aus der Zuckerlösung
nehmen, beiseitestellen. Die Zuckerlösung erneut aufkochen und auf 105° erhitzen. Das Sieb
mit den Kirschen wieder in die Edelstahlschüssel stellen, Zuckerlösung darübergießen und
wieder 24 Std. ziehen lassen.

5. Diesen Vorgang noch drei Mal wiederholen.
Für den letzten Durchgang die Zuckerlösung
auf 108° erhitzen. Zum Schluss die kandierten
Früchte abtropfen und nebeneinander auf
einem Kuchengitter trocknen lassen. Zum
Aufbewahren in eine gut schließende Dose
legen, einzelne Lagen durch Butterbrotpapier
voneinander trennen.

Saison Juni bis August

Kandierte Früchte

sind leider eine etwas aus der Mode gekommene Süßigkeit. Denn
wer immer etwas davon im Vorrat hat, kann damit vielseitig arbeiten.
Ein Teekuchen beispielsweis (s. S. 178) mit Rumrosinen (s. S. 147)
und in große Stücke geschnittenen kandierten Früchten schmeckt
nicht nur zum Nachmittagstee ganz ausgezeichnet. Auch die Weihnachtsbäckerei profitiert vom süßen Vorrat, sodass man ganz auf
synthetische Farbstoffe zum Dekorieren verzichten kann. Honig-
und Lebkuchen beispielsweise lassen sich hübsch mit den in Streifen
geschnittenen farbigen Früchten dekorieren. Und was wäre die Cassata,
die sizilianische Eisspezialität, ohne die aromatischen süßen Früchte?

Kandierte Blütenblätter

Um die Blätter essbarer Blüten zu kandieren, werden sie mit Eiweiß
bestrichen und mit Kristallzucker bestreut. Mit dieser glitzernden
Hülle eignen sich die hübschen Blütenblätter zum Dekorieren von
Süßspeisen und Desserts.

Kandierte Orangenschalen

vielseitig – aromatisch
1 Std. + 20 Min. Kochen + 5 Tage Ziehen

**FÜR 3 GLÄSER À
210 ML INHALT**

○ etwa 6 Monate
haltbar

4 unbehandelte,
dickschalige, duftende
Orangen, sorgfältig
gewaschen
550 g Zucker
1 EL Glukosesirup
(z. B. aus dem Online-
Shop, s. S. 191)
Außerdem:
Holzspießchen

1. Orangen in breiten Streifen ohne das
weiße Innere schälen. Schalen für 2 Tage in
reichlich kaltes Wasser legen, Wasser mehrmals wechseln. Schalen in frischem Wasser
bei schwacher Hitze 15–20 Min. kochen,
bis sie sich leicht durchstechen lassen, erkalten und auf Küchenpapier trocknen.

2. 250 g Zucker in 500 ml Wasser unter
Rühren aufkochen. Schalen darin aufkochen, zugedeckt über Nacht stehen lassen,
herausheben, abtropfen lassen. In den Sud
125 g Zucker geben, aufkochen, die Schalen
erneut darin aufkochen, über Nacht zugedeckt stehen lassen. Den Vorgang nochmals
mit 125 g Zucker wiederholen.

3. Orangenschalen abtropfen lassen, zu
Röllchen drehen, je 2 auf Holzspießchen
stecken. Diese in vorbereitete Gläser legen.

4. Übrigen Zucker in der Zuckerlösung
aufkochen. Vom Herd nehmen, den Glukosesirup unterrühren, alles über die Oran-
genröllchen gießen. Die Gläser schließen.

Kandierte Rosenblätter

sehr apart – zum Dekorieren
40 Min. + 12 Std. Trocknen

**FÜR 50 ROSEN-
BLÜTENBLÄTTER**

○ luftdicht verpackt etwa 6 Monate
haltbar

ca. 50 makellose,
äußere große
Blütenblätter von
stark duftenden,
ungespritzten Rosen
3 Eiweiß
150 g feiner Zucker
Außerdem:
Backpapier

1. Die Blütenblätter vorsichtig mit Küchen-
krepp säubern und die hellen Stielansätze
mit der Küchenschere abschneiden, denn
sie sind bitter. Die Rosenblätter auf ausge-
breitetem Backpapier auslegen.

2. Die Eiweiße aufschlagen, bis sie fest,
aber nicht steif sind. Den Zucker in einen
tiefen Teller geben.

3. Die Rosenblätter mit einem feinen
Pinsel von beiden Seiten mit dem Eiweiß
bestreichen. In den Zucker legen und weiteren Zucker darüberstreuen, sodass die
Blätter beidseitig mit Zucker bedeckt sind.
Fällt das Eiweiß während des Arbeitens
zusammen, einfach nochmals aufschlagen.

4. Die Rosenblätter auf das Backpapier
legen und über Nacht an einem trockenen,
warmen Ort trocknen lassen. Zum Aufbewahren in ein luftdicht verschließbares
Glas oder in eine Dose geben.

Englischer Teekuchen im Glas

gelingt leicht
30 Min. + 50 Min. Backen

 mindestens
3 Monate haltbar

FÜR 5 STURZGLÄSER À 400 ML INHALT

100 g weiche Butter + Butter für die Gläser
100 g Zucker
1 Päckchen Bourbon-Vanillezucker
abgeriebene Schale 1/2 Bio-Zitrone
Salz · 2 Eier
250 g Mehl (Type 405)
2 gestr. TL Backpulver
125 ml Sahne
je 100 g Rosinen und Cranberrys
je 50 g fein gewürfeltes Orangeat und Zitronat
50 g gehackte Haselnüsse
2–3 EL gemahlene Haselnüsse für die Gläser

1. Die Butter mit den Quirlen des Handrührers cremig rühren. Nach und nach Zucker, Vanillezucker, Zitronenschale, 1 Prise Salz sowie die Eier unterrühren. Mehl mit Backpulver vermischen, durchsieben und portionsweise mit der Sahne unterrühren.

2. Den Backofen auf 180° vorheizen. Rosinen, Cranberrys, Orangeat, Zitronat und gehackte Haselnüsse vermischen und unter den Teig heben. Die Gläser gut mit Butter einfetten und mit den gemahlenen Haselnüssen ausstreuen. Die Gläser gut zur Hälfte mit Teig füllen. Im Ofen (Mitte, Umluft 160°) 50 Min. backen.

3. Mit einem Stäbchen die Garprobe machen. Bleibt Teig kleben, noch 10 Min. weiterbacken. Die Gläser aus dem Ofen nehmen und sofort mit Twist-Off-Deckeln verschließen. 15 Min. auf die Deckel stellen, umdrehen und kalt werden lassen. Kühl aufbewahren.

VARIANTE

Kuchen mit exotischen Früchten

Den Kuchen mit anderen Trockenfrüchten und Nüssen nach eigenem Geschmack zubereiten, z. B. mit einer exotischen Mischung aus Datteln, getrockneten Bananen, Ananas, Mango und gehackten Mandeln.

Eine praktische Erfindung

Schnell was Süßes holen, Kuchen, nicht beim Konditor, nicht beim Bäcker, sondern aus dem Vorrat. Kuchen, luftdicht in einem Glas eingeschlossen, jederzeit verfügbar und verzehrbar, frisch, lecker wie am Tag seiner Entstehung vor Wochen, als sein Teig im Einmachglas gebacken und verschlossen wurde.

Für die Kaffeetafel, Teatime oder als Dessert

Mit Kuchen aus dem Glas lässt sich allerlei anfangen. Dafür nur Sturzgläser mit geraden Wänden verwenden, damit sich der Kuchen aus dem Glas stürzen lässt. Twist-off-Deckel oder solche mit Gummiring und Klemmverschluss sind zum luftdichten Verschließen geeignet. Ist ein Glas sorgfältig eingefettet und ausgestreut, fällt der gebackene Teig nach dem Öffnen fast von selbst heraus. Zum Servieren den Kuchen der Höhe nach über Kreuz in 4 Portionen durchschneiden. Oder ihn in 2–3 cm dicke Scheiben schneiden und mit Häubchen aus geschlagener Sahne krönen; als Dessert mit Sahne oder einer Creme und Früchten belegen oder mit einer fruchtigen Sauce anrichten.

Nusskuchen im Glas

herrlich würzig
30 Min. + ca. 40 Min. Backen

FÜR 3 GLÄSER
À 400 ML INHALT

◯ mindestens
3 Monate haltbar

125 g weiche Butter
100 g Zucker
1 Päckchen Bourbon-
Vanillezucker
1 Prise Salz
1/2 TL Zimtpulver
3 Eier · 2 EL Amaretto
50 g Zartbitter-
schokolade
150 g gemahlene
Haselnüsse
100 g Mehl
1/2 TL Backpulver
Butter und Panier-
mehl für die Gläser

1. Den Backofen auf 180° vorheizen. Die Butter schaumig rühren. Zucker, Vanillezucker, 1 Prise Salz und Zimt unterrühren. Eier und Amaretto ebenfalls unterrühren. Die Schokolade hacken und mit den Nüssen unterheben.

2. Mehl mit Backpulver mischen, übersieben und unterrühren. Die Gläser mit Butter einpinseln und mit Paniermehl ausstreuen. Die Gläser bis etwas über der Hälfte mit Teig füllen und im Backofen (Mitte, Umluft 160°) 30–40 Min. backen. Stäbchenprobe machen.

3. Die Gläser aus dem Ofen nehmen, sofort verschließen, 15 Min. auf die Deckel stellen, dann umdrehen und erkalten lassen.

Schokoladen-Pinienkern-Kuchen

ein Mitbringsel
30 Min. + ca. 40 Min. Backen

FÜR 5 STURZ-
GLÄSER
À 400 ML INHALT

◯ mindestens
3 Monate haltbar

80 g Rosinen
100 g Pinienkerne
200 g Zartbitter-
schokolade
100 g Butter · 6 Eier
100 g Zucker
80 ml Grappa
125 g Mehl
1 TL Backpulver
Salz · Butter und
50 g gemahlene
Mandeln oder
3 EL Mehl für die
Gläser

1. Rosinen in warmem Wasser einweichen und abtropfen lassen. Pinienkerne in der trockenen Pfanne leicht rösten und abkühlen lassen. Schokolade grob hacken, mit der Butter in einem kleinen Topf im heißen Wasserbad schmelzen. Abkühlen lassen.

2. Den Backofen auf 180° vorheizen. Die Gläser mit Butter einpinseln und mit Mandeln oder Mehl ausstreuen. Die Eier trennen. Eigelbe mit Zucker und Grappa mit den Quirlen des Handrührers so lange rühren, bis sich der Zucker aufgelöst hat. Die Schokoladen-Butter-Mischung, Pinienkerne und abgetropfte Rosinen unterheben.

3. Mehl mit Backpulver mischen und unterrühren. Eiweiß mit 1 Prise Salz steif schlagen. In Portionen unterheben. Jedes Glas etwas mehr als zur Hälfte mit Teig füllen. Die Gläser in dem Ofen (Mitte, Umluft 160°) 30–40 Min. backen. Herausnehmen und verschließen. 15 Min. auf die Deckel stellen, umdrehen und erkalten lassen.

Teezwieback mit Kirschen

150 g Butter + Butter
für die Form · 6 Eier
150 g Puderzucker
1 Päckchen
Vanillezucker
3–4 Tropfen
Zitronenöl · Salz
2–3 EL Milch
150 g Marzipan-
Rohmasse
250 g Mehl + Mehl
für die Form
1 gestr. TL Backpulver
100 g getrocknete
Kirschen

Außerdem:

Backpapier

raffiniert – zweimal gebacken
40 Min. + ca. 70 Min. Backen
+ Zeit zum Abkühlen

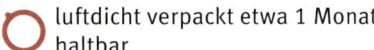 luftdicht verpackt etwa 1 Monat
haltbar

1. Die Butter in einem Pfännchen schmelzen und abkühlen lassen. Backofen auf
180° vorheizen. Die Form mit Butter ausfetten und mit Mehl ausstreuen.

2. Die Eier mit Puderzucker schaumig
schlagen, Butter, Vanillezucker, Zitronenöl, 1 Prise Salz und Milch unterrühren.
Das Marzipan in Stücke schneiden, mit
der Gabel zerdrücken und in den Teig
geben. Alles rühren, bis sich das Marzipan
aufgelöst hat.

3. Mehl und Backpulver vermischen und
zügig unter den Teig kneten. Zum Schluss
die Kirschen unterrühren. Teig in die Form
füllen und den Kuchen im Ofen (Mitte,
Umluft 160°) 50–55 Min. backen.

4. Kuchen auskühlen lassen, in ca. 1 cm
dicke Scheiben schneiden und diese auf
ein mit Backpapier ausgelegtes Blech legen.
Im auf 140° herunter geschalteten Ofen
in 15 Min. goldgelb und knusprig backen.

Aniszwieback

7 Eier
300 g Zucker + Zucker
zum Bestreuen
300 g Mehl
1/2 Päckchen
Backpulver
100 g Speisestärke
2 EL frisch gemahlener
Anis · Salz
Saft von 1 Zitrone

Außerdem:

Backpapier

braucht etwas Zeit – gut haltbar
40 Min. + 12 Std. Trocknen
+ 55 Min. Backen + Zeit zum Abkühlen

luftdicht verpackt etwa 3 Monate
haltbar

1. Das tiefe Backblech mit Backpapier
auslegen. Eier und Zucker in eine Metallschüssel geben und auf dem heißen
Wasserbad in ca. 10 Min. zu einer festen
Creme aufschlagen. abkühlen lassen.

2. Mehl, Backpulver und Speisestärke darüber sieben. Anis, 1 Prise Salz und Zitronensaft zugeben. Alles mit dem Schneebesen unterziehen. Teig auf das Blech streichen, dünn mit Zucker bestreuen und über
Nacht an einem kühlen Ort stehen lassen.

3. Backofen auf 180° vorheizen. Den Kuchen im Ofen (Mitte, Umluft 160°) 30 Min.
hellgelb backen, vom Blech nehmen und
auf einem Gitter abkühlen lassen. Kuchen
in 3 x 7 cm große Scheiben schneiden, diese
mit der Schnittfläche nach unten auf ein
mit Backpapier ausgelegtes Blech legen.
Bei 160° (Umluft 150°) in 25 Min. goldbraun backen. Auf einem Gitter abkühlen
lassen. In einer Dose aufbewahren.

Cantuccini – Mandelkekse

beliebt – supereinfach
40 Min. + 40 Min. Backen

**FÜR
70 STÜCK**

○ luftdicht verpackt 1–2 Monate haltbar

250 g Weizenmehl
(Type 1050)
1 TL Backpulver
150 g Zucker
1 Päckchen Bourbon-
Vanillezucker
Salz · 6 Tropfen
Bittermandelaroma
50 g Butter
2 große Eier
6 EL Milch
200 g Mandelkerne
Mehl zum Arbeiten

Außerdem:
Backpapier

1. Mehl und Backpulver in eine Schüssel sieben. Zucker, Vanillezucker, 1 Prise Salz, Bittermandelaroma und die Butter in Stückchen zufügen. Eier und 4 EL Milch in die Mitte geben und alles mit den Knethaken des Handrührers zu einem festen Teig verkneten. Die Mandeln mit den Händen einarbeiten.

2. Den Backofen auf 200° vorheizen. Ein großes Blech mit Backpapier auslegen. Den Teig auf der bemehlten Arbeitsfläche zu zwei Rollen von 40 cm Länge formen, mit Abstand auf das Blech legen, leicht flach drücken, mit restlicher Milch einpinseln.

3. Die Rollen im Ofen (Mitte, Umluft 180°) in 25–30 Min. goldgelb backen, kurz abkühlen lassen und in ca. 1 cm dicke Scheiben schneiden. Diese auf das Blech legen und in weiteren 5–10 Min. backen, bis sie Farbe annehmen. Auf einem Kuchengitter abkühlen lassen.

Feines Nussgebäck

ein toller Vorrat – aus Südtirol
30 Min. + ca. 1 1/4 Std. Backen
+ Zeit zum Abkühlen

**FÜR 1 GROSSE
KASTENFORM
(32 CM LÄNGE)**

○ luftdicht verpackt mindestens 3 Monate haltbar

8 Eier
400 g Zucker
1/2 TL Salz
8 Tropfen natürliches
Zitronenaroma
2 Vanilleschoten
400 g Mehl
2 TL Backpulver
200 g Haselnusskerne
100 g Rosinen
Butter und Semmel-
brösel für die Form

Außerdem:
Backpapier

1. Die Form mit Butter ausfetten und mit Semmelbröseln ausstreuen. Backofen auf 180° vorheizen. Eier, Zucker, Salz und Zitronenaroma in einer Metallschüssel auf dem Wasserbad weißschaumig aufschlagen. Vanilleschoten aufschneiden, das Mark herausschaben und zum Teig geben.

2. Mehl und Backpulver über den Schaum sieben und mit einem großen Schneebesen unterziehen. Zum Schluss Haselnüsse und Rosinen unter den Teig ziehen.

3. Teig in die Form füllen und im Ofen (Mitte, Umluft 160°) 60–70 Min. backen (Stäbchenprobe). Auf dem Gitter abkühlen lassen. Den kalten Kuchen mit einem scharfen Messer in 3–4 mm dünne Scheiben schneiden. Diese portionsweise auf ein mit Backpapier ausgelegtes Blech legen und bei 200° im Ofen (Mitte, Umluft 180°) rösten, bis sich die Schnitten wellen, braune Flecken bekommen und knusprig sind.

GLOSSAR

AGAVENDICKSAFT Aus dem Saft von Agavenblättern erzeugt, ähnelt Agavendicksaft dünnflüssigem Honig, ist jedoch vollkommen geschmacksneutral. Das macht ihn als alternatives Süßungsmittel für Konfitüren und Marmeladen interessant. Aber auch kalte und warme Tees lassen sich gut damit süßen. Agavendicksaft bekommt man im Bioladen und im Reformhaus.

ASCORBINSÄURE, auch Vitamin C genannt, gibt es im Drogeriemarkt oder in der Apotheke als feines weißes Pulver. Sie verleiht selbst gekochten Zitronenbonbons ihre ausgeprägte Säure.

BIO-ORANGE oder **BIO-ZITRONE** Soll die Schale der Zitrusfrüchte mitverwendet werden, reicht es nicht, dass sie als unbehandelt ausgewiesen ist. Diese Kennzeichnung besagt lediglich, dass die Schale nach der Ernte nicht mehr behandelt wurde. Während des Wachstums ungespritzte, ungewachste Früchte, deren Schale man ohne Bedenken verzehren kann, gibt es nur als Bio-Ware im Naturkosthandel.

BITTERORANGEN, auch Pomeranzen genannt, sind bei uns eine rare Spezialität und, wenn überhaupt, nur im Januar/Februar zu bekommen. Die kugelig-runden Früchte mit der höckerigen Schale eignen sich nicht zum Rohessen. Das Fruchtfleisch schmeckt sehr sauer und es enthält viele Kerne, die Schale ist sehr bitter. In der Marmelade entfalten Bitterorangen aber ihr Potenzial, Schale und Saft gehen mit Zucker eine überaus köstliche Verbindung ein. Und Likören wie Curaçao, Grand Marnier und Cointreau verleihen sie ihr Aroma. Zum Verarbeiten nur ungespritzte, ungewachste Früchte verwenden.

BOUQUET GARNI Das Sträußchen aus in der Regel frischen Kräutern, enthält Lorbeer, Rosmarin, Thymian, Majoran, manchmal auch Bohnenkraut, Petersilie und Estragon. Man gibt das Sträußchen im Ganzen in Suppen und Saucen, worin es mitkochen und, nachdem die Kräuter ihre Würze abgegeben haben, wieder herausgefischt wird (Rezept S. 119).

CHILIFLOCKEN, auf Türkisch auch Pulbiber genannt, gibt es im türkischen oder asiatischen Lebensmittelgeschäft. Die in kleine Stücke gebrochenen, getrockneten Chilischoten können ganz schön scharf sein. Die Flocken vor dem Verwenden deshalb unbedingt probieren, damit das Eingemachte genau die richtige Portion Feuer bekommt.

CRANBERRYS sind die amerikanischen Verwandten der bei uns heimischen Preiselbeeren. Die dicken roten bis dunkelroten, prallen Beeren enthalten viel Pektin und schmecken herbsäuerlich. Sie lassen sich hervorragend zu Konfitüren und Chutneys verarbeiten und schmecken gut zu Wild und anderem dunklem Fleisch. Als Konfitüre mit Orangenzesten machen sie sich auch hervorragend zum Fondue oder zur Käseplatte.

DUFTGERANIEN (auch Duftpelargonien, Zitronengeranien) stammen ursprünglich aus den Küstenregionen Südafrikas. Sie besitzen im Vergleich zu den bei uns üblichen Geranien kleinere Blüten, und ihre Blätter und Stängel duften betörend, wenn man sie zerreibt. Inzwischen haben es die Züchter, allen voran die im englischen Sprachraum, zu einer unübersehbaren Vielfalt an duftenden Pelargonien gebracht, sie riechen nach Rosen oder Zitronen, nach Pfefferminz oder Apfel. In der Küche kommen sie zum Aromatisieren von Tee, Likör, Pudding, Konfitüre, Gelee und vielem mehr zum Einsatz.

FINES HERBES Die klassische französische Kräutermischung besteht aus Petersilie, Kerbel, Basilikum, Bohnenkraut, Estragon, Thymian, Zitronenmelisse, Rosmarin und Majoran – alle getrocknet und fein gerebelt. Fines Herbes sind universell einsetzbar, in der Tomatensauce ebenso wie im Salatdressing, auf der Quiche oder auch im Kräuterquark.

FISCHSAUCE ist ein salzig-fischaromatisches Würzmittel der thailändischen, koreanischen und vietnamesischen Küche. Man bekommt sie in verschiedenen Variationen im asiatischen Lebensmittelgeschäft. Dem koreanischen Kimchi, milchsauer eingelegtem, scharfem Gemüse, verleiht Fischsauce eine feine Würze. Fischsauce ist sehr konzentriert, deswegen nur sparsam einsetzen.

FLOMEN Das weiße, stückige, von hauchdünnen Häutchen durchzogene Bauchwandfett des Schweins ergibt ein besonders feines Schmalz. Beim Metzger vorbestellen!

GALGANT gibt es als frische Wurzel oder getrocknet als feines Pulver. Das Gewürz hat einen leicht säuerlichen Geschmack und kommt in der asiatischen Küche zum Einsatz, unter anderem in Chutneys. Man bekommt Galgant im asiatischen Lebensmittelgeschäft.

GELIERPULVER aus dem Bioladen besteht aus Pektinen, wenig Fruktose und Zitronensäure und ist damit ohne tierische Produkte hergestellt. Das Pulver sollte man als ambitionierter Konfitürekoch/köchin immer auf Lager haben, denn damit lassen sich Konfitüren, die einfach nicht fest werden wollen, auch im Nachhinein noch wunderbar stabilisieren. Natürlich kann mit dem Pulver auch von Anfang an Konfitüre gekocht werden, wenn man statt mit Gelierzucker (also weißem Haushaltszucker) mit alternativen Süßungsmitteln, wie Agavendicksaft oder Honig, süßen möchte.

GELIERZUCKER besteht aus weißem Kristallzucker, Pektin und Zitronensäure. Es gibt ihn in den Qualitäten 1:1, hier kommt 1 kg Gelierzucker auf 1 kg vorbereitete Früchte, 2:1, also 1 kg Gelierzucker auf 2 kg vorbereitete Früchte, und 3:1, hier ist 1 kg Gelierzucker ausreichend für 3 kg vorbereitete Früchte. Bei Gelierzucker 2:1 und 3:1 sind zusätzlich Konservierungsstoffe zugesetzt, denn das Konservierungsvermögen des Zuckers allein würde für eine längere Haltbarkeit der gelierten Früchte nicht mehr ausreichen. Ganz neu findet man auch aromatisierten Gelierzucker, etwa mit Holunderblütenaroma, im Handel.

GETROCKNETE KIRSCHEN gibt es im Bioladen, Reformhaus oder im Drogeriemarkt. Sie schmecken leicht säuerlich und besitzen den typischen Kirschgeschmack. Beim Einkauf darauf achten, dass die Kirschen nicht gesüßt oder geschwefelt sind. Sie schmecken pur genascht, aber auch im Müsli oder im Kuchen.

GLUKOSE(SIRUP) ist ein aus Stärke gewonnener, glasklarer, sehr dicker und klebriger Sirup, der in der Süßwarenherstellung eine wichtige Rolle spielt. Er macht Cremes, Bonbons und andere Süßigkeiten geschmeidig und haltbar und kristallisiert im Gegensatz zu Haushaltszucker nicht aus. Glukose können Sie über den Fachversand (s. Adressen S. 191) oder in der Apotheke bestellen.

GRAND MARNIER Ein französischer Likör mit hohem Alkoholgehalt (40 %). Sein Aroma verleihen ihm Bitterorangen. Es gibt zwei Qualitäten: Cordon jaune – die Flasche mit dem gelben Band – ist mit geschmacksneutralem Alkohol angesetzt, der teurere Cordon rouge (rotes Band) mit Cognac. Grand Marnier wird pur, auf Eis, in Cocktails und Desserts, zum Flambieren von Crêpes oder auch zum Verfeinern von Pralinen verwendet.

GRIEBEN nennt man die knusprigen Reste beim Auslassen von Speck oder Flomen. Sie geben hausgemachtem Schmalz das gewisse Etwas, werden aber gerne auch über Schlutzkrapfen, Knödel oder andere deftige Mehlspeisen gegeben.

GRÜNER SPECK So nennt man den rohen, ungeräucherten, weißen Rückenspeck vom Schwein. In dünne Scheiben geschnitten dient er zum Auskleiden von Terrinenformen, aus dem ausgelassenen Fett wird Schmalz produziert.

HELLER ROHRZUCKER wird aus Zuckerrohr hergestellt, ist teilraffiniert und von relativ grober Struktur und hellblonder Färbung. Er besitzt einen dezent karamellartigen Geschmack, was manche Konfitüren und vor allem auch Chutneys wunderbar abrundet. Hellen Rohrzucker bekommt man im Bioladen, Reformhaus oder im Drogeriemarkt.

GOLDEN SIRUP Der goldfarbene, dickflüssige Sirup ist eine Spezialität aus Großbritannien. Er wird aus Zuckerrohr hergestellt und schmeckt zart nach Karamell, ein bisschen wie Buttertoffees. Ursprünglich wird Golden Syrup zum Beträufeln von Pfannkuchen und zum Backen verwendet. Er ist aber auch ein akzeptabler Ersatz für Glukosesirup, wenn auch nicht so geschmacksneutral wie dieser.

KANDIERTER INGWER Die scharfe Süßigkeit wird gern zu Nachmittagstee vernascht. In kleine Stücke geschnitten macht kandierter Ingwer sich auch gut in Gewürzkuchen, Gebäck und in Wokgerichten. Eine besonders glückliche Verbindung geht er mit dunkler Schokolade ein, in Form von Schokolöffeln (s. S. 164) oder von Ingwerstäbchen, die es in Confiserien zu kaufen gibt.

KARDAMOM ist der Samen eines indischen Schilfgewächses aus der Familie der Ingwergewächse. Die kleinen schwarzgrauen Samen sind relativ teuer, daher wird die sie umgebende Kapsel häufig mit vermahlen. Kardamom schmeckt sehr aromatisch, ätherisch und kommt außer in indische Gerichte in dunklen Brotteig, in Punsch, Marinaden und Weihnachtsgebäck. Orientreisende kennen den typischen Kardamomgeschmack auch vom Mokka, der dort mit diesem Gewürz parfümiert wird.

KLEBREISMEHL wird aus der chinesischen, stark klebenden Reisart gemahlen. Man bekommt es im asiatischen Lebensmittelgeschäft.

KOREANISCHER RETTICH ist bei uns sehr selten erhältlich und kann ohne Weiteres durch unseren weißen Rettich ersetzt werden. Rettich kommt in Korea traditionell ins Kimchi, milchsauer eingelegtes Gemüse, und auch Rettichblätter finden darin Verwendung.

KORIANDER Die pfefferkornartigen Samen des Korianders besitzen einen aromatischen, süßlichen Geschmack. Gemahlen kommt das Gewürz hierzulande häufig in der Weihnachtsbäckerei zum Einsatz, außerdem findet man es in Curry- und anderen Gewürzmischungen. Ganze Koriandersamen verfeinern Brotteige und Marinaden. Koriandergrün, die Blättchen der Korianderpflanze, die zarten Petersilienblättchen ähnlich sehen, ist aus der Küche Indiens, Mexikos und Nordafrikas nicht wegzudenken. Koriander, als frisches Kraut wie auch als Gewürz, gibt es günstig im asiatischen Lebensmittelgeschäft.

KREUZKÜMMEL bzw. **KUMIN** oder Cumin ist als Doldengewächs ein Verwandter unseres heimischen Kümmels, wächst aber nur in warmen Ländern. Die sichelförmigen kleinen Samen werden ganz oder gemahlen verwendet. Sie schmecken herb, leicht scharf und bitter; frisch gemahlen entfalten sie ihr volles Aroma. In den Küchen des Orients und Nordafrikas, in China und Indien wird mit Kreuzkümmel gewürzt.

KURKUMA, auch Gelbwurz genannt, kommt hauptsächlich gemahlen als intensiv gelbfarbenes Pulver in den Handel. Das Gewürz wird in der indischen und arabischen Küche verwendet, verleiht aber auch Senf und eingelegten Perlzwiebeln eine intensive Gelbtönung. Frisch bekommt man die ingwerartig aussehende, innen jedoch kräftig gelborangefarbene Kurkumawurzel im gut sortierten asiatischen Lebensmittelgeschäft.

LAB ist ein Ferment aus dem Kälbermagen, das die Milch bei der (Lab-)Käseproduktion zum Gerinnen bringt. Da die Nachfrage nach Käse weltweit stetig steigt, wird heute nur noch knapp die Hälfte aller Labkäse mit Kälberlab hergestellt. Eine immer größer werdende Rolle in der Käseproduktion spielen mikrobiell und biotechnologisch hergestellte Labaustauschstoffe.

LEBENSMITTELFARBE Die synthetisch hergestellten Speisefarben gibt es vorwiegend in den Komplementärfarben blau, gelb, rot und grün. Im Handel üblich sind pastenartige Farben, die sehr pastellig einfärben. Wer einen kräftigeren Farbton wünscht, besorgt sich flüssige Lebensmittelfarben (z. B. von Städter) oder Lebensmittelfarben in Pulverform. Die flüssigen Farben vorsichtig tropfenweise dosieren, Pulverfarbe messerspitzenweise in reinem Alkohol oder in Cognac auflösen.

MACIS → Muskatblüte

MARASCHINO ist ein klarer, wenig süßer Likör aus Maraska-Kirschen, der seinen Ursprung im heutigen Kroatien hat. Er wird ähnlich wie Weinbrand hergestellt, wobei nicht nur das Fruchtfleisch der Kirschen, sondern auch deren zerstoßene Kerne mit verarbeitet werden. Erst nach dem Brennen wird dem Destillat Zucker zugesetzt. Maraschino passt gut zu Eis und anderen Desserts, und man kann auch Torten damit tränken.

MARSALA ist ein Dessertwein, hergestellt aus verschiedenen sizilianischen Weißweinen, die am Küstenstreifen nahe der Stadt Marsala angebaut werden. Die Weine werden süß (dolce) oder trocken (secco) mit einem Alkoholgehalt von 18 % ausgebaut. Getrunken wird Marsala zum Dessert, darüber hinaus eignet er sich vor allem zum Aromatisieren von Früchten und Fruchtsalaten, Süßspeisen, Saucen und Kuchen. Marsala ähnelt im Geschmack dem Madeira-Wein.

MARZIPANROHMASSE, auch Rohmarzipan, besteht aus blanchierten, geschälten und zu einer Masse zerriebenen Mandeln und Zucker, Basis von Marzipan. Dessen Qualität bestimmt das Verhältnis von Marzipanrohmasse und Zucker, bei verkaufsfertigem Marzipan ist das meist im Verhältnis 1 : 1. Doch je geringer die Zuckerzugabe ist, umso höher ist die Qualität. Marzipan lässt sich gut formen, zum Beispiel zu kleinen Broten, zu Marzipanfrüchten oder Marzipankartoffeln.

MILCHSÄUREBAKTERIEN sorgen mit für das Sauerwerden der Milch. Durch die Bakterien wird auch die Milchsäuregärung in Gemüse in Gang gesetzt. Durch diesen biochemischem Vorgang wird das Lebensmittel gesäuert, die Verderbniserreger werden in ihrem Wachstum gehemmt oder sogar abgetötet – der Grund für die lange Haltbarkeit etwa von Sauerkraut, von sauer eingelegten Bohnen, Kimchi und anderen Sauergemüsen.

MUSKATBLÜTE, MACISBLÜTE oder Macis genannt, ist der getrocknete rote Samenmantel der Muskatnuss. Er hat ein noch feineres Aroma als der Samen selbst. Gerieben wird Muskatblüte gerne zum Würzen von Kompott, von eingemachten Früchten, von Mus, z. B. Pflaumenmus, oder von Weihnachtsgebäck verwendet.

ORANGENBLÜTENWASSER (lat. Aqua aurantii floris) wird in Marokko, Spanien, Sizilien und Griechenland zum Aromatisieren von Konfitüre, Kompott, Gebäck, Cremes und Glasuren verwendet. Es wird aus den noch geschlossenen Blüten der Bitterorangen destilliert, wobei sich aus 3 Kilogramm Blüten 5 Liter Orangenblütenwasser gewinnen lassen. Gut verschlossen ruht das Orangenblütenwasser 4 bis 5 Monate. Es duftet und schmeckt blumig, leicht herb. Bei uns kann man Orangenblütenwasser in Apotheken bekommen oder dort bestellen.

PANCETTA ist ein italienischer, luftgetrockneter Bauchspeck vom Schwein. Er wird vor allem für herzhafte Pasta-Saucen verwendet, wie für Ragú Bolognese.

PAPRIKAFLOCKEN oder CHILIFLOCKEN bestehen aus zerstoßenen, sehr scharfen oder mäßig scharfen Chilischoten. Die getrockneten Schoten werden mit den scharfen Kernen zerkleinert angeboten, zum Beispiel auch in türkischen Lebensmittelgeschäften als »pulbiber«. Paprikaflocken werden für Fleischgerichte oder scharfe Pasten verwendet.

PECORINO ist die Sammelbezeichnung für verschiedene Käse, die ursprünglich aus Schafsrohmilch in unterschiedlichen Regionen Italiens hergestellt wurden. Die Namen ihrer Herkunft sind heute durch Ursprungsbezeichnungen geschützt und genau definiert (z. B. Pecorino romano, Pecorino sardo). Manchen Sorten ist heute Kuh- oder Ziegenmilch beigemischt. Je nach Reifezeit bietet der Handel frischen, halbfesten Pecorino oder lange gelagerten, harten Pecorino an, der gerne zum Reiben über Pasta verwendet wird. Junger Pecorino schmeckt mild, fein säuerlich, alter Pecorino intensiv würzig, pikant.

PERLZWIEBELN, auch Silberzwiebeln genannt, sind eine Zuchtform des Lauchs mit schneeweißen, haselnussgroßen Brutzwiebeln, die fast ausschließlich für Sauergemüse verwendet werden, oft zusammen mit Einlegegurken.

PIMENT, auch Nelken- oder Jamaikapfeffer, Neu- oder Allerleigewürz (allspice) genannt. Das Gewürz aus den Steinfrüchten eines südamerikanischen Myrtenbaumes erinnert mit seinem Aroma an Pfeffer, Nelken, Muskat und Zimt. Es ist vielseitig verwendbar für Marinaden.

RÄUCHERMEHL besteht aus Sägemehl verschiedener Holzarten, häufig aus Buchenholz. Auch andere Holzarten eignen sich zum Räuchern, besonders fein: Apfel- oder Nussbaumholz; harziges Holz ist nicht geeignet. Im Räucherofen wird das Mehl durch die Spiritusflamme erhitzt, beginnt zu glimmen, zu schwelen und entwickelt Rauch, der das Räuchergut würzt und gleichzeitig gart, was allerdings von der Räucherdauer abhängt. Räuchermehl gibt es im Geschäft für Anglerbedarf und auch über den Online-Versand.

RAUCHSALZ auch als Hickory-Salz oder Smoked Salz/Salt im Handel, ist aus der amerikanischen Küche nicht wegzudenken. Bei seiner Herstellung wird Meerwasser über einem Hickory-Holzfeuer verdampft und nimmt dabei einen angenehm rauchigen Geschmack an, der an geräucherten Schinken erinnert. Preiswertem Hickory-Salz wird allerdings meist künstlicher Aromastoff beigefügt. Hickory-Salz wird gerne für Fleisch, für Gegrilltes verwendet, oder auch für feinwürzigen Knabberspaß, wie im Rezept S. 169. Das Salz gibt es im Feinkosthandel oder im gut sortierten Supermarkt.

RICOTTA Der Frischkäse aus Schafs-, Kuh- oder Ziegenmilchmolke ist weich, mild, leicht süßlich und wird für Süßspeisen oder Kuchen verwendet oder mit Kräutern, Gewürzen oder Früchten als Brotaufstrich angerichtet.

ROSENBLÜTENBLÄTTER von Duftrosen eignen sich zum Kandieren oder auch Aromatisieren, z. B. von Essig. Duftrosen finden sich allerdings sehr selten im Schnittblumenhandel. Glück haben daher all diejenigen, die Duftrosenstöcke im eigenen Garten stehen haben. Man kann aber auch Blüten von Heckenrosen sammeln, die noch ihren ursprünglichen süßen Duft besitzen. Bei Verwendung von großen Rosenblütenblättern den etwas dickeren Ansatz abschneiden, er ist bitter.

ROSENWASSER entsteht bei der Destillation von Rosenöl aus frischen Rosenblättern. In den Blättern, denen bereits das Öl entzogen wurde, verbleibt noch so viel Aroma, dass sich ein nochmaliges Destillieren für Rosenblütenwasser lohnt. Für orientalische Süßspeisen ist Rosenblütenwasser unentbehrlich. Aber auch Konfitüre oder Marmelade schmecken damit umso köstlicher. Rosenblütenwasser gibt es im türkischen oder persischen Lebensmittelhandel oder in der Apotheke.

SCHALOTTEN sind kleine, meist eiförmige Zwiebeln mit gelbbrauner Außenhaut und weißem bis violettem Fleisch. Die Schalotte ist fein und aromatisch im Geschmack, sie gilt als die edelste Zwiebel. Gerne wird sie auch zum Einmachen oder für Pasten und Relish verwendet.

SCHWARZKÜMMEL ist trotz seines Namens mit den Pflanzen der Kümmelfamilie nicht verwandt. Bei ihm handelt es sich um die schwarzen Samen eines Hahnenfußgewächses. Charakteristisch ist sein überaus würziger, harziger, pfeffriger Geschmack. In der orientalischen Küche streut man Schwarzkümmel auf Fladenbrot und Gebäck, und in diesem Buch verleiht er den in Öl eingelegten Joghurtkugeln sein Aroma. Nach Entnahme der Kugeln kann das aromatische Öl für Salatsaucen verwendet werden.

SAITLING heißt der Naturdarm vom Schaf, Schwein oder Rind, der – gründlich gereinigt und gebrüht – zur Wurstherstellung verwendet wird. Die zartesten und teuersten Saitlinge kommen vom Schaf, sie werden z. B. für Nürnberger Rostbratwürstchen oder für Frankfurter verwendet. Saitlinge eignen sich besonders gut für haltbare Wurstsorten, die geräuchert oder getrocknet werden, denn sie sind luftdurchlässig und tragen zur Entfaltung des Aromas bei. Saitlinge kann man über den Metzger kaufen (ggf. bestellen).

SENFKÖRNER Die runden gelben oder weißen Samenkörner des Weißen Senfs sind würzig, relativ mild und werden für Marinaden, eingelegtes Gemüse und Obst verwendet. Braune Senfkörner stammen vom ursprünglich in Asien beheimateten Braunen Senf. Diese schmecken scharf und werden v. a. zu Speisesenf verarbeitet. Verantwortlich für die Schärfe der Senfkörner sind ätherische Öle, die sich aber nach einiger (Lager-)Zeit verflüchtigen.

SENFPULVER wird durch Mahlen von entölten Senfkörner hergestellt. Eines der berühmtesten Senfpulver stammt aus England, behauptet sich seit 1814 und bis heute auf dem Markt. Es ist bei uns im gut sortierten Lebensmittelhandel erhältlich. Senfpulver würzt Saucen, Mayonnaise und Piccalilly, eingelegtes Gemüse (s. S. 48).

STERNANIS, auch China-Anis, ist die wie ein Seestern aussehende Frucht eines südchinesischen Magnolienbaumes, die als Gewürz verwendet wird. Sternanis schmeckt etwas bitterer, aber ungleich feiner als die hierzulande häufig verwendeten Anissamen. Die kleinen Sterne werden im Ganzen eingelegten Früchten oder Likören beigegeben, gemahlen für Weihnachtsgebäck verwendet. Das Pulver ist außerdem Bestandteil vieler asiatischer Würzmischungen.

SZECHUAN-PFEFFER auch Sichuan-Pfeffer genannt, ist kein Gewürz aus der Familie der Pfeffergewächse. Als Sichuanpfeffer bezeichnet man die getrockneten Beeren eines Gelbholzbaumes, von dem auch die Blätter zum Würzen verwendet werden. Der Pfeffer ist ein häufiges Würzmittel in der chinesischen Küche und Bestandteil des chinesischen Fünfgewürz- und des japanischen Siebengewürzpulvers. Der Pfeffer hat einen scharfen, pfeffrigen Duft, der leicht an Zitrone erinnert.

TALKUMPULVER ist sehr fein pulverisiertes Mineral – chemisch korrekt Magnesiumsilikathydrat – von mattweißer Farbe. Talkum wird in der Pharmazie und Kosmetikindustrie als Grundlage für Puder und Tabletten verwendet. Bei der Lebensmittelherstellung dient Talkum als Trennmittel, zum Beispiel um zu verhindern, dass Bonbons zusammenkleben.

TAMARINDENPASTE Tamarinde ist die bis 20 cm lange Hülsenfrucht eines Tropenbaumes, von der das süßsäuerliche, braune Fruchtmus als Paste oder getrocknet zum Würzen verwendet wird. In der indischen und südostasiatischen Küche profitieren verschiedenste Gerichte von der Paste, die dort auch gerne zu Sambals, Würzpasten, zugegeben wird.

VANILLEEXTRAKT auch als Vanilleessenz bezeichnet, ist ein flüssiger Auszug aus echten Vanilleschoten mit etwa 35 % Ethanol und etwas Invertzucker. Es enthält die Aromastoffe der Vanille in hoch konzentrierter Form. Die Essenz wird in kleinen Flaschen gehandelt, ist sehr teuer, jedoch lange haltbar. Zum Würzen werden nur wenige Tropfen verwendet. Vanilleextrakt gibt es im gut sortierten Supermarkt oder Naturkosthandel.

VIN SANTO, übersetzt »heiliger Wein«, ist in der Region Toskana der klassische Dessertwein. Die reifen Reben der Sorten Trebbiano und Malvasia werden unter den Dachbalken des Weingutes aufgehängt, getrocknet, und daraus wird zwischen November und der heiligen Woche, Settimana Santa, vor Ostern Wein gekeltert. Vin Santo wird süß oder trocken ausgebaut. Danach reift der Wein noch mindestens 3 Jahre in Eichenfässern. Dass dieses feine Getränk auch Früchte veredelt, kann man sich gut vorstellen.

WALDMEISTER auch Maikraut genannt, wächst im Frühling in Wäldern. Gepflückt wird Waldmeister, wenn er kurz vor der Blüte steht. Die Maibowle bezieht von ihm ihren Namen und Geschmack. Konfitüre verleiht Waldmeister eine feine Nuance. Das Kraut gibt es frisch nur kurze Zeit, doch sein unverwechselbares Aroma bleibt erhalten, wenn man die Stängel und Blätter im Backofen etwa 20 Min. bei 150° trocknet und in einem Glas dicht verschlossen aufbewahrt.

WASABIPULVER aus der fein geriebenen Wurzel der Wasabipflanze hergestellt. Wasabi kommt ursprünglich aus Japan und dient dort als scharfes Gewürz für Sushi, Sashimi oder Knabbereien. Das Aroma ist ähnlich unserem Meerrettich, jedoch deutlich schärfer. Und wie beim Meerrettich sind auch beim Wasabi für seine Schärfe Senföle verantwortlich. Wasabipulver gibt es bei uns in Döschen im Handel, außerdem wird auch Wasabipaste in Tuben angeboten, doch sind die-

ser häufig grüner Farbstoff, Chilipulver oder Meerrettich beigemischt. Unverfälschte Wasabipaste ist teuer. Als Ersatz ist Wasabipulver zu empfehlen, das bekommt man im asiatischen Lebensmittelgeschäft.

WEINBLÄTTER In der Küche finden die jungen Blätter vom Weinstock mit ihrem fein säuerlichen Geschmack Verwendung für gefüllte Weinblattröllchen, wie sie die griechische und türkische Küche kennt, oder auch als Hüllen für Frischkäse. Sie können frisch oder blanchiert direkt zubereitet oder eingefroren bzw. in Salzwasser eingelegt haltbar gemacht werden. Eingelegte Weinblätter findet man auch im Spezialitätenregal im Supermarkt. Sie sind meist sehr salzig und sollten vor Gebrauch gewässert werden.

ZITRONENGRAS auch Serehgras, gedeiht in ganz Südostasien und duftet fein nach Zitrone. Die Halme werden bei uns frisch und getrocknet, im Ganzen und zu Pulver gemahlen angeboten. Zitronengras verleiht Gerichten einen frischen Zitrusgeschmack und ist auch ideal zum Aromatisieren von Früchten, Kompott, Konfitüre, Relish, Chutney und Likör.

ZITRONENÖL gewinnt man durch Auspressen von Zitronenschalen. Das natürliche, intensiv duftende, angenehm schmeckende Öl gibt es in Naturkostläden zu kaufen. Es kann wie abgeriebene Zitronenschale zum Aromatisieren von Gebäck und Bonbons verwendet werden.

ZITRONENSÄURE ist ein aus dem Saft unreifer Zitronen gewonnenes oder auch chemisch erzeugtes Säuerungsmittel in Kristallform. Es ist wasserlöslich und wird zum Säuern beim Konfitürekochen oder zum Einlegen von Sauergemüse verwendet. Zitronensäure gibt es im Lebensmittelhandel oder in der Apotheke.

ZITRONENVERBENE oder auf Deutsch Eisenkraut ist ein Strauch der wild an Wegrändern und auf Brachland wächst. Vor allem in Frankreich wird das nach Zitrone duftende und schmeckende Gewächs auch kultiviert, und die Blätter werden für angenehm schmeckenden Tee verwendet. Heilende Wirkung wird Eisenkraut bei allerlei Leiden nachgesagt, es soll außerdem nervöse Spannungen abbauen, fiebersenkend und entwässernd wirken. Zitronenverbene wird getrocknet im Gewürz- und Kräuterhandel oder im Naturkostladen angeboten.

SACH- UND REZEPTREGISTER

Wichtige *Sachbegriffe* (kursiv gedruckt) und alle Rezepte in alphabetischer Reihenfolge.
Die Rezepte finden Sie außerdem auch unter ihren jeweiligen **Hauptzutaten**.

Nützliche Adressen

Schiller & Mayer GmbH
Großhandel für Verpackungsglas
Rupert-Bodner-Straße 16,
81245 München, Tel. 089 8632049
www.schiller-mayer.com
Marmeladen- und Gurkengläser, Sturzgläser für Kuchen oder Leberwurst, Gläser
mit Bügel- oder Twist-off-Verschluss,
Ketchup- und Saftflaschen, alles, was das
Einmacher-Herz begehrt, gibt es hier zu
bestellen. Versendet wird ab einem Waren-
wert von 50 Euro netto zuzüglich Fracht-
kosten.

Gaumenshop
Dorfstraße 8, 23936 Naschendorf,
Tel. 03841 618846
www.gaumenshop.com
Alles zum Backen und Herstellen von
Pralinen, wie z. B. Glukose, Schokoladen-
Hohlkörper für Pralinen, Speisefarben,
Speisegold und mehr.

Genuss-Reich
Müllinger Weg 71, 59494 Soest,
Tel. 02921 348905
www.genussreich-shop.de
Lab, Formen und Geräte zur Käseherstel-
lung, Sauerkrauttöpfe, Essigtöpfe sowie
alles zur Essig- und Senfherstellung,
Zubehör fürs Einkochen, Dörren und
Marmeladekochen.

Geschäfte für Anglerbedarf
für den Bezug von Räucheröfen und
Räuchermehl
→ Adressen finden Sie im örtlichen
Telefonbuch/Branchentelefonbuch sowie
im Internet

Tipps für die Haltbarkeit

→ Die in der Tabelle genannten Zeiten sind ungefähre Richt-
werte, denn die Haltbarkeit von Eingemachtem hängt natürlich von vielen Faktoren ab: Sind zu verarbeitendes Obst und
Gemüse frisch und makellos, Gläser und Deckel einwandfrei
sauber? Wurde lange genug bei der richtigen Temperatur eingekocht, wurden genügend Zucker, Essig oder Salz zugegeben?
Wurde sauber gearbeitet und wirklich kochend heiß eingefüllt?

→ Entscheidend hängen Haltbarkeit und Genuss auch davon
ab, wie das Einmachgut lagert. Dunkel und kühl soll es sein,
bei manchem empfiehlt sich sogar der Kühlschrank. Durch
zu viel Licht und Wärme verlieren eingemachte Früchte und
Gemüse schneller an Farbe und Aroma. Grundsätzlich gilt:
Das Eingemachte kann bei richtiger Lagerung auch länger als
in der Tabelle angegeben haltbar sein.

Marmeladen, Konfitüren, Gelees	1–2 Jahre
eingekochtes Obst und Gemüse	1–2 Jahre
Fleisch, Fonds und Suppen, eingekocht	6 Monate
in Essig und Öl Eingelegtes	1/2–1 Jahr
Dörrobst; Gemüse, Pilze und Kräuter, getrocknet	1–2 Jahre
milchsauer eingelegtes Gemüse	1 Jahr
mit Salz konservierte Gurken, Oliven, Zitronen	1 Jahr
Terrinen	1 Woche
Rillettes, Confits und Schmalz	6 Monate
Liköre	1–2 Jahre
Sirup	1/2–1 Jahr
kandierte Früchte	1 Jahr
Kuchen im Glas	3–6 Monate

IMPRESSUM

Die Autorinnen

Erika Casparek-Türkkan, seit 30 Jahren in München lebende Rheinländerin, wuchs im Gasthof ihrer Großeltern auf, wo alles eingemacht und eingelegt wurde, was der große Garten hergab. Als begeisterter Hobbygärtner sorgte der Großvater dafür, dass Gemüse und Früchte der jeweiligen Jahreszeit in Hülle und Fülle verfügbar waren. Dieses Familienerbe, Kochen und die Zubereitung feiner Vorräte, wurden der gelernten Journalistin zur Leidenschaft. Durch Reisen entdeckte sie außerdem die Küchen des Mittelmeerraumes und des Orients. Als Redakteurin arbeitete Erika Casparek-Türkkan viele Jahre in einem renommierten Verlag nahe Köln, lange Zeit in der Redaktion der größten deutschen Foodzeitschrift in München und dann als freie Journalistin und Buchautorin. Zahlreiche Kochbücher und Veröffentlichungen in Zeitschriften sind das Ergebnis ihrer reichen Erfahrung, die ihr auch Preise der Gastronomischen Akademie Deutschlands einbrachten. Neben traditionellen Rezepten machen auch die aus fremden Küchen dieses Buch reich und vielseitig und verführen dazu, die Schätze der Jahreszeiten in Gläser zu packen.

Petra Casparek ist freie Autorin zahlreicher Kochbücher sowie von Beiträgen für Zeitschriften und Dozentin von Kochkursen an der Volkshochschule München. Erblich vorbelastet durch zwei Generationen kochfreudiger Frauen sowie den kochbegeisterten Vater, kennt sie alles, was mit Kochen, Backen und Bevorraten zu tun hat, seit frühester Kindheit. Dazu kommt ihre Neugierde auf kulinarische Trends, ihre Kreativität und Experimentierfreude, von denen ganz besonders dieses Buch profitiert. Petra Casparek begeistert sich nicht nur für überlieferte Rezepte, sondern entwickelt dazu neue Ideen für köstliche Gelees, Relishes, Eingemachtes und Eingelegtes. Vor allem bei der Zubereitung von Toffees und Bonbons schaut ihr bereits die nächste Generation über die Schulter – ihre Tochter hilft engagiert mit und testet Ergebnisse. So wünscht sich Petra Casparek, dass die Rezepte dieses Buches viele Freunde finden, denen es am Herzen liegt, die vielen Möglichkeiten zu nutzen, eigene gesunde und köstliche Vorräte selbst herzustellen.

Die Fotografinnen

Ulrike Schmid und **Sabine Mader** arbeiten seit Jahren als das Team **Fotos mit Geschmack.** Sie arbeiten für renommierte Verlage und Agenturen, Ihre Bücher wurden mehrfach ausgezeichnet. Beide leben mit ihren Familien im „Fünf-Seen-Land vor den Toren Münchens und fotografieren am liebsten da, wo das Licht am schönsten ist: im Studio, in der Küche, oder unterm Birnbaum. Sie bedanken sich bei der tollen Crew in der Küche: Margit Proebst und Silke Kobr. Vielen Dank auch für die hilfsbereite Unterstützung der beiden Autorinnen, Petra Casparek und Erika Casparek-Tuerkkan.
Ebenfalls vielen Dank an die Firmen Riess Emaile und Herder Windmühlen Messser
www.fotos-mitgeschmack.de

Bildnachweis:
Alle Fotos von Fotos mit Geschmack, Ulrike Schmid und Sabine Mader

Syndication: www.jalag-syndication.de

Titelbildrezept:
Geröstete Paprikaschoten in Öl, S. 60.

Konzept und Projektleitung:
Monika Greiner

Lektorat: Claudia Lenz, Gudrun Mach

Korrektorat: Waltraud Schmidt

Layout, Typographie und Umschlaggestaltung:
independent Medien-Design, München

Herstellung: Petra Roth

Satz: Knipping Werbung GmbH, Berg bei Starnberg

Reproduktion: Longo AG, Bozen

Druck: Firmengruppe APPL, aprinta druck, Wemding

Bindung: Conzella, Pfarrkirchen

ISBN 978-3-8338-2049-6
1. Auflage 2011

Unsere Garantie

Alle Informationen in diesem Ratgeber sind sorgfältig und gewissenhaft geprüft. Sollte dennoch einmal ein Fehler enthalten sein, schicken Sie uns das Buch mit dem entsprechenden Hinweis an unseren Leserservice zurück. Wir tauschen Ihnen den GU-Ratgeber gegen einen anderen zum gleichen oder einem ähnlichen Thema um.

Liebe Leserin und lieber Leser,

wir freuen uns, dass Sie sich für ein GU-Buch entschieden haben. Mit Ihrem Kauf setzen Sie auf die Qualität, Kompetenz und Aktualität unserer Ratgeber. Dafür sagen wir Danke! Wir wollen als führender Ratgeberverlag noch besser werden. Daher ist uns Ihre Meinung wichtig. Bitte senden Sie uns Ihre Anregungen, Ihre Kritik oder Ihr Lob zu unseren Büchern. Haben Sie Fragen oder benötigen Sie weiteren Rat zum Thema? Wir freuen uns auf Ihre Nachricht!

Wir sind für Sie da!
Montag–Donnerstag: 8.00–18.00 Uhr;
Freitag: 8.00–16.00 Uhr
Tel.: 0180 - 5 00 50 54*
Fax: 0180 - 501 20 54*
*(0,14 €/Min. aus dem dt. Festnetz/Mobilfunkpreis maximal 0,42 €/Min.)
E-Mail: leserservice@graefe-und-unzer.de

PS: Wollen Sie noch mehr Aktuelles von GU wissen, dann abonnieren Sie doch unseren kostenlosen GU-Online-Newsletter und/oder unsere kostenlosen Kundenmagazine.

GRÄFE UND UNZER VERLAG
Leserservice
Postfach 86 03 13 | 81630 München

Ein Unternehmen der
GANSKE VERLAGSGRUPPE